よくわかる！
保育士エクササイズ

7

子どもの保健と安全 演習ブック

松本峰雄 監修

小林 玄/桜井ますみ/長谷川美貴子/堀田正央 著

ミネルヴァ書房

はじめに

　2016（平成28）年6月3日、「児童福祉法」が改正されました。最も大きなものは第1条の改正で、「全て児童は、児童の権利に関する条約の精神にのつとり、適切に養育されること、その生活を保障されること、愛され、保護されること、その心身の健やかな成長及び発達並びにその自立が図られることその他の福祉を等しく保障される権利を有する」とされ、このことにより、子どもの福祉がwelfareからwell-beingに代わったといえます。この「児童福祉法」の改正が「保育所保育指針」「幼稚園教育要領」「幼保連携型認定こども園教育・保育要領」の改定（訂）につながり、2018（平成30）年4月1日から適用されることになりました。さらに、この改定（訂）が「指定保育士養成施設の指定及び運営の基準について」の改正へとつながったのです。

　2016（平成28）年の『子どもの保健 演習ブック』刊行時点では、「子どもの保健Ⅰ」が講義4単位、「子どもの保健Ⅱ」が演習1単位であったものが、改正「指定保育士養成施設の指定及び運営の基準について」の教授内容では、「子どもの保健」が講義2単位、「子どもの健康と安全」が演習1単位となりました。この改正に合わせてテキストを新しく刊行し、「子どもの保健」と「子どもの保健と安全」の両教科目を連続して使用できるよう、30時間（30コマ）に沿って編集し、講義内容にも演習課題を付け、学生みずからが学べるような内容にしています。

　また、本書は学生の目線で考え、読みやすく、理解しやすいようさまざまな工夫をしています。学生が難しいと感じる部分にはイラストやチャート、図解による説明を入れています。難語や専門用語については注をつけ、難しい漢字にはふりがなを振っています。

　ぜひこの機会に本書で学び、すばらしい保育者を目指してください。

2020年3月

松本峰雄

CONTENTS

本テキストは「指定保育士養成施設の指定及び運営の基準について」（平成15年12月9日付け雇児発第1209001号、最新改正子発0427号第3号）に準拠し、「子どもの保健」「子どもの健康と安全」に対応する形で目次を構成している。

●第1章 講義編……「子どもの保健」に対応
●第2章 演習編……「子どもの健康と安全」に対応

本書の使い方

❶まず、「今日のポイント」でこのコマで学ぶことの要点を確認しましょう。

❷本文横には書き込みやすいよう罫線が引いてあります。授業中気になったことなどを書きましょう。

❸重要語句やプラスワンは必ずチェックしましょう。

❹授業のポイントになることや、表、グラフをみて理解してほしいことなどについて、先生のキャラクターがセリフでサポートしています。チェックしましょう。

❺おさらいテストで、このコマで学んだことを復習しましょう。おさらいテストの解答は、最初のページの「今日のポイント」で確認できます。

❻演習課題は、授業のペースにしたがって進めていきましょう。一部の課題については巻末に答えがついていますが、あくまで解答の一例です。自分で考える際の参考にしましょう。

✖ ✖ ✖

第 **1** 章

||||||||||||||||||||||||||||||||||||||||||||||||||||||||||

講義編
子どもの保健

この章では、子どもの保健に関する基礎的な知識について学んでいきます。
まずは子どもの保健とは何か、その意義と目的について理解したあとで、
発育や発達、子どもの心身の健康状態を把握する方法や、
子どもがよくかかる疾病とその予防法などについて、理解していきましょう。
※この章は、「子どもの保健」に対応しています。

子どもの健康と保健の意義を理解しよう

今日のポイント

1 保健とは「健康を守り育て保つ」ということである。

2 子どもの保健の対象は0〜18歳である。

3 わが国の保健行政を担当しているのは厚生労働省である。

1 子どもの保健とは何か

　保健とは、「健康を守り育て保つ」ということです。子どもを健やかに育てること、つまり、子どもの日常生活のなかで健康を守り、増進させることが子どもの保健における目的です。このテキストでは、子どもの健康を維持する能力や知識、スキルや活動などを学んでいきます。

1 なぜ子どもの保健を学ぶのか?

　ノーベル文学賞受賞のインドの詩人タゴールは、「子どもは、未来である」と言いました。子どもがいてこそ、私たちの未来を創造できます。保育者は子どもと生活をともにします。保育は、未来を担う子どもを守り育てていく尊い仕事です。皆さんは世の中のいろいろな仕事から、保育者になることを選択しました。多くの仕事のなかから、保育者を選択することができたのは、すばらしいことです。

　これから、子ども一人ひとりが健康で安全な生活をするために必要なことを学びます。具体的には、保健活動の意義や、子どもの身体の発達、精神機能の発達、子どもの疾病、感染症への対応、衛生管理や安全管理、事故予防などです。そのうえで、保健活動の計画・評価と保育環境、具体的な疾病予防、病気のときの対応、災害への備え、地域保健活動などを学びます。保育者として子どもの生活のなかで実践できるように、保健的な対応を学んでいってほしいと思います。一人の健康を守ることは、保育の集団として全員の健康を守ることにつながります。

2 子どもを産み育てるための保健

　「子どもの保健は苦手だ」「高校の生物をとらず、人の体のしくみはわからない」という学生の声を聞くことがあります。保育を学ぶ皆さんが、理

科系に拒否反応を起こすのはわからないでもありません。

　私たちは誰もが、赤ちゃんでした。その前は胎児でした。その前は卵子と精子が合体した一つの細胞、受精卵でした。私たちは、たった一つの細胞から始まり、分裂を繰り返し、60兆個というとてつもない数になったとき、人間の形になって生まれてくるのです。どうして分裂を始めた細胞が人間の形になるのか誰にもわかりません。解明できませんが、人間の命の営みとしてあります。こうして見てみると、世の中にわかっていることは少なく、不明なことだらけです。なぜ人類はできたのか、なぜ私たちは生きているのかは謎だらけです。

　しかし、私たちの歴史を見ると、人類は謎を解きたいという気持ちで難問に挑戦し続けてきました。どうして血液は流れるのか、どうして病気になるのか、人々は研究し積み重ねていき、自分たちの知恵を次世代に継承してきました。その知恵は、今につながっています。

　それでも、子どもの体や発達でわからない部分は多いのです。皆さんにも、子どもとふれあいながら謎解きの開拓者になっていただきたいのです。子どもは成長します。この変化をみつけると、もっと子どもが好きになるでしょう。「子どもの保健と安全」という科目は、子どもの健康に関する知恵を集結したものです。このテキストは、保育を学ぶ皆さんの役に立つように、わかりやすい表現を使い、興味をもてるように努めました。次の世代を担う皆さんに知恵を伝え、次世代につなげてほしいと思います。

　乳幼児は育てられる環境に影響され、可塑性*があります。大事に保育された子どもは自分を大切にし、自分のなかに他人を取り入れます。保育は愛着という人間の原点を見せてくれます。保育の仕事は多彩・多様です。子どもの保健と安全を学び、子どもの健康を守る知識を身につけ、滋味深い保育の仕事に入る一助になるように願います。

3　保育所等のなかでの保健活動

　保育所等*では、子どもが快適で、健康で安全な生活をするよう心がけています。これは「保育所保育指針」に「養護に関わるねらい及び内容」として明記されています。この内容を少し細かく具体的に見ていきましょう。

　保育者は、子どもの命を守り、情緒の安定を図り、1日たっぷり子どもと遊びます。保育者は、まず朝、子どもの健康状態をとらえ、今日1日の過ごし方を考えます。言葉で意思を表せない赤ちゃんの状態を知るには、知識がいります。また、1日の保育内容をどう変更するか、臨機応変さと情報共有するチームワークが必要です。

　子どもと遊び、その結果、子どもが成長・発達するためには、発育の道筋を知ることが大切です。道がわかれば、どこに何を置いておけば子どもと保育者が楽しめるかの見当がつきます。これが環境をつくることにつながります。また、身体的発育とともに、情緒の発達を促す環境を用意することも大切です。そこは、一人ひとりの保育者の個性が出るところです。

　あなたは、子どものころどんな遊びが好きでしたか？　最初は保育者が与える遊びをしていた子どもも、やがて自分の好きな遊びをみつけるで

1コマ目

子どもの健康と保健の意義を理解しよう

✏️ **重要語句**

可塑性

→柔軟性があり、思うようにものの形ができるということ。

✏️ **重要語句**

保育所等

→本書では、保育所、幼保連携型認定こども園を指す。

💬 **プラスワン**

「保育所保育指針」
第1章2（2）「養護に関わるねらい及び内容」ア（ア）

①一人一人の子どもが、快適に生活できるようにする。
②一人一人の子どもが、健康で安全に過ごせるようにする。
③一人一人の子どもの生理的欲求が、十分に満たされるようにする。
④一人一人の子どもの健康増進が、積極的に図られるようにする。

しょう。健康に関しても同じで、保育者が守ることから、少しずつ自分の健康を考えられるようにしかけていきます。それは子どもとの共同作業です。

2 子どもの保健の対象

さて、何歳までが子どもといえるのでしょうか？　フランスでは、30歳過ぎまで子どもとすることがあるようです。たとえば日本でも子どもの呼び方や年齢は法律ごとに違ってきます（図表1-1）。

●図表1-1　法律上の子どもの定義

法律名	呼び方	年齢
「児童福祉法」	児童	乳児から18歳まで
「少年法」	少年	乳児から20歳まで

なお、小児科では新生児から15歳くらい（中学生）までを「子ども（小児）」として扱います。一方、子どもの保健では、生理的な発育が終了した18歳までを「子ども」としますが、個人差を含めて柔軟に対応していきましょう。

3 視野を広げて見た子どもの保健

子どもの保健を理解するには、世界的な子どもに対する施策と、日本の施策の両方を理解する必要があります。

1 健康のとらえ方
WHO（世界保健機関）では、健康を「単に身体に病気がないとか虚弱でないというだけでなく、肉体的にも精神的にも社会的にも完全に調和のとれたよい状態」と定義しています。一方で、「保育所保育指針」と「幼稚園教育要領」では、教育の面から「健康な心と体を育て、日々健康で安全な生活をつくり出す力を養う」としています。

2 子どもに対する施策
世界の子どもに対する国際的な約束として、「児童の権利に関する条約（子どもの権利条約）」があります。「児童の権利に関する条約」では、子どもは健全な生活を送るために、教育を受ける権利と遊ぶ権利があるとされています。子どもは家族とともに生活し、親に養育されることが成長・発達に必要であるとされています。つまり、子どもにとって最善の利益を

社会が与えることが、明記されているのです。一方、日本では、子どもの幸福を図るために、「児童憲章」が定められました。両方とも知っておく必要があります（図表1-2）。

● 図表1-2　「児童の権利に関する条約」と「児童憲章」

名称	締結・制定年	内容
児童の権利に関する条約	1994 年 （158 番目に批准）	子どもの人権の保障、養育の責任
児童憲章	1951 年	児童の生活保障と育成、社会環境の充実

3　日本の保健行政の歴史

現在、日本で保健行政を担当しているのは厚生労働省です。

歴史的には明治時代以降、第二次世界大戦後までは伝染病（感染症）対策が中心でしたが、現在は母子保健にも力を入れ、世界に誇れる「母子健康手帳」をつくったのです。母子健康手帳（➡ 2 コマ目を参照）は現在、妊娠すると市町村役所や保健センターでもらうことができます。

また、第二次世界大戦後は 3 歳児健診などの保健事業もすすめられ、2000（平成 12）年には「健やか親子 21」が策定されました。これは 20世紀中に達成した母子保健の水準を低下させずに、さらに発展させることを目的としています。「健やか親子 21」の内容は、下記の通りです。

①思春期の保健対策（自殺、性感染症の対策）
②妊娠、出産、不妊のサポート
③小児保健医療水準の維持・向上（低出生体重児、事故、う歯*の予防）
④発達の促進と育児不安解消（虐待予防）

4　保健統計：子どもの保健水準の指標

保健統計については、まず日本の現状を知ることから始めてみましょう。保健の水準を上げるにはどうしたらよいのでしょうか。ある集団で病気が少なく、長生きしている人が多いほど、保健水準が高いといいます。医療が整い、経済が発展している国は、環境もよく健康水準が高い傾向があります。

主な健康の指標には、合計特殊出生率、周産期死亡率、乳児死亡率、新生児死亡率があります。

①合計特殊出生率

合計特殊出生率とは、1 人の女性が 15 ～ 49 歳の間に産む子どもの推計人数です。合計特殊出生率が 2 以上であると、人口が維持できます。現在は 2 を切っていますので、今後、人口は減り続けるということです。これは人口の減少、晩婚化、若年層の経済的困窮などが原因と考えられています。出生数と合計特殊出生率の推移は図表 1-3 の通りです。

「健やか親子21」については、14コマ目、29コマ目も参照しましょう。

重要語句

う歯

→むし歯のこと。

プラスワン

人口置換水準

人口の規模が維持される合計特殊出生率の水準のことを、人口置換水準という。2017年の人口置換水準は2.06（国立社会保障・人口問題研究所ホームページ「人口統計資料集（2019）」）。

1
コマ目

子どもの健康と保健の意義を理解しよう

● 図表1-3　出生数と合計特殊出生率の推移

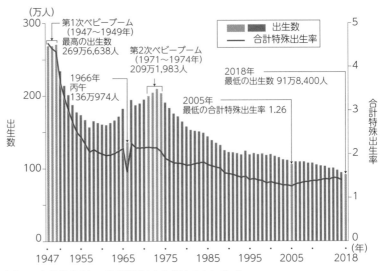

出典：厚生労働省「人口動態統計」各年版をもとに作成

②周産期死亡率

周産期死亡率とは、妊娠 22 週以後から生後 6 日までの新生児の死亡率をいいます。周産期死亡とは、妊娠 22 週以降の死産と早期新生児死亡数を足したものです。昔の日本では死産が多かったのですが今は大幅に改善されており、国際的にみて低い数値です（図表 1-4）。

● 図表1-4　2012年の諸外国の周産期死亡率比較

国名	周産期死亡率	妊娠 28 週以降死産比	早期新生児死亡率
日本	2.6	1.8	0.7
カナダ	6.1	3.0	3.1
アメリカ合衆国	6.8	3.1	3.7
デンマーク	6.4	4.2	2.2
フランス	11.8	10.2	1.6
ドイツ	5.5	3.6	1.9
ハンガリー	6.6	4.5	2.2
イタリア	4.5	27	1.7
オランダ	5.7	3.5	2.2
シンガポール	3.7	2.6	1.1
スペイン	4.1	2.8	1.4
スウェーデン	4.7	3.8	0.9
イギリス	7.6	5.2	2.4
オーストラリア	6.7	4.5	2.2
ニュージーランド	4.7	2.6	2.1

出典：稲垣由子他編著『保育者のための わかりやすい 子どもの保健』日本小児医事出版社、2018年、7頁

周産期死亡は、子どもは先天異常が、母親は妊娠高血圧症候群（➡ 2 コマ目を参照）がリスクになります。

プラスワン

周産期死亡率の式

（妊娠満 22週以後の死産数＋早期新生児死亡数）÷（出生数＋妊娠満 22週以後の死産数）×1,000で求められる。

③乳児死亡

　乳児死亡率とは、生後1年未満の死亡率をいいます。日本では大幅に減少しており、世界最低水準になりました（図表1-5）。乳児死亡率から各国の経済、医療レベル、紛争の有無などの環境や生活水準をみることができます。

●図表1-5　乳児死亡率の年次推移

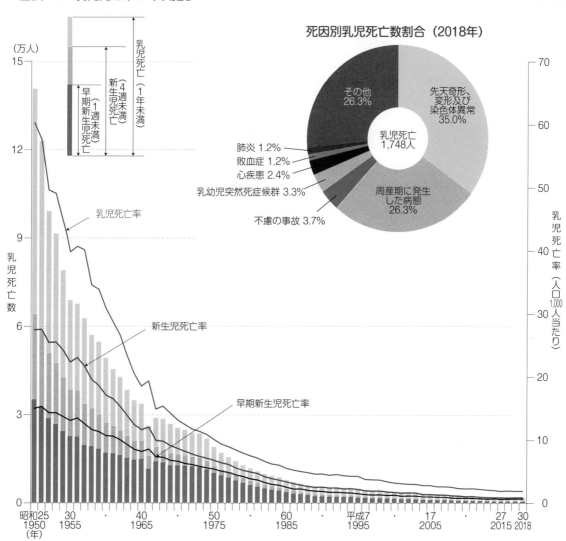

出典：稲垣由子他編著『保育者のための わかりやすい 子どもの保健』日本小児医事出版社、2018年、8頁を一部改変

なぜ乳児死亡率が下がったのか、考えてみましょう。

5 現代の子どもの保健の課題

　現代の子どもの保健に関する課題として以下のようなものが考えられます。これからのレッスンでその内容を学んでいきましょう。

---

①発育・発達の保障
②社会連携：育児支援としての家庭と保育所、幼稚園、認定こども園、
　学校、医療機関
③疾病・障害予防、感染症対策
④子どもの死亡、自殺予防
⑤地域の児童虐待予防
⑥子どもの貧困

おさらいテスト //

❶ 保健とは「[　　　　　　]」ということである。
❷ 子どもの保健の対象は0～[　　]歳である。
❸ わが国の保健行政を担当しているのは[　　　　　]である。

//

グループで話し合おう

　子どもが健康に育つための保育の課題への対応を考えてみましょう。次の課題に対して、保育者としてできることは何でしょうか。グループで話し合いましょう。

①子育て機能の低下

②共働きの増加

③子どもの貧困

子どもの発育を理解しよう

今日のポイント

1 乳児は1年で体重は約3倍、身長は約1.5倍に発育する。

2 乳幼児は、身長・体重・頭囲・胸囲を測定する。

3 発育の状況の記録には、母子健康手帳が用いられる。

1 乳幼児の発育の特徴

1 子どもの発育の特徴

　人間の赤ちゃんは生まれてすぐ立つこともできず、自分から親にしがみつくこともできません。人間の赤ちゃんが生理的早産*といわれるのは、「未熟だけれど、これ以上大きくなると産道を通れないので生まれてしまうから」ということです。世話をし、養護しなければ生きられない存在からスタートします。未熟であることが一つの特徴なのです。

　あなたと同じ人間はいません。一人として同じではない母から生まれ、発育は養育者と養育環境との相互関係で育まれます。そこに個人差が生まれるのです。そこで養育環境を整える意味があります。

　一般的な発育の原則を学びながら、個人差を含めて子どもの発育をみていきましょう。子どもは前向きに生きます。常に発育しているからです。病気をしていても子どもは大きくなりますし、何かできるようになります。このような発育の連続性は、子どもの特徴の一つです。

2 成長・発達・発育

　「成長」と「発達」は、子どもの成長をみるうえで重要な言葉ですが、それぞれどのような意味なのでしょうか。

　「成長」とは、体の大きさなどの形態的な変化のことをいいます。たとえば身長が伸びる、体重が増えるなどは成長にあたります。一方で、歩けるようになるなど機能の成熟については「発達」という言葉を使います。運動機能や感覚などは体の器官の成熟に関係するので、発達にあたります（➡5コマ目を参照）。

　「発育」は、この「成長」と「発達」を合わせた意味で用いられます（図表2-1）。

重要語句

生理的早産

→スイスの生物学者ポルトマンが提唱した説で、人間はほかの動物に比べ未成熟な状態で生まれてくるということ。

成長・発育・発達は似ているようで、意味が少しずつ異なるのですね。

●図表2-1　成長・発達・発育の違い

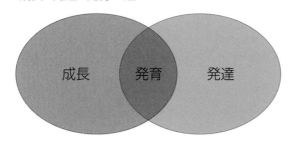

3　胎児の発育の特徴

①発育の様子

　卵子と精子は卵管で出あい、受精卵となります。合体後、受精卵はコロコロと卵管を転がり子宮に到達し着床します。受精後約30時間で、最初の分裂が始まります。分裂を繰り返し60兆個になったとき、人間の形になって生まれてきます。

　胎児は、母親の子宮のなかで羊水に包まれ、胎盤から栄養と酸素をもらって大きくなっていきます。子宮は、とても安全で心地よいところです。

②出生

　妊娠は最終月経の1日目から数え、週数で表します。8週までを胎芽、9週から胎児といいます。6週ごろに妊娠に気づくと心拍が始まっています。赤ちゃんを産むことを分娩といいます。妊娠22週未満の分娩を流産、22週以降37週未満の分娩を早産といいます。ちょうどよいタイミングで生まれるのは37週から41週までです。身長は約50cm、体重は約3,000g（約3kg）で生まれます。出生体重2,500g未満は低出生体重児といいます。

4　乳幼児期の発育の特徴

①身体的発育

　乳幼児期は最も体重の増加率が大きい時期であり、一生のなかで一番ダイナミックな発育をします。体重は生後3か月で約2倍、1年で約3倍になります。身長も1年で約1.5倍になります（図表2-2）。

●図表2-2　体重・身長の増加の目安

	出生時	3か月	1歳	2歳	3～4歳
体重 （出生時比）	約3kg —	約6kg （2倍）	約9kg （3倍）	約12kg （4倍）	約15kg （5倍）
身長 （出生時比）	約50cm —	—	約75cm （1.5倍）	—	約100cm （2倍）

②運動機能の発育

　出生後は原始的な反射で生きています。お乳を吸うこと、排泄すること、体を動かすことはこの原始反射（➡5コマ目を参照）によります。生後3

2コマ目　子どもの発育を理解しよう

💬 **プラスワン**

過期産

42週以降の分娩のこと。胎児の体重が増え、4,000gを超える巨大児になることがある。

身長160cmのあなたが1年後に1.5倍の240cmになることは考えられません。子どものめざましい発育を間近でみて喜ぶことができるのが、保育者です。

か月ごろから神経系の発育にともない、大脳から指令が行くようになると原始反射が消失していきます。しだいに手と目の協応など協調的な動作ができるようになります。

姿勢は生後3、4か月で首がすわり腹ばいで頭を上げるようになります。生後3か月でガラガラを振るようになり、生後6か月には、ねがえりが完成し、おすわりができるようになります。このころにはおもちゃをもちかえるようになります。生後9か月ごろには伝い歩き、1歳前後にはひとり歩きができるようになります（➡5コマ目を参照）。

2 乳幼児の身体測定

1 身体測定の重要性

子どもの発育の評価で、大切なことは何でしょうか。それは、子どもは身体的に大人と違うスケールの大きな発育がみられることです。常に変化しているので記録し、継続してみることが大切です。

皆さんは、いつ、身長・体重をはかっていますか。体重は毎日はかる人もいるかもしれませんが、身長をはかるのは年1回の健康診断のときだけでしょう。大人の場合、毎日体重をはかってもあまり変化がない、という人が多いと思います。しかし、乳児の場合はめざましい体重増加があります。そのため、成人よりも頻繁に身体測定を行うことが大切なのです。

2 身体測定の項目

乳幼児の身体測定の項目は、身長・体重・頭囲・胸囲です。

①身長

体重とともに評価します。2018（平成30）年における平均出生時身長は、男子49.2cm、女子48.7cmで、男女ともに約50cmが目安となります（厚生労働省「平成30年人口動態統計」）。

②体重

発育を評価する際の中心となる要素です。2018年における平均出生時体重は男子3,050g、女子2,960gで、男女ともに約3kgが目安となります（厚生労働省「平成30年人口動態統計」）。

③頭囲と胸囲

乳幼児の場合には、身長・体重とあわせて頭囲と胸囲をはかります。男女ともに、出生時には頭囲のほうが大きく、生後1年以内で胸囲が大きくなります。頭囲と胸囲のバランスをみることが大切です。

3 体重測定の方法

乳幼児の体重は乳幼児体重計ではかります（図表2-3）。授乳や食事の前など、いつも同じ条件で測定しましょう。

発育の状態を評価するためには、継続的に身体測定を行う必要があります。

📧 **プラスワン**

生理的体重減少

生後数日間の新生児の体重は、出生体重の5〜10%ほど減少する。これは、哺乳量よりも、排泄や水分蒸発による水分喪失量が多いためにおきる。

乳幼児用体重計について
目盛り：乳児では目盛りが 10g 以下のもの、幼児では 50 g 以下のものを使用する。
種類：デジタル式、ばね式などがある。

●図表 2-3　体重計の種類

デジタル体重計　　　　　　　　ばね式乳児用

【体重測定の手順】
①体重計は固定し、測定の前に必ず調整しましょう。
②2 歳未満の乳児の場合は仰臥位*で静かに体重計にのせます。首がすわっていない乳児の場合には頭が水平になるようにします。全裸のほうが望ましいのですが、寒い日などの場合には衣服をつけたままか、バスタオルをかけて、あとでその分を引きます（風袋引き）。
③デジタル式の場合はそのまま読み、ばね式の場合には、指針が静止してから数値を読みます。単位は kg で記します。

４　身長測定の方法

　2 歳未満は仰臥位ではかります。2 歳になると立ってはかることができます（図表 2-4）。

身長計について
目盛り：0.1cm 単位で読む。
種類：仰臥位のもの、立位のものがある。

●図表 2-4　乳児・幼児の身長測定

乳児の場合（仰臥位）　　　　　幼児の場合（立位）

重要語句

仰臥位
→あおむけのこと。

子どもの片足は十分ひざが伸びるようにします。このとき、股関節脱臼に気をつけましょう。

【身長測定の手順】

①２歳未満は２人で行います。１人が測板に頭を固定し、もう１人が子どもの片足を伸ばし、足板につけ目盛りを読みます。

②２歳以上は、身長計に足先が30度に開くように立たせ、後頭部、背中、おしり、かかとを身長計につけるように説明し、目盛りを読みます。

5　頭囲・胸囲の測定

　頭囲・胸囲についてはやわらかい巻き尺ではかります。単位はmmとなります（図表2-5）。

【頭囲測定の手順】

①乳幼児をあおむけに寝かせます。

②巻き尺を頭の後ろで最も出ているところ（後頭結節）を通し、眉の前（眉間点）で目盛りを読みます。

【胸囲測定の手順】

①乳児をあおむけに寝かせます。

②シャツを脱がせ、巻尺を背中に通します。

③肩甲骨の下から前に回し、乳首の上で巻尺を交差させ目盛りを読みます。

●図表2-5　頭囲・胸囲の測定

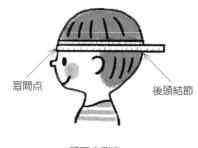

眉間点　　後頭結節

頭囲の測定　　　　　　胸囲の測定

3　乳幼児の発育の評価

　乳幼児の発育の評価はいろいろありますが、ここでは、パーセンタイル値とカウプ指数を紹介します。なぜ発育の評価をするかというと、はかった数値だけでは発育がわからないからです。グラフに入れ、その値の意味をひも解くことで、個人差を知ることができます。

1　パーセンタイル値

　パーセンタイル値は身体発育を評価する方法の一つで、厚生労働省が10年ごとの全国調査を元に発育値をグラフにする際に用いられています。時間的な経過のなかで子どもの発育がわかるという利点があります。次頁から、厚生労働省「平成22年乳幼児身体発育調査」における身長・体重・頭囲・胸囲のパーセンタイル曲線を掲載します（図表2-6～2-10）。

●図表2-6　乳児（男子）の身体発育曲線（身長・体重）（〜1歳）

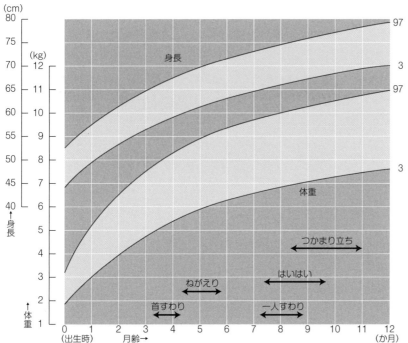

首すわり、ねがえり、一人すわり、はいはい、つかまり立ちの矢印は、約半数の子どもができるようになる月・年齢から、約9割の子どもができるようになる月・年齢までの目安を表したものである。
出典：母子健康手帳をもとに作成

●図表2-7　幼児（男子）の身体発育曲線（身長・体重）（1歳〜）

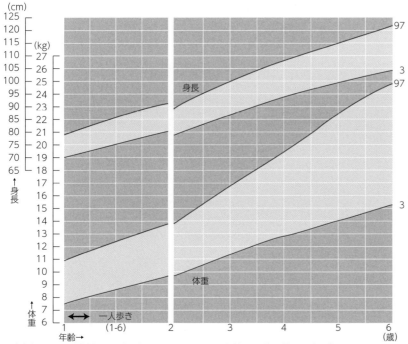

一人歩きの矢印は、約半数の子どもができるようになる月・年齢から、約9割の子どもができるようになる月・年齢までの目安を表したものである。
出典：母子健康手帳をもとに作成

2歳のところで線が切れているのは、測定のしかたが仰臥位から立位にかわるためです。

2
コマ目

子どもの発育を理解しよう

●図表2-8　乳児（女子）の身体発育曲線（身長・体重）（～1歳）

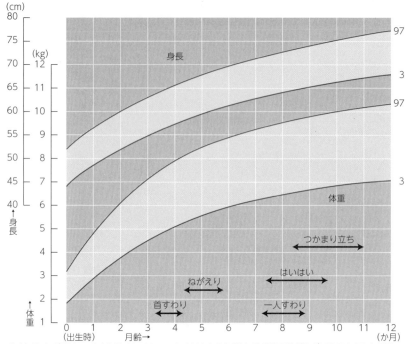

首すわり、ねがえり、一人すわり、はいはい、つかまり立ちの矢印は、約半数の子どもができるようになる月・年齢から、約9割の子どもができるようになる月・年齢までの目安を表したものである。
出典：母子健康手帳をもとに作成

●図表2-9　幼児（女子）の身体発育曲線（身長・体重）（1歳～）

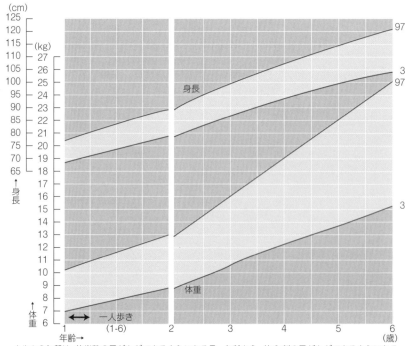

一人歩きの矢印は、約半数の子どもができるようになる月・年齢から、約9割の子どもができるようになる月・年齢までの目安を表したものである。
出典：母子健康手帳をもとに作成

出発点（出生時）には個人差があります。ピンクの帯のなかに入り、同じ傾きで経過していることが大切です。

●図表2-10　乳幼児の頭囲・胸囲のパーセンタイル値を用いた成長曲線（男子、女子）

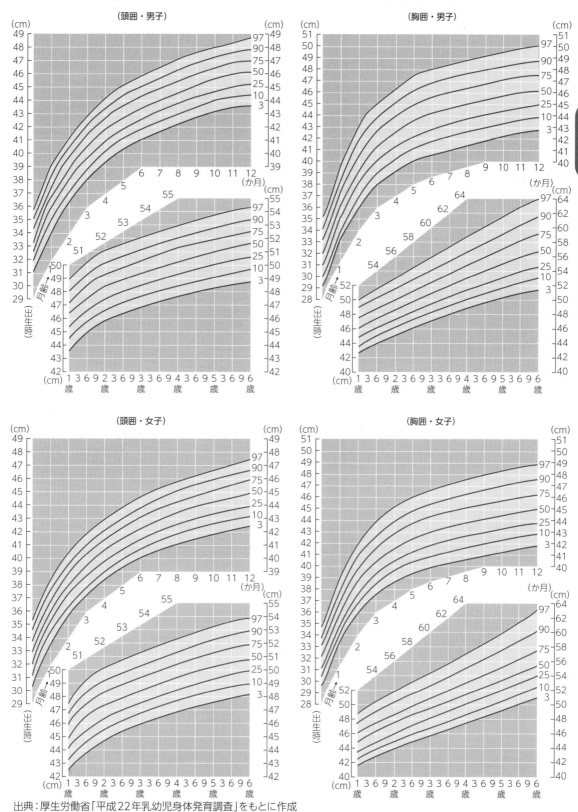

出典：厚生労働省「平成22年乳幼児身体発育調査」をもとに作成

2
コマ目

子どもの発育を理解しよう

パーセンタイル曲線は、計測したパーセンタイル値を曲線にポイントしていき、曲線と同じ傾きで発育をしていればよいというものです。50パーセンタイル値を中央値といいます。出生時の体重はさまざまですが、3～97パーセンタイル値の帯のなかに入り、その子なりの発育をしていれば心配ありません。

体重と身長のバランスでみていくのも大切です。たとえば、ある子どもは、体重は増えているのに身長の伸びが足りないことに気がつき、医療機関に相談しました。すると、成長ホルモンが足りないことがわかりました。また、別のある子どもは、ある時点から体重が急に増え、肥満に近づいているのがわかりました。子どものおけいこ事が多く、ストレスでジャンクフード*を食べている事態を知りました。

このように、体重・身長をはかることで子どもの生活が垣間見えてきます。特に身長の伸びが悪く、ネグレクト*を疑われた事例もあります。

2 カウプ指数

カウプ指数とは、体重÷(身長)^{2}で計算し、子どもの栄養状態を評価するものです。大人のBMI*と同じ数式になります。単位を合わせることが大切です。図表2-11のように、月齢、年齢によって評価の数字が違いま

● 図表2-11 カウプ指数の発育判断基準(目安)

カウプ指数 月齢・年齢	13	14	15	16	17	18	19	20	21
乳児(3か月)	やせすぎ		やせぎみ		普通		太りぎみ		太りすぎ
満 1 歳									
満1歳6か月									
満 2 歳									
満 3 歳									
満 4 歳									
満 5 歳									

出典：大関武彦他編『今日の小児治療指針(第14版)』医学書院、2006年、837頁をもとに作成

● 図表2-12 身長・体重を用いたカウプ指数の計算表

体重(kg)　　身長(m)　　カウプ指数

出典：大関武彦他編『今日の小児治療指針(第14版)』医学書院、2006年、837頁をもとに作成

すので気をつけましょう。また、図表2-12のような計算表を使い、身長と体重からカウプ指数を求めることもできます。

4　母子健康手帳

1　母子健康手帳をみてみよう

母子健康手帳（以下、母子手帳）とは、妊娠の届出をした人に対して市町村が公布するものです。子育てに必要な情報や注意事項が記載され、妊娠中・出産時・乳幼児の発育について記録できるようになっています。

自分の母子手帳を開いてみましょう。出産の状態に、「出産時の児の状態」という項目があります。そこに自分の体重、身長、頭囲、胸囲が書かれています。生まれたときには、こんなにも小さかったのかと驚くでしょう。

次に、成長曲線のページを開いてみましょう。乳児のとき、体重が1年で生まれたときの3倍になる発育をしていますか？　乳幼児期の発育が基礎となって、今日の皆さんがいます。

2　発育に影響を及ぼす要因

ここまでの授業で、発育は個人差が大きいので、長い目でみていく必要があるのはよくおわかりになったことでしょう。保育者は、一時の測定値にとらわれることなく、母子手帳などを使い、保護者と発育の喜びを共有できます。子どもの発育を実感できるのは、育児への強い動機づけになります。

また、発育の個人差は次のようなことが関係します。

①人種、遺伝など
性別、家系、人種、出生順位

②母の妊娠中の状態
母の年齢、妊娠中の労働、栄養状態、喫煙、飲酒、体格、多胎妊娠、母の病気（妊娠高血圧症候群*など）

おさらいテスト

❶ 乳児は1年で体重は [　　　　] 倍、身長は [　　　　] 倍に発育する。

❷ 乳幼児は、[　　　] ・ [　　　] ・ [　　　] ・ [　　　　] を測定する。

❸ 発育の状況の記録には、[　　　] が用いられる。

保護者は測定値に過敏に反応します。保護者に不安を与えないようにするには、どうしたらよいでしょうか？　考えてみましょう。

2コマ目　子どもの発育を理解しよう

プラスワン

出生体重

最近、妊娠中に体重を増やさない傾向があり、平均出生体重が減少している。

重要語句

妊娠高血圧症候群

→以前は妊娠中毒症といっていた。高血圧、むくみ、たんぱく尿が出るものである。

新生児人形を測定してみよう

演習テーマ **1** 人形の衣服を脱がし、全身の観察をしてみよう

【健康観察ポイント】

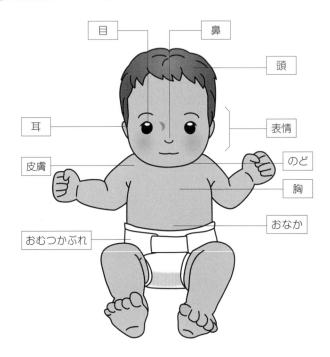

目　鼻　頭　表情　耳　皮膚　のど　胸　おむつかぶれ　おなか

赤ちゃんが泣いているときは、どうしましょうか。考えてみましょう。

それぞれの測定器具を用意し、2人一組で測定開始です。

(1) 身長

(2) 体重

(3) 頭囲

(4) 胸囲

演習テーマ **2** ここまでのチェックポイントを確認しよう

☐ 手早くできましたか？

☐ バスタオルを敷いて測定したとき、風袋引き（バスタオルの重さを引くこと）ができましたか？

☐ 2人の協力はどうですか？　声をかけ合わせましたか？

☐ 記録は1人が数字を読み、1人が復唱して記載しましたか？

　人形ですので泣きませんし不機嫌にもなりません。実際の子どもでやることを想定しましょう。

演習課題 ✏

大泉門、小泉門を理解しよう

新生児人形の大泉門、小泉門にふれてみましょう。

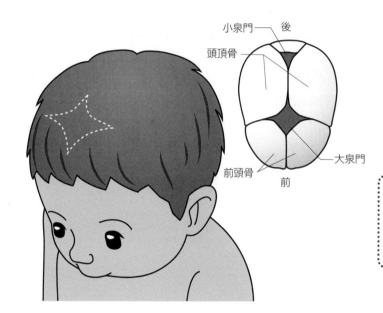

小泉門　後
頭頂骨
前頭骨
前
大泉門

2 コマ目　子どもの発育を理解しよう

泉門とは、頭の骨が大きくなるゆるみ分のことをいいます。

　形をなぞってみましょう。どんな形をしていますか？
①大泉門がふくらんでいるのはどんなときでしょう？

[　　　　　　　　　　　　　　　　　　　　　　　　　　　　　]

②大泉門がへこんでいるのはどんなときでしょう？

[　　　　　　　　　　　　　　　　　　　　　　　　　　　　　]

③大泉門が閉じるのは、いつごろでしょう？

[　　　　　　　　　　　　　　　　　　　　　　　　　　　　　]

④小泉門がどこにあるか、探してみましょう。

[　　　　　　　　　　　　　　　　　　　　　　　　　　　　　]

246頁で解答例を確認してみましょう。

子どもの体を理解しよう1

今日のポイント

1 呼吸器系は、体にある空気の通り道である。

2 心臓を起点として血管が全身をめぐっている。

3 消化器系は食べ物が入ってから不要物となって出るまでの役目を果たす。

1 ヒトの体とその働き

ヒト*が生まれることも不思議ですが、育っていくことも、自分の体自体も不思議に満ちています。ヒトは自分の体のことを意外に知らないものです。意識しなくても、体はよくコントロールされているので生きていくことができます。このレッスンでは、いつもお世話になっていながら気づかない自分の体に注目しましょう。

ヒトの体のさまざまな臓器は、オーケストラの楽器にたとえることができます。臓器にはそれぞれの役目があり、自由に働くこともあれば、体全体の調和のために指示に従って働くこともあります。では、ヒトの体で指揮者となるのはどこでしょうか。探っていきましょう。

✏️ 重要語句

ヒト

→生物として人間を考えるとき、ヒトと表記する。ヒト科、ヒト属となる。

2 呼吸器系

呼吸器系は、体にある空気の通り道です。

1 呼吸器系の働き

私たちは無意識に息を吸ったり吐いたりすることができます。なぜ空気を吸い、酸素を取り込むのでしょうか？ 肺から入った酸素はどこへいくのでしょうか？ 答えは、ヒトの体をつくる60兆個の細胞一つひとつに配られています。細胞のなかで酸素は栄養（ブドウ糖）と結びつき、エネルギーをつくっています。私たちの体が温かいのはエネルギーがあるからです。生きているということは、体が温かく、エネルギーを使い、何かができる状態にあることです。死んだら動くことができず、冷たくなります。

2　呼吸器系の成り立ち

　空気は鼻と口から入り、気管を通り、その枝の気管支から肺に入ります。肺は左右2つありますが、心臓が左にあるため左肺は右肺より小さくなっています。気管支も右のほうが太く短く、角度があり、大きな右肺に空気が行くようになっています。そのため異物を飲んだとき、右のほうに入りやすいのです。空気は気管支の先の風船のような肺胞という袋に入ります。ここが終点です。肺胞を血管が取り巻き、肺胞の膜を通して、入ってきた酸素と血液で運ばれた二酸化炭素を交換します。ガス交換してきれいな血液にすることが肺の役目です。

3　呼吸器系の発達

　赤ちゃんがお母さんの体から外に出て、直接空気を吸うときの「産声」（➡7コマ目を参照）は、一番はじめの呼吸です。このとき、肺がふくらむことで肺呼吸が始まります。乳児は呼吸中枢が不安定なため、不規則な浅い呼吸をすることも多くあります。呼吸数は毎分40回くらいで、大人になるにつれて少なくなります。

　1歳ごろまでは腹式呼吸なので、おむつをきつくつけてはいけません。2歳ごろには肋骨が育ち胸腹式呼吸に、3歳ごろから胸式呼吸になります（➡7コマ目を参照）。

（➡7コマ目を参照）

3　循環器系

　循環とは「めぐる」ということです。心臓を起点として血管が全身をめぐっています。そこに関わる臓器を循環器系といいます。

1　循環器系の特徴

　心臓を体の外に出すと、しばらくは自分で動いています。一生の間、脈拍というリズムを打つ働き者です。心臓はポンプにたとえられます。血液を送り出すポンプです。血液が通るルートの血管と心臓が、循環器系の仲間です。

2　循環器系の発達

　胎児は、母親の胎盤から酸素と栄養をもらいます。酸素と栄養は、胎盤→肝臓→心臓→全身と回ります。酸素と栄養を速く行き渡らせるためのちょっとしたしくみがあります。静脈管・動脈管・卵円孔を通してショートカットするのです。肝臓や肺をパスすることで、速く全身に血液を流します。なぜなら、母親の肝臓ですでに有害な物質が解毒・分解された栄養が胎盤を通して届くので肝臓を通る必要はなく、肺呼吸をしていないので血液が肺に行っても空気がもらえないからです。

　産声で呼吸が始まると、この3つのショートカットが閉じ、大人の循

📝 **プラスワン**

肺胞

肺胞を広げると、テニスコート1面の広さになる。
肺胞の数：2〜7億個
一生の呼吸数：6億回

呼吸の正常値

	呼吸数（毎分）
乳児	30〜40
幼児	20〜30
成人	15〜20

3コマ目　子どもの体を理解しよう1

📝 **プラスワン**

胎児循環

29

環になり、全身⇒右心房⇒右心室⇒肺⇒左心房⇒左心室⇒全身の順になります。

3　脈拍

　乳児の心臓は少し高めの位置にあり、筋力が弱く、毎分120〜140とたくさん打ちます（➡ 7 コマ目を参照）。この脈拍数は年齢とともに減少します。

4　消化器系

　食という漢字は「人が良くなる」と書きます。食べ物は、本来ヒトがよくなるためものなのです。その食べ物を体に入れ、細かくすることを消化といいます。血管に入れるくらい細かくします。細かくされた栄養素は、酸素と同様に全身の細胞に行き、エネルギーなどになります。

1　消化器系の特徴

　食べ物が入り、栄養をとられ、不要物を出す一つの大きな管を想像してください。口から肛門までのいくつかの臓器がつながっていて、伸ばすと1本の管になっているのです。この管を消化管とよびます。菅が通っている順序は、口⇒食道⇒胃⇒十二指腸⇒小腸⇒大腸⇒肛門となります。また、消化を手助けしている膵臓や肝臓も消化器系の仲間です。

　消化器系は精密な食品処理工場にたとえることができ、食べ物が入ってから、不要物となって出るまでの役目を果たします。

2　消化器系の発達

　新生児は、もって生まれた反射で乳汁を飲みます。乳児の胃はとっくり形をしていて、縦長の形です。胃の入り口がゆるいので、授乳後乳児を寝かせると、飲んだ乳汁が逆流することがあります。これを溢乳といいます。乳児は乳汁と一緒に空気も多く飲んでしまうので、ゲップをさせて落ち着かせます。小腸は、成人の場合身長の約4.5倍ですが、幼児は消化機能が未熟なので、身長の約6倍と長い小腸をもっています。

おさらいテスト

❶ 呼吸器系は、体にある ［　　］ の通り道である。
❷ 心臓を起点として ［　　］ が全身をめぐっている。
❸ 消化器系は ［　　］ が入ってから不要物となって出るまでの役目を果たす。

演習課題

循環器と呼吸器について理解しよう

① 成人の血液循環と胎児の血液循環では何が違うか調べて整理してみましょう。

・成人

❶[　　　]　→　右心房　→　右心室　→　❷[　　　]　→　左心房　→　左心室　→　全身

・胎児

胎盤　→　肝臓　→　右心房　→　右心室　→　肺動脈

❸[　　　]　　❹[　　　]　　❺[　　　]

肺　→　肺静脈　→　左心房　→　左心室　→　大動脈　→　全身

246頁で解答例を確認してみましょう。

② 子どもの成長段階で呼吸の方法が腹式と胸式でどう変化するかまとめてみましょう。

[

]

子どもの体を理解しよう２

今日のポイント

1 免疫を担当しているのは白血球である。

2 腎臓が尿を生成している。

3 ホルモンは内分泌器官でつくられる。

1 免疫機能

　免疫とは、体を守るしくみのことです。免疫を担当しているのは血液中の白血球になります。白血球は種類が多く、それぞれ役割分担しながら体にとって悪い細菌などを探し攻撃します。「免」は逃れること、「疫」は悪いことで、合わせて免疫（悪いことを逃れる）となります。

　抗体（➡11コマ目を参照）は、その重さによって種類があります。最も軽いものは、胎盤を通過して母親から子どもに移行します。新生児が病気になりにくいのは、母親から抗体をもらって生まれてくるからです。母乳のなかにも抗体があります。また、母親から抗体をもらうと同時に自分でも抗体をつくるようになります。

　自分を守るしくみはこれ以外にも、くしゃみや咳などがあり、自然に異物を出すことができます。

2 排泄機能：尿の生成

　ヒトの体には腎臓が２つあります。ここが尿の生成工場です。腎臓には、常に、体全体の25％の血液が流れています。この血液の老廃物をこし出して濃縮し、尿とします。２つの腎臓からの尿は出すために、１か所に集められます。それが膀胱です。膀胱の出口は巾着のように筋肉で絞られています。この出口の筋肉を大人は自分の意思で閉めることができます。

　大脳が発達すると、膀胱に尿がためられるようになります。「また尿がたまっていますよ」との情報が大脳に行き、トイレで膀胱の筋肉を緩めて尿を出せるようになります。子どものおむつを取り替える間隔が広がった

プラスワン

体の中の白血球数

200億個以上ある。

免疫については
11コマ目も参照し
ましょう。

プラスワン

泌尿器

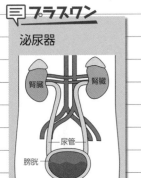

腎臓　　腎臓

尿管

膀胱

尿道

ら、トイレに導入するタイミングです。だいたい2歳半前後でトイレに
行く習慣ができます。

　夜間は3歳くらいまでおむつをつけます。3歳くらいになると、夜に抗
利尿ホルモンがしっかり出て、膀胱に尿がためられるようになります。私
たちが夜間トイレに行かずに安眠できるのはこのホルモンのおかげです。

3　内分泌ホルモン

　ホルモンは、内分泌器官（視床下部、脳下垂体、甲状腺、副甲状腺、副腎、
膵臓、生殖器など）でつくられます。ホルモンは、血液を通して別の特定
の器官（標的器官）にいき効果を発揮させ、体の調整に使われます。ホル
モンが出ると、少しの刺激で多大な効果が得られます。ホルモンの調整は、
「血液中にホルモンが多くなったよ」との情報が出て、ホルモンを減らす
という働きで行われます。これはフィードバックシステムといいます。以
下に、主なホルモンを紹介します。

1　成長ホルモン

　子どもは私たち大人とは違い、身体的に日々成長し、発達しています。
成長ホルモンはそれを支えるホルモンです。脳下垂体から出ます。このホ
ルモンが不足すると身長が伸びず、低身長となります。

2　甲状腺ホルモン

　体の代謝を盛んにします。子どもが成長するのに欠かせないホルモンで
す。このホルモンが過剰になると心臓がどきどきし、脈が速くなり、目が
飛び出るようになり、いくら食べても体重が増えなくなることがあります。
この状態は病気で、バセドウ病といいます。

3　抗利尿ホルモン

　前述のとおり尿を濃縮するホルモンです。脳下垂体から出るホルモンで、
夜間、体が寝入ってから多く出ます。寝る子は育つとはよくいったものです。

4　ステロイドホルモン

　ストレスがあったとき体ががんばるために出るホルモンです。腎臓の上
に帽子のような形の副腎という小さな臓器があり、そこから出ます。ステ
ロイドは現代は人工的に製造でき、アトピー性皮膚炎などの薬となってい
ます。

5　性ホルモン

　思春期に女性は女性らしく、男性が男性らしい体になるホルモンです。
男性ホルモンは1種類ですが、女性は月経の周期によって、2種類の女性

4コマ目　子どもの体を理解しよう2

プラスワン

副腎

皮質
髄質
副腎

副腎

腎臓　腎臓

尿管

ホルモンが出たり出なかったりします。女性は男性より少し微妙な調整をしているのです。

4 神経系

体の情報システムをつかさどっているのが神経系です。脳にコンピューターが搭載されているとイメージしてください。生きていくための指令は脳から出ています。神経細胞どうしは軸索（じくさく）という枝でつながっています。情報伝達物質はこのルートを通って情報を伝えます。軸索は情報がもれないようにコーティングされています。

1 脳

脳は体の司令塔であり大脳、小脳、脳幹、間脳に分かれています。脳幹は呼吸、消化などの生命維持装置です。小脳は運動を支配し、バランスをとるのを担当しています。間脳には視床と視床下部があります。ホルモンの分泌や寒さ、空腹、痛みなどに対応します（図表4-1）。大脳は4つの部分に分かれ、前頭葉は、「読む、書く、話す、考える」を担当しています。前頭葉は私たちの精神活動の中心となる役割を担っています。脳の重量は、生後6か月で生まれたときの約2倍に、3歳で成人の約80%に達します。

●図表4-1　脳

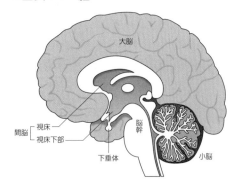

2 脊髄

背骨のなかにあります。この突起から31対の脊髄（せきずい）神経が出て、全身からの情報をキャッチし脳にあげ、脳の指令を全身に伝えています。脳にいかない脊髄独自の指令を反射といいます。熱いものに触るなど、時間短縮で反応しなければならないときに使われます。

おさらいテスト

❶ 免疫を担当しているのは [　　　] である。
❷ [　　] が尿を生成している。
❸ ホルモンは [　　　　] でつくられる。

演習課題

書いてまとめてみよう

①腎臓でつくられた尿がどのような道を通って体外に出るか、通過する器官を書きましょう。

②子どもの体を大きくすることに関係するホルモンと作用についてまとめてみましょう。

子どもの発達を 理解しよう１

今日のポイント

1 発達は生涯にわたる量的・質的変化のことである。

2 発達の過程では原始反射のように消失するものもある。

3 乳児期の三項関係の成立は、コミュニケーションの大切な 基盤となる。

1 発達とは

1 発達の定義

　発達とは何でしょうか。発達とは、生まれてから亡くなるまで量的にも 質的にも連続的に変化していくことを指します。成長という言葉と似てい ますが、成長が、育って大きくなることや成熟することを指すのに比べ、 発達は、高齢になって能力が低下してくる時期にも続いていくものです。

2 遺伝か環境か

　発達はさまざまな領域（身体、運動、言語、認知、社会性など）が互い に関連しながら進行します。では、その発達とは何によって規定されるの でしょうか。皆さんは、「私はお父さんに似たので背が高い」とか「手先 が器用なのはお母さんに似たから」などと考えたり、「睡眠をたっぷりと ると発育がよい」「本がたくさんある家で育ったから頭がよい」などと考 えたことはありませんか。発達を規定する要因として遺伝と環境があげら れます。発達には遺伝の影響が強いとする「遺伝説」、環境の影響が強い とする「環境説」がありますが、現在ではこれらの２つの要因が相互に関 わる「相互作用説」が重視されています。

3 発達段階

　発達は長期間にわたるものですから、年齢によって発達の様子は異なり ます。特徴の異なる時期をまとまりとしてとらえることを発達段階とよび ます。一生涯をどのように区分していくかにはいろいろな考え方がありま すが、およそ次のように考えられています（図表5-1）。
　発達には個人差がありますので、年齢区分はあくまでも目安です。たと えば、乳児期から幼児期の境目が１歳になっているのは、ちょうどその

2コマ目で勉強し た成長・発達・発 育の違いを覚えて いますか？ 5コマ 目では発達を勉強 します。

発達段階は、年齢 区分の数字を暗記 するのではなく背 景を理解すること が大切ですね。

ころに運動能力でも言語能力でも大きな節目（始歩、始語）を迎えること
になるからです。1歳の誕生日になったので切り替わるというものではあ
りません。

● 図表5-1　発達段階

発達段階	年齢の目安	特徴
胎生期	受精卵の着床～出生	母体のなかで身体の基本構造ができあがる。
乳児期	出生～1歳	出生直後の新生児期＊を経て、めざましい成長を遂げる時期。運動面では自力での歩行（始歩）が、言語面では意味をもった発語（始語または初語）がみられるまでになる。
幼児期	1～6歳	2、3歳ごろに自我の芽生えとともに反抗期が現れる。各領域の発達がすすみ、走行、両足とびなどの基本的な運動能力が備わる。言語面では語彙が広がる。基本的生活習慣が身につき、3歳前後で集団活動を経験することが多い。
児童期	6～12歳	学童期に達する。小学校の中学年ごろに徒党を組んで仲間集団を形成する時期（ギャングエイジ）に入り、社会性の発達が促進される。第二次性徴の発現がみられる。
青年期	12歳～20代半ば	子どもから大人への移行期であり、第二次性徴により身体の変化が著しく、情緒反応も強くなる。自分とは何者かというアイデンティティの確立がこの時期の発達課題となる。
成人期	20代半ば～60代	アイデンティティの確立をみて、自分の内面にむいていた関心が広く外にむけられる。精神的にも経済的にも親から独立し、社会人となる。
老年期	60代以降	心身の衰退が目立ってくる。人生の集大成となる時期。

重要語句

新生児期

→出生直後から4週間まで。すべての領域においてまだ未成熟な時期。

2　各領域における発達

1　身体・運動能力の発達

　皆さんは、出生直後の新生児を抱っこしたことがありますか。まだ首も
すわっていませんからグニャグニャととても不安定です。出生後数時間で
歩行ができるようになる動物もいますが、人間は自分の力で歩行できるよ
うになるまで1年ほどかかり、ほかの動物と比較して、非常に未成熟な
状態で生まれてくる生物といえます（➡2コマ目を参照）。身体・運動面
の発達は図表5-2のような経過をたどります。子どもによっては、はい
はいの前につかまり立ちができてしまうということもありますが、基本的

●図表5-2　運動発達の順序（Shirley 1933）

0か月	1か月	2か月	3か月	4か月	5か月
胎児の姿勢	あごを上げる	胸を上げる	ものをつかもうとするが、できない	支えられて座る	ひざの上に座るものを握る

6か月	7か月	8か月	9か月	10か月
高いいすの上に座るぶらさがっているものをつかむ	一人で座る	支えられて立つ	家具につかまらせれば立っていられる	はいはいする

11か月	12か月	13か月	14か月	15か月
手をひかれて歩く	家具につかまって立ち上がる	はいはいで階段をのぼる	一人で立つ	一人で歩く

発達とともにできなくなることもあるのね。

には発達は一定の順序と方向性をもってすすんでいきます。

　新生児期の運動面の特徴として原始反射があげられます。たとえばこの時期の反射の代表として、口唇の周辺を刺激するとそちらに顔をむける口唇反射や、口のなかに指を入れると吸いつく吸啜反射があります。これらの反射は、まだ大脳の発達が未成熟なこの時期の乳児にとって生存を助ける働きをします。しかし、これらの反射は成長とともに消失していきます。

　はいはい、歩行などのように全身を使う粗大運動のほか、手先の細かい動きに関わる微細運動も発達します。微細運動が発達すると一人で食事や服の着脱が行えるようになったり、クレヨンやハサミなどの道具を扱えるようになったりするので、行動が広がっていきます。幼児期後半からはスポーツも楽しめるようになります。

2　言語能力の発達

　生まれたばかりの乳児の発声は、泣き声である叫喚発声です。これは「おなかがすいた」などの不快な状況を周囲に知らせるのに役立ちます。新生児は体も小さく一度にまとまった量の哺乳ができませんから、およそ3時間ごとに哺乳と睡眠を繰り返すことになります。しかし徐々に体の発育

がすすむと1回の哺乳量や睡眠時間も増え、目覚めたときにも余裕が出てきます。このころから泣き声ではない発声、非叫喚発声が増えてきます。

この発声は、**クーイング***から始まり、発音しやすい母音などで構成された「アイアイアイ」「マンマンマン」「ブーブーブー」などの反復音声（喃語）として広がっていきます。この喃語は、乳児にとって自分の感覚器官を使った言語のトレーニング兼一人遊びであると同時に、母親をはじめとする周囲の人とのコミュニケーションとしても意味をもちます。

皆さんは赤ちゃんをあやすとき、どんな声で語りかけるでしょうか。通常は、大人に対して話すときよりも乳児に対するときのほうが声のトーンが高くなります。これを育児語（マザリーズ）といいます。乳児は、低い音よりも高い音に対して敏感なのでこれは大変理にかなっているのです。語りかけられた乳児は、まだ話すことができなくても積極的に反応します。3か月くらいでは視線を合わせ、手足をバタバタと動かし、声を出したりほほえんだりします。この二者間のやりとりを二項関係といいます。コミュニケーションの第一歩です。

8～9か月ごろになると、**共同注意***や指差しがみられるようになります。母親などの他者に「何か」を指し示したり、「何か」を他者と共有したりするようになるのです。たとえば、大きな犬を見た赤ちゃんがそれを指差して母親のほうを見ます。その様子を見た母親が、「そうね、ワンワンね、大きいわね」と答えたとします。「乳児」「母親」の二者が「犬」という対象について情報や気持ちを共有したことになります。これを三項関係（図表5-3）の成立といいます。これは、コミュニケーションの大切な基盤となります。

● 図表5-3　三項関係

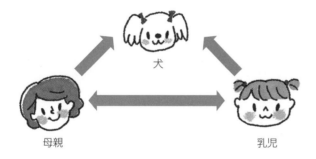

犬

母親　　　　　　　　乳児

1歳から1歳半ごろまでには、たとえば食べ物という意味をこめて「マンマ」というなど、有意味な発声である始語がみられます。始語は、単語であっても、「この食べ物ちょうだい」「これおいしいね」などの意味として使われることもあるため一語文といわれます。始語がみられてから語彙がどんどん増加するだけでなく、二語文、三語文と表現も豊かになっていきます。

このように、言葉の広がりがすすみますが、まだ成人と同じようにはいきません。幼児は、言葉に含まれる音（音韻）をしっかりと認識すること

重要語句

クーイング

→この時期にみられる非叫喚発声でハトが鳴くような音声。

プラスワン

語彙の爆発的増加期

1歳半を過ぎ、語彙数が50語を超えると語彙の増加が爆発的に加速する。

重要語句

共同注意

→他者（主に母親）が注意をむけている対象に子どもも注意をむけ情報や気持ちを共有すること。

5コマ目

子どもの発達を理解しよう1

がまだ難しく、また、すべての音韻を正しく発音できるわけではないため、この時期特有の言葉である幼児語（図表5-4）を話すことが少なくありません。しかし、ほとんどの場合、学齢期に達するまでには幼児語から脱します。

●図表5-4　幼児語の例

	幼児語	意味
幼児期特有の単語	ワンワン ニャーニャー ブーブー	犬 猫 自動車
発音が難しい子音を母音に置き換え	あえ エモン	あれ レモン
発音が難しい子音を別の子音で置き換え	ダッパ ゴリヤ	ラッパ ゴリラ
チ音化	ちぇんちぇい ちゃかな	せんせい さかな
音韻の転置	とうもころし ペッボトトル エベレーター	とうもろこし ペットボトル エレベーター

3　認知能力の発達

　子どもの認知能力を2つの視点で考えてみましょう。まず1つ目は、現在、子どもが他者の手助けを必要とせずに発揮することのできるレベルの能力です。もう1つは、他者の手助けやヒントがあれば到達することのできるレベルの潜在的な能力です。ヴィゴツキー*は、この2つのレベルの能力の間を発達の最近接領域とよびました。子どもの認知能力の発達は、この最近接領域を十分に理解したうえで大人が適切に関わることによって促されるのです。

　子どもの認知発達は、ピアジェ*が述べた理論が有名です。ピアジェは子どもの認知能力の発達段階を大きく4つに分けていますが、そのなかで乳幼児期に関連する部分をみていきましょう。

①感覚運動期（出生〜2歳ごろ）

　この時期の子どもは、見る、聞く、ふれるといった感覚器官を通じて得た情報を受け止め動作につなげていきます。まだ視野に入らないことや因果関係の理解はできません。「今ここ」がすべてです。しかし徐々に表象（イメージ）の力が育まれていきます。たとえば、生後5か月児は、関心をもって見つめていたおもちゃの上に大人が布をかぶせて見えないようにすると、おもちゃはなくなってしまったと思い関心を失います。しかし10か月児になると、布を取り除いておもちゃがあることを確認します。ものの永続性の理解がすすんだといえます。また、2歳近くになると、母親などの行動を時間をおいてまねすること（延滞模倣）ができるようになります。

ヴィゴツキー

1896〜1934
ベラルーシ出身、ロシア（旧ソビエト連邦）で活躍した心理学者。

ピアジェ

1896〜1980
スイスの心理学者。

プラスワン

ピアジェの研究

ピアジェは子どもの認知発達の研究に多大な貢献をしたが、その後、実験方法によっては異なる結果が得られることから、ピアジェは子どもの能力を過小評価しているのではないかという議論もある。

②前操作期（2〜7歳ごろ）

この時期になると、表象の力が発達して、「〜のつもり」ということが理解できるようになり「ごっこ遊び」が楽しめるようになります。ただしまだ論理的な思考は難しく、頭のなかだけで表象を使って思考すること（心的操作）はできません。

この時期のもののとらえ方は独特なものがあります。たとえば、太陽やぬいぐるみなど生き物ではないものにも命や感情があるととらえたり（アニミズム）、自動車のヘッドライトを目に見立てて表情があると感じたり（相貌的知覚）します。また、自分以外の視点をもつことが難しいため、自己中心性が強いといわれます。この時期の子どもが印象的な一面にとらわれて多角的な判断ができない一例として次の課題をあげます。

この自己中心性は、わがままで身勝手という意味ではないのね。

【保存課題の実験】
①前操作期の子どもに、同じ量のジュースが入った2つの同じコップを見せて、ジュースの量が同じかどうか尋ねる（図A）。
②その後、片方のコップのジュースを別のコップに移しかえ、また同様の質問をする（図B）。

前操作期の子どもは、①では「同じ」と答えるが、②ではジュースの水位の高さにとらわれて新しいコップのほうにたくさんジュースが入っていると答えてしまう。

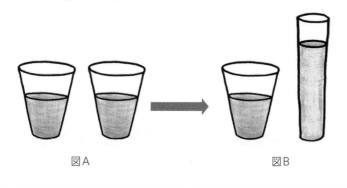

図A　　　　　　　図B

③具体的操作期（7〜11歳ごろ）

具体的操作期（児童期）に入ると、先ほどの2つのコップの課題に正しく答えることができるようになります。途中で足したり減らしたりしていないから、もとに戻せば同じになるはずだから、といった理由づけもできるようになります。自分以外の視点からも考えることができるようになったわけです。この時期の特徴は脱中心化です。自己中心性から脱するという意味です。

4　愛着の発達

人間は社会的な生き物です。他者と関わりながら生活を営んでいます。

5コマ目　子どもの発達を理解しよう1

対人関係の第一歩は母親（養育者）とのしっかりとした愛着形成です。人ごみで迷子になった子どもはまず、母親（養育者）の姿を探し求めます。そして無事に再会できるまで強い不安をもつことになります。このように安全、安心、保護への欲求に基づいた特定の対象（人物）に対しての絆を愛着といいます。

愛着の発達では人見知りをすることはとても大切な段階なのですね。

●図表5-5　愛着の発達

時期	特徴
第1段階 出生〜生後3か月ごろ	まだ他者を識別することができない。特定の人物への愛着はまだみられない。
第2段階 生後3〜6か月ごろ	日ごろよく関わる特定の人物を徐々に認識する。ほほえみや反応もその人物にむけたものが多くなる。
第3段階 生後6か月〜3歳ごろ	特定の身近な人物を識別し、能動的に関わる。愛着対象である人物の姿が見えなかったり離れていこうとしたときには、探したり後追いをしたりといった行動がみられる。その一方で知らない人物には人見知りが現れる。
第4段階 3歳以降	愛着対象の人物の意図や気持ちの理解ができるようになり、それに合わせて、自分の愛着行動を調整できるようになる。また表象の発達とともに養育者の温かいイメージを描くことができるため、物理的に離れていることに耐えられるようになる。

愛着は図表5-5のように発達していきますが、養育者の養育態度によっては順調にすすまないこともあります。愛着のシステムは、子どもが不安な状況において活性化しますが、エインズワース*の実験によると、母親と離れて不安な状況に置かれた子どものなかには、母親と再会して通常なら安心するときに母親に駆け寄ることもせず淡々としていたり、喜びではなく怒りを示したりする子どもが一定の割合でいたとのことです。

エインズワースは前者を回避型とし、後者をアンビバレント型としました。これらの反応の違いは、養育者の養育のあり方によるものとされています。回避型の場合には、子どもからの働きかけに対し、養育者が拒否的にふるまっていることを示し、アンビバレント型の場合には、養育者が子どもの状態に対し敏感に反応できていないことを示しています。このように、子どもの対人関係のあり方は、幼少のころの養育者の関わり方に左右されるのです。

エインズワース
1913〜1999
アメリカの発達心理学者。

おさらいテスト

❶ 発達は生涯にわたる［　　　　］的・［　　　　］的変化のことである。
❷ 発達の過程では［　　　　］のように消失するものもある。
❸ 乳児期の三項関係の成立は、［　　　　］の大切な基盤となる。

演習課題

ディスカッション

①幼児がオバケなどを怖がることについて、41頁のアニミズムや相貌的知覚といった特性と関連づけて考察し、小グループでディスカッションしてみましょう。

②幼児の気持ちになって、身近な生活のなかや雑誌やチラシの写真から表情を見てとることのできるものを探しましょう。可能であれば写真を撮ったり雑誌を切り抜いたりしてプレゼンテーションするとわかりやすいでしょう。

例：困った顔の郵便ポスト

例：ウインクする遮断機

見つけてきたものをここに貼ってみよう！

5 コマ目

子どもの発達を理解しよう1

子どもの発達を
理解しよう2

今日のポイント

1 LD、ADHD、ASDの特性について理解する。

2 園生活のなかで現れる困難さの背景を理解する。

3 発達障害児への支援のポイントとインクルーシブな保育のあり方について理解する。

1 発達障害とは

6コマ目では発達を勉強した流れで発達障害を学んでいきます。

プラスワン

支援が必要な子ども

2012年に文部科学省が行った調査によると、通常の学級に在籍して特別な教育的支援を必要とする児童生徒の割合は6.5%（推定値）である。診断の有無にかかわらず、決して少なくない割合の子どもが、通常の場で支援を必要としていることを保育者も念頭に置く必要がある。

1 発達障害のとらえ方

　私たちは誰でも、得意、不得意がありますが、自分の発達段階と照らし合わせて能力のレベルがおよそ平均的な範囲にあり、日常生活を送るうえで極端に支障をきたさなければ、それを「個性」と表現したりします。しかし、得意、不得意の差が大きく、発達の状態がアンバランスな場合は、日常生活や所属している集団（園や学校でのクラス、大人であれば職場など）のなかでいろいろな困難さが生じることになります。このように、個性は個性でも、「何らかの支援を必要とする個性」が発達障害なのです。困難さの現れ方は、学習面や行動面などさまざまです。

　わが子が発達障害の診断を受けて、保護者が医師に発達障害は治るかどうか尋ねることがあります。発達障害は病気ではありませんので、治るか治らないかという視点でとらえることはできません。しかし、適切な対応と教育支援でその子どもなりの適応を果たし、得意とする力を活用しながら社会参加することは十分に可能です。そのような意味で、早期からの周囲の理解と適切な対応はとても重要なのです。

脳機能障害ということは、保護者の育て方のせいではないということね。

2 発達障害の定義

　「発達障害者支援法」において、発達障害は、「自閉症、アスペルガー症候群その他の広汎性発達障害、学習障害、注意欠陥多動性障害その他これに類する脳機能の障害であってその症状が通常低年齢において発現するもの」と定義されています。

　ここにはいくつかの診断名が記されていますが、自閉症、アスペルガー症候群、広汎性発達障害の3つは、大きくASD（自閉スペクトラム症／自閉症スペクトラム障害）という概念でまとめることができる（くわしく

は後述）ため、発達障害は、学習面の困難さが主となるLD（学習障害）、行動面の困難さが主となるADHD（注意欠陥多動性障害）、社会性の困難さが主となるASD（自閉スペクトラム症）に大まかに分類することができます（図表6-1）。しかし、これらは重複することも多く、また困難さの現れ方は人によって異なるので、画一的にとらえることは控えなければなりません。

● 図表6-1　発達障害におけるそれぞれの障害の特性

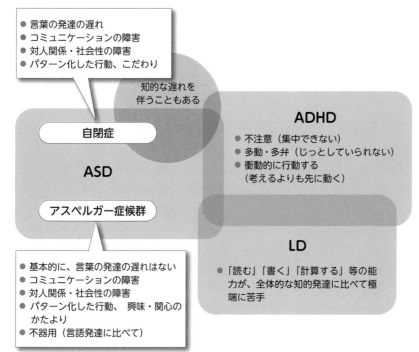

出典：厚生労働省ホームページ「発達障害の理解のために」を一部改変（https://www.mhlw.go.jp/seisaku/17.html　2020年2月5日アクセス）

3　LD（学習障害）の理解

　学習障害は、Learning Disabilities（LD）の翻訳語です。学習の基盤となる能力には、聞く、話す、読む、書く、計算する、推論することがあげられますが、LDは、認知能力にアンバランスさがあり、これらの領域のいずれかに困難さが生じます。たとえば「読む」ということに困難さがある場合、知的障害であれば全般的な知的発達の遅れによって読むことの難しさが現れますが、LDの場合は、「読む」ことにつまずきが現れても「聞く」「話す」などのほかの領域には困難さがみられないことがあります。

　同年齢の子どもと同じように（あるいはそれ以上に）できる領域がある一方で困難さが生じる領域があるということは、周囲から「やればできる子」「努力を怠っている子」とのみられ方をされ、困難さへの理解が得られないまま努力ばかりを無理強いされることもありますので注意が必要です。しっかりとアセスメント＊を行い、その子どもに合った適切な支援を考えることが何より大切です。

6
コマ目

子どもの発達を理解しよう2

💬**プラスワン**

診断名

診断基準が記されているマニュアルは、WHOによるICD-10やアメリカ精神医学会によるDSM-5など複数ある。またそれらの改訂によって障害や疾病の名称に変更がなされることもあるため、常に最新の情報を得ることが大切である。なお、DSM-5においてLDはSLD（限局性学習症/限局性学習障害）とされるが、現在、まだ一般的にはLDの名称が用いられることが多いため、本文中はLDと表記する。

✏**重要語句**

アセスメント

→検査や行動観察などによる実態把握のこと。子どもの特性を考慮したうえで支援計画を立てる必要があるため、アセスメントはとても重要である。

【集団活動にみられるLDの困難さ（すべてが現れるわけではない）】

・聞き誤りや聞き落としが多い

・5～6歳になっても単語の言い誤りが多い

・文字の形を覚えたり区別したりすることが難しい

・靴箱やロッカーの位置をなかなか覚えられない

・洋服の前後や靴の左右を間違えやすい

・数や量の理解が難しい　など

4　ADHD（注意欠如・多動症／注意欠如・多動性障害）の理解

ADHD（Attention Deficit Hyperactivity Disorder）は、注意の転導性*、不注意、衝動性、多動性などの行動上の困難さを示す障害です。

これらの困難さがあると、段取りよく行動したり、集団活動のペースに合わせて参加したりすることが難しくなります。また、多動傾向が強ければじっとしていられず、歩き回ったりほかの子どもに不必要な干渉をしたりすることが多くなるため、怒られてばかりということにもなりかねません。保育者は、子どもが不まじめな態度をわざととっているわけではなく、自分自身の行動をコントロールすることの困難さを抱えているということを理解する必要があります。

また、衝動性の高さから状況を考えずに行動することが多いため、けがをしたりさせたりすることも想定されます。保育室や園庭の環境を点検し、日ごろから危機管理をしておくことも大切です。

【集団活動に見られるADHDの困難さ（すべてが現れるわけではない）】

・落ち着きがなくじっと座っていられない（多動）

・思いついたことを後先考えず行う（衝動性）

・順番が待てない、割り込みをする（衝動性）

・しゃべりだしたら止まらない（多弁）

・注意をむける対象が変わりやすい（注意の転導性）

・妨害刺激に影響されやすい（不注意）

・集中できる時間が短い（不注意）

・不注意で落とし物やうっかりミスが多い（不注意）

・複数のことに気を配りながら同時並行して行うことが苦手（不注意）
　など

5　ASD（自閉スペクトラム症／自閉症スペクトラム障害）の理解

ASD（Autistic Spectrum Disorder）は、発語がみられないほどの重度の知的障害のある者から知的能力が高い者まで、自閉症の基本的特徴をもつ者を連続体としてとらえる概念です。スペクトラムとは連続体という意味です。自閉症の特徴は、次のように3点あげられます。

①社会性の障害（他者と社会的に関わることの難しさ）

②コミュニケーションの障害（言語をはじめとするコミュニケーションの

難しさ）

③想像力の障害（パターンや特定のものへのこだわり、興味・関心が限定的）

　DSM-5 においては、この 3 つの特徴を①社会的コミュニケーションおよび相互関係における持続的障害、②限定された反復する様式の行動、興味、活動、の 2 点に整理して説明しています。

【集団活動にみられるASDの困難さ（すべてが現れるわけではない）】

・一人遊びが多い（集団遊びより一人遊びを好む場合がある）

・アイコンタクト*が困難、他者への意識が薄い

・自分のやり方にこだわりがある

・集団や他者のペースややり方に合わせることが苦手

・活動の切り替えが悪い

・予想外の出来事に柔軟に対処することが難しい

・非日常的な行事への参加が難しい

・他者の気持ちや意図の理解が難しい

・表情や声のトーンなどの非言語的なサインの表出と理解が難しい

・対人距離のとり方が不適切（人見知りがない、または強すぎる）

・他者とバランスのよいコミュニケーションがとれない

・狭く深い関心のもち方をする（昆虫博士と呼ばれるほど虫に詳しいなど）

・勝ち負けにこだわり、負けると激しく怒ったり泣いたりする

✏️ 重要語句

アイコンタクト

→他者と視線を合わせること。

2　発達障害の子どもへの支援

1　発達障害の子どもへの配慮と支援

　発達障害は重複することが少なくありません。また、同一の診断を受けた場合でも、子どもによって困難さの現れ方は異なります。配慮や支援は、日ごろのていねいな行動観察をもとに検討するとよいでしょう。また、巡回相談員などの専門家の助言が受けられるようであれば、そのシステムを積極的に活用しましょう。

　ここでは、発達障害の子どもに共通する配慮や支援について述べます。

・苦手なことだけに注目するのではなく、その子どもの得意なこと、好きなことを把握して支援に役立てる

・指示を出すときは、注意を十分にひきつけてから行う

・口頭で伝えるときは明瞭な発音で、簡潔に話す。必要に応じてイラストや文字を使い、耳だけでなく目も使って情報にふれることができるようにする

・叱るときも褒めるときも、具体的に伝える（「ちゃんと」「きちんと」などのあいまいな表現では伝わらない）

・テーマやポイントを具体的に示して話す内容を構造化*する

・活動の流れを図示するなどして、見通しがもてるようにする

・ロッカー、靴箱の位置を子どもが探しやすい場所にする、または大きめ

6 コマ目

子どもの発達を理解しよう2

✏️ 重要語句

構造化

→話す内容や活動を見てわかるようにして伝えたり、混乱しないよう刺激の少ない環境を整え、次に何をするのか見通しをもたせたりすることで理解や参加を促すこと。

・聞くことの困難さや多動性の高さなど、子どもの特性に合わせて座席の位置を配慮する
・遊びや活動のルールをシンプルにして守りやすくする
・活動の終了や切り替えのタイミングをタイマー*などで事前に知らせて心構えをもたせる
・必要に応じて、保育者が個別のサポートを行いながら集団に参加できるよう工夫する
・活動への参加を無理強いせず、部分的でも参加できることから始める
・できたことに対しては十分に褒め、達成感をもたせる
・家庭と連絡を密にとり、連携しながら支援を行う

2 発達障害に現れやすいその他の特徴

①睡眠が不安定

　発達障害の子どもは、睡眠に不安定さがみられることがあります。リズムが不規則になるほか、眠りが浅くすぐ目が覚める、なかなか寝つけない、寝起きが悪くしばらくぼんやりしていたり不機嫌になったりする、放っておくと長時間眠り続けるなどの問題が生じることがあります。午睡のときなどは、その子どもに合った入眠方法を考えたり、眠ることを無理強いしたりしないよう気をつけるとよいでしょう。保育者自身が気持ちをゆったりともって対応することも大切です。

②不器用さ・動作のぎこちなさ

　運動には全身を使った粗大運動と、手先などで細かい動きをする微細運動があります。発達に偏りのある子どもは運動面にも困難さが現れることがあります。たとえば、かけっこやなわとびをするときに、上半身と下半身が滑らかに連動せずぎこちなく見えることがあります。またぎこちないだけでなく、手の動作と足の動作がうまく連携しないと、なわとびなどは連続してとべないことにもなります。微細運動では、手先の細かい動きがうまくいかないと、画材やのり、ハサミを使った製作がうまくいかないばかりか、着替えや食事のときにも影響が出ます。

　子どもが自信を失ったり劣等感をもったりしないよう、配慮する必要があります。

③感覚過敏と感覚鈍麻

　発達障害のなかでも特にASDの子どもは、感覚に問題があることが少なくありません。私たちは、目、耳、鼻、皮膚などの感覚器官を通じてさまざまな刺激を受け取り処理しています。この刺激の受け止めが敏感すぎると日常生活に支障が出る場合があります。

・聴覚の過敏性…運動会の徒競走のピストルの音や集団で演奏する楽器の音、雷などが苦手です。大きな音に加え、不意打ちのように鳴り響く避難訓練のサイレンなどでパニックを起こすこともあります。また、エアコンの動作音など、通常であれば気にならない音に敏感なこともあります。

・**触覚の過敏性**…触覚に過敏性がある子どもは、たとえば、のりのベタベタした感触や砂のザラザラした感触を嫌がります。また、洋服の襟元とのタグが気になることも多いようです。さらに、子どもによっては、少し体にふれただけで痛がったりくすぐったがったり、友だちと手をつなぐことを嫌がったりといったこともみられます。我慢してふれさせておけば慣れるという単純な問題ではありませんから、無理強いは禁物です。無理のない範囲で、さまざまな触覚刺激を体験させていくとよいでしょう。

・**視覚の過敏性**…まぶしさに敏感であったり、プールの水面に日が当たってキラキラするような特定の視覚刺激を嫌がったり、あるいは好んでずっと眺めていたりします。

・**嗅覚の過敏性**…においに敏感です。舌触りなどの触覚過敏とあわせて、偏食につながることもあります。

　感覚の問題は、過敏性だけでなく感覚鈍麻として現れることもあります。この場合は、脳が刺激不足だと認知して、余分な感覚刺激を自分に送り込もうとします。たとえば、指やタオルをしゃぶったり爪をかんだり、高い所から飛び降りる動作を繰り返したりする行為として現れます。危険な行為はすぐさま止めなければなりませんが、ただ制止するだけで終わらせずに、行動の背景を理解することが大切です。

　また、発達に偏りのある子どもは、ボディイメージ*をつかむことが苦手です。ボディイメージが不適切だと、転んだり、物にぶつかったりしがちです。また、左右のバランスを保ってお盆での配膳をする、壊れ物をそっと扱うといったことが苦手になります。「こぼしてはいけません！」「そっと持ちなさい！」と注意する前に、どのようにすればよいかを具体的に伝えるとよいでしょう。

④場面緘黙

　発達障害のある子どものなかには、場面緘黙の問題がある者もいます。場面緘黙（選択性緘黙）とは、家庭では会話ができても、学校や保育所などの集団の場になると他者と話すことができなくなることをいいます。「話さない」のではなく「話したくても話せない」状態であることを理解する必要があります。

　話すことや注目されることに強い不安を感じるため、話すことを強制することは禁物です。園の中では、子どもが一番安心感を得られる人物を中心として受容的に関わるとよいでしょう。

　筆談や耳もとで小声でささやくといったかたちでのコミュニケーションなら大丈夫だという子どももいます。また、話すことができなくても、活動を楽しんでいる場合も少なくありません。製作や楽器演奏など、会話がなくても参加できる活動を工夫しましょう。

3　発達障害とインクルーシブな保育のあり方

　発達障害のある子どもへの対応は、担任の保育者だけが行うものではありません。子どもの困難さを園全体で共有し、共通理解することが大切で

重要語句

ボディイメージ

→自分の体に対しての認知。自分の体の大きさやむき、姿勢などを鏡などで確認しなくても頭のなかにイメージすること。

6コマ目

子どもの発達を理解しよう2

す。対応のしかたも、コンセンサスをとって一致させておく必要があります。

　文部科学省は 2012（平成 24）年の報告のなかで、共生社会の形成にむけてインクルーシブ教育システムを構築していくことを述べています。すべての人がともに分け隔てなく社会のなかで生活していくという「インクルージョン」の考え方に基づき、今後は、保育の現場でもインクルーシブ*な保育のあり方を考えていくことが求められています。

　共生社会とは、障害のある人もない人も、ともに関わりながら生活する社会です。これまでも、両者の関わりの一つとして交流保育などが行われてきましたが、インクルーシブ保育との違いはあるのでしょうか。交流保育とは、たとえば通常の幼稚園や保育所に通う子どもたちと、障害児通園施設や特別支援学校の幼稚部の子どもたちが互いの保育の場に出向き、一緒に活動に参加するような保育のあり方です。直接交流のほかに、手紙やビデオレターの交換などの間接交流もあります。交流保育は、互いの理解を深めるうえで大変意味がありますが、あくまでも障害の有無によって線が引かれているところが特徴です。

　一方、インクルーシブ保育においては、子どもすべてを障害の有無とは関わりなく、さまざまな個性や特性をもつ者として包含し、同じ場でともに過ごしていくという理念にのっとっています。大切なことは、「ただ同じ場にいる」ことではなく「共に活動に参加する」ことですから、困難さを抱える子どもには、その困難を軽減するような配慮や環境調整などを行っていく必要があります。

　インクルーシブ保育をとおして、発達に偏りのある子どもへの理解を深め支援の方法を検討することは、その子どもにとって過ごしやすい環境をつくるだけでなく、そのほかの子どもにとってもわかりやすく、参加しやすい環境を提供することにもつながるはずです。

演習課題

感覚過敏のある子どものためのアクティビティ

感覚過敏のある子どもに、さまざまな感覚を体験させるためのアクティビティを行ってみましょう。楽しんで参加できるための工夫も考えてみましょう。

演習テーマ 1 | はてな？　ボックス

　図のような中身が見えない箱に、特徴のある手触りのものを1つずつ入れます。子どもは穴から手を入れて触り、それが何かを当てます。
・中に入れるものは何にしますか？
・子どもの不安が強いときはどのような配慮が必要ですか？

演習テーマ 2 | 背中で伝言ゲーム

　小グループをつくり1列に並びます。リーダーの子どもを決め、リーダーが次の人の背中に図形(□○△など)をかきます。文字を習得していれば平仮名1文字でもよいでしょう。背中にかかれた人は、それと同じ図形を次の人の背中にかきます。次々とかいていき、最後の人は紙に図形をかいてリーダーに見せ、合っているか確かめます。

6 コマ目　子どもの発達を理解しよう2

子どもの健康状態を知ろう1

今日のポイント

1 健康観察においては、日常の健康状態をみる。

2 一般状態は、体温、呼吸、脈拍などをはかることでわかる。

3 子どもは体重当たりの水分量が多いので、脱水に注意する。

1 子どもの健康観察

1 子どもの健康

保育所等では朝、子どもが登園してきたら、今日の活動に入る前に、まず元気かどうか確かめます。「おはよう」と声をかけながら、乳児であれば反応や機嫌、幼児であれば返ってくる声の調子、顔色をみます。これを視診(ししん)といいます。その後保護者から前の日の生活状態を教えてもらいます。そして子どもが楽しく、快適に1日過ごす計画をつくっていきます。

2 乳児における健康観察のポイント

乳児は言葉をしゃべることができません。体の具合が悪くても、どこが痛いのか伝えてくれません。表現をしてくれないので、保育者がわかろうとすることが大切になります。子どもをかわいがり、よく観察しながら保育をしていると、「今日はいつもと違うな」と感じることがあります。そのようなとき、額に触ってみると熱く、熱があることに気づいたりします。平常の健康状態をみていくことが大切です。

乳児はなんといっても、機嫌をみます。突発性発疹(はっしん)(➡ 12コマ目を参照)で熱が高めに出たときでも、機嫌がよければ様子をみてもよい場合があります。

次に、全体の活発さ、泣き方をみてから、部分的に顔色、視線、目やに、鼻水、よだれの量、唇の色をみます。それから体全体の皮膚に湿疹(ししん)がないか、手足の動き、抱き上げたとき咳(せき)などしないかをみていき、排泄(はいせつ)、食事、睡眠について、家庭での様子を聞きます。子どもの検温をしながら、親とコミュニケーションをとることも大切です。

赤ちゃんは体調が悪いことをしゃべれないから、観察ポイントを確認しておきましょう。

3　幼児における健康観察のポイント

　子どもはじっとしていません。いつだって活発に動いています。子どもの動きにも健康観察のポイントがあります。ぐずぐずして保護者と離れないとき、落ち着きがなかったり動こうとしなかったりする場合は、体調がよくないサインのこともあります。

　また、ぼんやりして、反応がない場合もあります。声かけに反応しない状態には自分一人で対応しようとせず、助けを呼びましょう。反対に、頭が痛くても、「ぽんぽん痛い」と激しくいってくる場合もあります。子どもがいっていることを鵜呑みにしないで、体に触って痛むところを確認しましょう。以上をまとめると図表7-1のようになります。

●図表7-1　乳幼児の健康観察のポイント・まとめ

チェックポイント		
①全体的印象	乳児	□ 機嫌よく笑うか □ 体をよく動かすか □ 泣き方がいつもと同じか □ ぐずっていないか □ 抱っこを求めるか
	幼児	□ 体を動かして遊ぶか □ 姿勢が前かがみになっていないか □ 声かけに反応するか □ 落ち着きがないか
②顔色		□ 青白くないか □ 表情があるか □ 顔が赤いか □ ほてるか
③目		□ 視線が定まっているか □ 目の動きが正常か □ 目に力があるか □ 目が泳いでいないか □ まぶたの腫れ □ 目やに □ 目の充血 □ さかさまつげ
④鼻		□ 鼻水 □ 鼻づまり □ 鼻血
⑤口		□ 唇の色 □ よだれの量 □ 口のまわりの発疹 □ 口唇ヘルペス □ かみ合わせ
⑥皮膚		□ 乾燥 □ 発疹 □ 傷 □ うちみ
⑦手足		□ よく動いているか
⑧息苦しくないか	□	
⑨食欲はあるか	□	
⑩睡眠はとれているか	□	
⑪排泄は問題ないか	□	

2 子どもの一般状態

　赤ちゃんは、お母さんの子宮にいるときには安定しています。病原菌もいません。栄養も酸素もお母さんの体から胎盤を通って運ばれます。赤ちゃんが生まれたときの体温、呼吸、脈拍は以下のとおりです。

①体温……羊水より冷たい、乾燥した空気のなかに生まれてきます。水分が体からどんどん蒸発します。蒸発したときには体から熱を奪います。なんとか自分の体温を保つように、がんばっているのです。体温は36.5 ～ 37.5℃と高めです。病原菌に出会うと、熱を出しやすくなります。

②呼吸……生まれてすぐ、「おぎゃあー」と産声をあげます。これが最初の呼吸になります。これから一生、死ぬまで呼吸を続けることになります。

③脈拍……へその緒が切れると、呼吸で取り込んだ酸素を心臓が全身に送り出します。この動きを脈拍として感じられます。

　呼吸をしていること、脈がふれること、体が温かいことなどは、体が生きているサインです。この基本的なサイン（バイタルサイン*）をみていきましょう。

1 体温測定

①子どもの体温の特徴

1）子どもは、大人より活発に動きます。子どもは、大人より高い体温をもっています。子どもの平熱は一般的に、37.2℃くらいまでが目安となります。もちろん個人差はあります。

2）体温は、脳の**セットポイント***でコントロールされています。猛暑であろうが雪が降ろうが、体温を一定に保っています。それが、寒ければ体温が下がり、冬眠するカエルなどの変温動物との違いです。子どもは体温のコントロールが未熟で、容易に熱を出します。外気温に左右されるので、1日のうちで体温が変わります。

3）授乳後、沐浴後、激しく泣いたあとは体温が上がります。着せすぎで熱を出すこともあります。これを**うつ熱***といいます。また、1日では夕方の体温が朝方よりも高くなります。

②体温計の種類

体温計の種類には、図表 7-2 のようなものがあります。

③子どもの体温測定

　体温を測定する部位には、わきの下（腋窩）、口腔、耳、直腸などがありますが、一般的に乳幼児の場合には、口腔検温やガラス製の体温計による検温は危険防止のため行いません。ここでは、電子体温計使用による腋窩検温の手順を紹介します。

【体温測定の手順（電子体温計使用）】

①乳児ならば、声かけしながら優しく抱き上げます。

● 図表7-2　さまざまな体温計

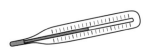

水銀体温計

耳式体温計

電子体温計

非接触型体温計

直腸体温計

婦人体温計

②幼児ならばひざに抱き、熱をはかることを教えてあげます。

③わきの下をタオルでさっと拭き、体温計を入れます。

④体温計の先が、わきのくぼみの深いところに当たるようにします。

⑤子どもの腕を軽く押さえ、わきの下を固定します。

⑥電子音が鳴ったらゆっくりわきの下から体温計を取り出し、衣服を直します。

⑦数値を読み、子どもに説明し、上手にできたことを褒めましょう。

⑧数値は記録し、体温計はアルコール消毒をし、所定の場所に戻します。

2　呼吸

①子どもの呼吸の方法

　子どもは主に、横隔膜を使った腹式呼吸をしています。肋骨が水平で胸が丸い子どもには、胸を広げることが難しいからです。肋骨が成長すると、胸の筋肉を使った胸式呼吸ができるようになります。

　子どもは口を開けたまま乳を吸っています。3か月までの子どもは、口で呼吸せず鼻で呼吸していますので、特に鼻づまりに注意しましょう。

②観察の方法

　いつもの呼吸は、規則正しく、静かで、適当な速さで自然に意識しないでも行われています。まず数を数えます。規則正しく呼吸しているか、ぜいぜい音がしないか、速さの乱れはないか、苦しそうにしていないかをみます。子どもの胸に耳をつけて、喘鳴*を聞いてみましょう。

　顔色を見て、唇が紫色になっていないか（チアノーゼ〔➡26 コマ目を参照〕になっていないか）確かめましょう。

③乳幼児突然死症候群の対策

　乳幼児突然死症候群*（SIDS）の発見のため、睡眠中の姿勢と呼吸のチェックを5～10分おきにします。

📑 プラスワン

体温計を入れる角度

子どもの胸のほうに30度から45度の角度で入れる。

体温の正常値の目安

乳児：36.3～37.3℃
幼児：36.0～37.0℃
学童：35.9～36.8℃
成人：35.8～36.8℃

✏️ 重要語句

喘鳴

→ぜいぜい、ひゅーひゅーという呼吸するときの雑音のこと。

乳幼児突然死症候群

→それまで元気だった乳幼児が、事故や窒息ではなく、眠っている間に突然死亡してしまう病気のこと。原因は不明だが、リスク要因の一つにうつぶせ寝がある（厚生労働省ホームページ）。
➡12コマ目を参照

7 コマ目

子どもの健康状態を知ろう1

3 脈拍

　酸素と栄養を運ぶ動脈は、大事な血管で、体の奥深くを走っています。たまたま体の表面近くに出ることもあり、そこで脈を感じます。脈拍は、心臓から1回、1回、動脈に押し出された拍動です。脈拍を測定できる主な部位は図表7-3のとおりです。

●図表7-3　脈拍を測定できる体の部位

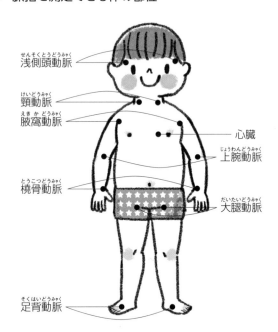

浅側頭動脈（せんそくとうどうみゃく）
頸動脈（けいどうみゃく）
腋窩動脈（えきかどうみゃく）
橈骨動脈（とうこつどうみゃく）
足背動脈（そくはいどうみゃく）
心臓
上腕動脈（じょうわんどうみゃく）
大腿動脈（だいたいどうみゃく）

　手首のところの動脈を橈骨動脈（とうこつ）といいます。数、リズム、大きさ、強さをみます。動脈がふれるところは出血した際の止血ポイントになりますので、覚えておきましょう。

3 子どもの水分の出入り

1 体の水分量

　生まれたばかりの赤ちゃんを見たことがありますか。まるで水蜜桃（すいみつとう）のようにみずみずしい顔をしています。子どもは体重当たりの水分量が多いのです。成長すると細胞のなかに水を取り込めるようになりますが、子どものうちは細胞の外に満ちている水が多いのです。大人より体重当たりの体表面積も大きく、皮膚から水分がどんどん蒸発します。つまり、水分の変動が多くなり、脱水に注意しなければなりません。

2 水分必要量

　子どもは図表7-4にあるように、体重当たりでいうと大人の約3倍の

水分が必要になります。水不足に弱く、熱を出したり、吐いたりすると脱水を起こしやすくなります。

●図表7-4　体重1kg当たりでみる1日に必要な水分量

乳児	120 〜 150mL
幼児	90 〜 125mL
学童	50 〜 90mL
成人	40 〜 70mL

出典：「メルクマニュアル」第18版を一部改変

3　尿量

腎臓は血液をざっくりとこし、濃縮して尿をつくっています。乳児の腎臓は未熟で、尿を濃くすることが苦手なため、薄い尿を何回も出しています。1回の量は少なく、回数は多く排泄します（図表7-5）。

●図表7-5　子どもの尿量と回数

	尿量（mL／日）	回数（回／日）
新生児期	5 〜 20	15 〜 20
〜 2 か月	250 〜 450	10 〜 20
2 か月〜 1 年	400 〜 500	10 〜 20
1 〜 3 年	500 〜 600	10 〜 16
3 〜 5 年	600 〜 700	10 〜 16
5 〜 8 年	650 〜 1,000	7 〜 10
8 〜 14 年	800 〜 1,400	6 〜 7

出典：国分義行・岩田正晴『母子保健学改訂第3版』診断と治療社、1990年を一部改変

おさらいテスト

❶ 健康観察においては、[　　　　]をみる。

❷ 一般状態は、[　　　]、[　　　]、[　　　　]などをはかることでわかる。

❸ 子どもは体重当たりの水分量が多いので、[　　　　]に注意する。

プラスワン

不感蒸泄

感じないが、気道や皮膚から水分が蒸発していること。

発育に伴う水分構成量の変化（体重当たり:%）

	胎児	新生児	生後6か月児
総水分量	95	80	60
細胞内液	30	40	40
細胞外液	65	40	20

7 コマ目

子どもの健康状態を知ろう1

体温と脈拍の変化をみよう

- -

朝起きてから、1日の体温と脈拍の変化を2時間おきにはかってみましょう。

								月	日

脈拍	体温	8：00	10：00	12：00	14：00	16：00	18：00
120	39						
110							
100	38						
90	37.5						
80	37						
70	36.5						
60	36						
50							
40	35						

①気づいたことをまとめましょう。

[
                                                                    ]

②体温と脈拍の関係をみてみましょう。

[
                                                                    ]

※ 246 頁で解答例を確認してみましょう。

演習課題

ディスカッション

　以下の子どもの様子から、どんなことがわかるか、保育者としてどのような対応をすべきか、話し合ってみましょう。

①２歳のBちゃん
　いつもはニコニコと先生に手を引かれて部屋に入るが、今日はぐずぐずと保護者にまとわりついてなかなか離れない。熱は36.8℃だが、朝食欲がなかったという。

[　　　　　　　　　　　　　　　　　　　　　　　　　　　　　　　　　　]

②３歳のPちゃん
　朝はいつもと変わらない様子で保育所にやってきたが、お昼ごろ、「おなかが痛いの」と先生に訴える。体温計で熱をはかってみると、37.8℃あった。

[　　　　　　　　　　　　　　　　　　　　　　　　　　　　　　　　　　]

③１歳のMちゃん
　午前中はいつもの通りよく遊ぶ。昼食後気づくとぐったりしており、熱は38℃あり、手足が冷たく、ときどきぶるっとけいれんする。冷やすか温めるか考えてみよう。

[　　　　　　　　　　　　　　　　　　　　　　　　　　　　　　　　　　]

④６か月のSちゃん
　朝、おむつかえをして保育室に入室後、３時間排尿がない。Sちゃんの１日の尿量を考え、どのように対応するか考えよう。

[　　　　　　　　　　　　　　　　　　　　　　　　　　　　　　　　　　]

246頁で解答例を確認してみましょう。

7コマ目　子どもの健康状態を知ろう１

子どもの健康状態を知ろう2

今日のポイント

1 赤ちゃんの状態を知るには母子健康手帳を確認する。

2 保育所等における初年度の健康診断は、6月30日までに行う。

3 年少の子どもは自分の体調の状況を言えないので、必ず連絡帳で家庭での様子を確認する。

1 新生児（生まれて4週間まで）

　このコマでは、主に新生児から保育所等に入園するまでの健康状態の把握について学んでいきます。保育所等に来る一番小さい赤ちゃんは、産後8週過ぎた57日目の子となります。そのときの子どもの発育の状態は生まれたときの状況により異なりますので、まずは母子健康手帳を確認して、この赤ちゃんの状態を知ることが大切です。

　生まれたときの発育の状態は、どれだけお母さんのおなかの中にいたかによって異なります。たとえば、おなかの中にいた期間が長いのに、体重が少ないときには注意しなければなりません。なぜなら、早く生まれたらその分体重が少なくて当然だからです。そうでない場合は、何か理由がある可能性が考えられます。

　また、この時期の赤ちゃんは頭の割合が大きく、身長に対する頭の割合は4分の1になり、胴長で手足が短いという特徴があります。このころの自然な姿勢は、腕がW形、足は股関節が開いたM形になります。この姿勢を崩さないように抱きます。

　皮膚は薄く、大人の皮膚の厚さの約2分の1です。皮下脂肪は発達していますが乾燥に弱い状態です。生まれて2～3日には新生児黄疸*になり、皮膚が黄色くなります。

　生まれて3～5日後には体重が5～10％ほど減り（これを生理的体重減少という）、1週間前後で元に戻ります。これは、皮膚からの水分蒸発、胎便*、哺乳量がまだ少ないことが原因です。子どもの体重が生理的に減るのはこのときだけです。

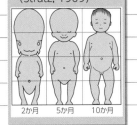

プラスワン

頭部と身長の比
(Stratz, 1909)

2か月　5か月　10か月

重要語句

新生児黄疸

→血液中に赤血球の処理物質であるビリルビンが増え、皮膚や目の結膜が黄色くなる。

胎便

→新生児が初めて出す黒緑色の軟便。これにより消化管が開通する。

2 健康診断（健康診査）

子どもの健康診断（以下、健診とする）は、1か月児健診は医療機関で、3〜4か月児健診、1歳6か月児健診、3歳児健診は市町村の保健センターで行われます。保育所等での健診は、定期の健診と臨時の健診が定められています。

自治体によって6〜7か月児健診、9〜10か月児健診を実施している所もあります。

1 入園前の健診

新入園児の健康状態を知るために、保護者に健康調査票を用意してもらいます（図表8-1）。園では集団生活に入りますので、予防接種の状況は必ず確認しておきましょう。母子健康手帳からも予防接種の履歴を確認できます。食物アレルギーがある場合は、生活管理指導表（➡ 28コマ目を参照）の提出を依頼します。

【入園前の健診の項目例】
妊娠出産状況、栄養状態、発育・発達状況、家族の状況、育児環境、現在の体調、既往歴、入院歴、体質、家族歴、慢性疾患、予防接種、アレルギー

また、子どものかかりつけ医を知っておくことも大切です。

2 定期健康診断

保育所等における初年度の健診は、4月入所児の場合6月30日までに行います。発育の状態を把握し、集団生活のなかで留意することを発見します。健診の前には健康調査票を配り、子どもの家庭内での健康や生活を把握します。健診の項目は下記の通りです。

【健診の項目例】
身体計測、栄養状態、脊柱・胸郭・四肢の発育、視力、聴力、眼・耳鼻咽喉・皮膚の疾患の有無、歯科健診、心臓、尿健診、内科健診、結核の検査

また、プールが始まる前までに、耳鼻科と眼科の健診をすませます。プールに入ったために症状が悪化しないように、個別に受診をすすめます。

3 臨時健康診断

必要なときに行います。たとえば感染症がはやったとき、食中毒が発生したとき、大きな災害が起こったときなどです。

● 図表8-1　健康調査票の例（東京都東久留米市）

健　康　状　況　等　調　査　書

■ 申込児童1人につき1枚必要です。
　3人以上同時に申請する場合は、コピーしてご利用ください。

■ 該当する項目「レ」をして、必要事項をもれなく記入してください。

ふりがな		性別	生 年 月 日	申請時の月齢	記 入 者	市記載欄
児童名		男・女	平成　　年　　月　　日 令和	才 ヶ月	父・母・その他（　　　）	

出生時の 状況	妊娠期間 ：　　　　　週　　　　日 出生時 ： 体重 ＿＿＿g 身長 ＿＿＿cm 　　　　 頭囲 ＿＿＿cm 胸囲 ＿＿＿cm	□早産（37週未満）だった □出生時体重が2,500グラム未満だった

乳幼児健康診査等	◆お子さんの現在の年齢までの乳幼児健診を受診しましたか 「受診した」方は受診済みの健診をチェックしてください 　□3・4ヶ月　　□6・7ヶ月　　□9・10ヶ月　　□1歳　　□1歳6ヶ月 　□2歳歯科　　□3歳	□ 受診した	□ 受診していない 理由 ＿＿＿＿＿ ＿＿＿＿＿
	◆今までの健診や受診等で、健康・発達上の相談、指導等を受けたことがありますか 「はい」の方 ： いつ頃　　　　歳　　　　ヶ月 　　　　　　どこで　□ 発達相談室 ＿＿＿＿＿＿＿＿＿ 　　　　　　　　　　□ 言葉の教室 ＿＿＿＿＿＿＿＿＿ 　　　　　　　　　　□ その他 ＿＿＿＿＿＿＿＿＿＿＿	□ いいえ	□ はい

健康状態	◆定期的に通院が必要な病気や障害がありますか 「はい」の方 ： 病名 または 障害名 ＿＿＿＿＿＿＿＿＿ 　　　　　　　医療機関名 ＿＿＿＿＿＿＿＿＿＿＿＿＿	□ いいえ	□ はい
	◆今までに大きなケガや病気をしたことはありますか 「はい」の方 ： いつ頃　　　　歳　　　　ヶ月ごろ 　　　　　　　どのような ＿＿＿＿＿＿＿＿＿＿＿＿＿	□ いいえ	□ はい
	◆下記の病気や服薬が必要な病気はありますか。 □熱性けいれん（薬：あり・なし）　□てんかん（薬：あり・なし）　□その他（薬：あり・なし） 　　　1日の投薬回数＿＿＿＿回　　　薬名 ＿＿＿＿＿＿＿＿＿ 　　　投薬時間など ＿＿＿＿＿＿＿＿＿＿＿＿＿ 　　　医療機関名 ＿＿＿＿＿＿＿＿＿＿＿＿＿＿	□ いいえ	□ はい

アレルギー	◆アレルギーはありますか 「はい」の方 ： □ぜんそく　□アトピー　□花粉症　□食物（　　）□その他	□ いいえ	□ はい
	◆上記で「はい」の方、アレルギー症状が出た場合、緊急に使用する薬はありますか ： 薬品名 ＿＿＿＿＿＿＿＿＿＿＿＿＿＿	□ いいえ	□ はい

その他	◆障害者手帳、愛の手帳などが交付されていますか 「はい」の方 ： □ 身体障害者手帳 ＿＿＿級　　　□ 愛の手帳 ＿＿＿度 　　　　　　　□ その他 ＿＿＿＿＿＿＿＿＿＿＿＿＿＿＿	□ いいえ	□ はい
	◆入園にあたり、健康、発達について気になることがあれば記入してください。 ＿＿＿＿＿＿＿＿＿＿＿＿＿＿＿＿＿＿＿＿＿＿ ＿＿＿＿＿＿＿＿＿＿＿＿＿＿＿＿＿＿＿＿＿＿ ＿＿＿＿＿＿＿＿＿＿＿＿＿＿＿＿＿＿＿＿＿＿		

《確認事項》

※ この書類は、保育施設入所申請の添付書類として、子育て支援課及び保育施設のみで使用します。

※ 調査書の内容について、市から問い合わせることがあります。

※ 児童の状況によっては、医師・専門機関の診断書などを別途提出していただく場合があります。

※ 記載内容と児童の実際の状況に相違がある場合、入所をお待ちいただくことがあります。

上記事項を確認しましたらご署名をお願いします。

　　　　　　　　　　　　　　　　　　　　　保護者氏名（父）　＿＿＿＿＿＿＿＿＿

　　　令和　　　年　　　月　　　日

　＿＿＿＿＿＿＿＿＿＿＿＿＿＿＿　　　保護者氏名（母）　＿＿＿＿＿＿＿＿＿

出典：東久留米市ホームページ「健康状況等調査書」（http://www.city.higashikurume.lg.jp/_res/projects/
default_project/_page_/001/001/553/kenko_reiwa_pdf.pdf　2020年2月5日アクセス）

4　歯科健診

歯科健診は、「母子保健法」で定められた1歳6か月児健診、3歳児健診のときに一緒に行われます。6月の歯と口の健康週間をきっかけに、歯科健診を行っている園もあります。むし歯やかみ合わせだけでなく、口のなかからもその子どもの生活状況がみえてきます。

5　クラスの健康管理

健診が終わったら、健診の結果と健康調査票をまとめます。予防接種、けがや病気の記録などをもとに、クラスの一覧表をつくります。

3　保護者との情報共有

1　入園前

入園前から保護者とコミュニケーションをとることは、子どもの園生活をスムーズにします。子どもが楽しく園で過ごすために、保護者との情報共有は欠かせません。

①新入園児説明会

感染症にかかったときの登園基準と、医師の登園許可書がいることを説明します。保育所等では健診があり、嘱託医がいることを説明し、保健関連の行事について話します。薬は、保育所等で与薬可能なものと手続きをプリントで示します。

②新入園児個人面接

入園前に保護者や子どもと会います。健康調査票を保護者と話しながら記載し、保育所等での対応を知らせます。食物アレルギーの子どもの場合は、除去食について家庭での工夫などを伺いましょう。保護者にふだんの対応を教えてもらいます。

医療的ケア児（➡ 29コマ目を参照）は、医師の指示をもとに保育所等でできる範囲を見極めましょう。安全にできないことなど、安易に受け入れられないこともあります。保護者に寄り添いながら、理解してもらいましょう。

2　入園後

①連絡帳

年少の子どもは自分の体調の状況を言えないので、必ず連絡帳で、家庭での様子を確認します。特に乳児は、機嫌、食事、睡眠、排泄（はいせつ）など、家庭での状況と流れを保護者に記入してもらい、この流れに乗って保育するとよいでしょう。保育所等が家庭生活の延長になるよう配慮します。

体調の悪い子どもがいる場合には、職員全員でその連絡帳を共有することが大切です。職員全員の目で温かく子どもをみましょう。担任がいない場合でも、ほかの保育者から保護者に子どもの様子を知らせることができ

子どもの受診は保護者だけが決定できるのです。「やっぱりお医者さんに見せたほうがいいのかな」と思えるように子どもの状態を話します。

ます。

②健診の結果

　健診の結果で医療機関の受診が必要ならば、見通しを説明しながらていねいに保護者に話します。子どもを受診させることができるのは唯一保護者だけなので、連れて行きたくなるように話します。この機会に、保護者が子どもの健康について不安に思っていることを聞き、信頼関係をつくっていきましょう。

③降園時

　保育中に体調不良になった場合、保護者に子どもの様子をくわしく説明します。今後起こりうることを、たとえば「もしかしたら、熱が出るかもしれない」などを保護者に情報提供します。保護者を不安にさせてはいけませんが、今の時点の客観的指標を示します。たとえば、「熱が37.2度あって、いつもより少し高めです」などです。

④けがや事故のとき

　保護者に第一報を入れます。園長などの責任者が、現場にいた保育者に状況をくわしく聞き取り、保護者に落ち着いて対応します。また、職員間でけがや事故が起きたときの役割を決めておきます。保育者の動揺を伝えないように配慮し、現在の子どもの状態とこれからの対応について説明します。病院へ子どもを移送する場合には、病院まで保護者に来てもらうように依頼します。

　保護者への謝罪は誠意をもって行います。けがや事故が起こった状況や対応を、できるだけ落ち着いて伝えましょう。

おさらいテスト

❶ 赤ちゃんの状態を知るには［　　　　］を確認する。

❷ 保育所等における初年度の健康診断は、［　　　　］までに行う。

❸ 年少の子どもは自分の体調の状況を言えないので、必ず［　　　　］で家庭での様子を確認する。

演習課題

新生児について調べてみよう

以前のコマも参照しながら、新生児の特徴で以下のものが起こる理由を調べてみましょう。

①生理的体重減少

②生理的黄疸

③生理的貧血

子どもの病気とその対処法について理解しよう1

1 子どもの異常に早く気がつくためには、子どものいつもの様子（日常）を知る。

2 発熱・下痢・嘔吐などでは脱水症状に気をつける。

3 与薬は安易に行わず、保護者や医師と連携をとったうえで対応する。

1 病気に対する子どもの特徴

　子どもは、免疫（➡11コマ目を参照）や病気に対する抵抗力が弱いため、大人に比べて病気にかかりやすく、病気にかかったときに症状が重くなりやすい傾向があります。また、集団保育の場では、乳幼児はお互いに直接ふれあう機会が多いため、伝染性のある病気に感染しやすいことが考えられます。生理機能も発達の途上にあり、たとえば大人に比べて体重当たりに必要な水分量が多く、脱水になりやすいことや、鼻道や気道の狭さから粘膜が腫れた場合に息苦しくなりやすいことなども特徴です。

　子どもは小さい大人ではありません。病気に対する子どもの特徴をよく理解し、適切な援助・配慮・環境構成を行うことが大切です。保育所等の集団保育の場では特に、同じ空間のなかで多くの子どもが過ごすことや、一人ひとりの発達や体調に合わせた環境構成が難しい場合があることからも、保育者は病気の予防や対応に特に配慮する必要があります。

母子免疫が切れつつある月齢で保育所へ入園する0歳児には、特にこまやかな配慮が必要です。

2 子どもの諸症状への対応（前半）

1 日常の子どもの姿の把握

　元気そうに見える子どもが、急に体調を崩し重症化することがあります。子どもは大人に比べて心身の状態が不安定になりがちですし、自分自身で体調をうまく伝えることが難しい場合もあります。いち早く子どもの異常に気づき早期に対応することは、保育者が子どもの健康を守るうえで非常に大切なことなのです。

　異常に気づくためには何が必要でしょうか？　「子どもの異常な状態」

についてよく学ぶことはもちろんですが、比較対象としての「子どもの
いつもの状態」を知ることは大前提です（➡健康観察は7コマ目を参照）。
いつもと比べて元気がない、いつもと比べてご飯をあまり食べない、とい
うようなささやかな「いつもとの違い（異常）」に気づくためには、「い
つもはどうか（日常）」を的確に把握しておかなければなりません。日常
から子どもとよくふれあい、深い信頼関係を築いている保育者だからこそ、
子どもの異常を早期に察知することができ、適切に対応して子どもの心身
の負担を軽減し、必要な場合は早期の医療機関への受診につなげることが
できるのです。

2　発熱

　子どもの体温は変動しやすく、運動や食事によっても影響を受けますし、
季節によっても平均体温に差がみられます。体温が高くなる異常には、熱
中症に代表されるような、高温多湿の環境にさらされることで体熱の放散
がうまくできないことによる高体温と、感染などによって視床下部の体温
調節中枢が体温を高く設定した場合におこる発熱があります。

　発熱の場合は感染症などが疑われます。検温とともに下痢や咳、発疹な
どのほかの症状の有無を確認し、衣服や室温などの子どもの置かれた環境
が適切であるかを見直します。体温が上がる過程（図表9-1のA）では寒
気がするので、このときには衣類やふとんなどで体を温めます。寒気がお
さまり、熱が上がりきったあと（図表9-1のB）には、薄着に替えても大
丈夫です。熱が下がり始めたときは（図表9-1のC）血管が拡張するとと
もに汗が出るので、こまめに体を拭いて、ぬれた衣類は交換します。

　発熱は、ウイルスや細菌に対する免疫を亢進するという働きがあるため、
無理に体温を下げる必要はありません。解熱剤や体を冷やすこと（冷罨法
➡18コマ目を参照）は、脱水や体力低下の予防、精神的な鎮静などをめ
ざすもので、体温を下げること自体で病気の重症化を防げるわけではあり
ません。

冷却シートを貼っ
てあげる場合は、
寒気がなくなり熱
が上がりきったあと
にしましょう。

●図表9-1　一般的な発熱の経過

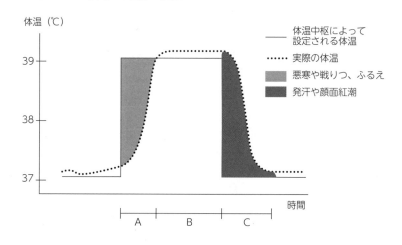

保育所等では、38度以上の発熱がみられ、元気がなかったり機嫌が悪かったりする場合には、保護者に連絡するようにしましょう。感染症の場合の他児への影響を考慮し、できれば保育室とは別の場所で水分補給をこまめに行いながら保育し、保護者が迎えに来るまで1時間に1回程度の検温を継続しましょう。0～1歳児が入園してからはじめて発熱した場合は、突発性発疹（➡12コマ目を参照）を疑い、熱性けいれん（➡18コマ目を参照）の可能性に留意します。また子どもの機嫌が悪く、耳をよく気にしているそぶりがあれば、中耳炎の可能性も考慮しましょう。

3　嘔吐

嘔吐は胃の内容物の多くを勢いよく口から吐き出すことから、子どもにとっては精神的にも身体的にも負担が大きいものです。嘔吐に至らない切迫した吐き気のことは悪心といいます。子どもの嘔吐でよくみられるのは、下痢症などの消化器疾患にともなうものですが、乗り物酔いや強い感情の影響によって吐き気をもよおすこともあります。嘔吐した場合は、子どもが不快感を訴えなくとも、しばらくは食事や激しい運動を避けるようにします。精神的な動揺がある場合には、「大丈夫だよ」、「気持ちが悪かったら全部吐いちゃおうか」など、落ち着かせるような声かけをしましょう。

嘔吐物の処理は、ウイルス性の感染症を考慮し、感染が広がらないように慎重に行います。繰り返しての嘔吐や下痢をともなう場合は、脱水に注意し、尿量や飲水量を把握することが大事です。

4　下痢

過食などによる消化不良、腹部の冷え、ストレスなどによるものもありますが、乳幼児ではウイルス性の下痢がよくみられます。子どもが下痢をした場合には、便をよく観察します。血便や白色便の場合は医療機関へ持参してもよいでしょう。

下痢の原因が何であってもひとまずは絶食するか、軟らかい食物のみにとどめます。一方で、特に脱水状態にならないために水分補給はしっかり行いましょう。果汁やジュースは下痢を悪化させる場合があるので、湯ざましやお茶、小児用のイオン飲料、食塩とブドウ糖を混ぜて水に溶かした経口補水液（ORS）などを与えます。経口補水液は液状のもののほかに、ゼリー状やパウダー状のものが市販されています（図表9-2）。また図表9-3のように、手づくりすることも可能です。嘔吐を繰り返すなどして口から水分をとることが難しい場合は、医療機関で点滴を受ける必要があります。

保育所等では食事や水分をとるとその刺激で下痢をしてしまうとき、下痢とともに腹痛がみられるとき、水のような下痢が複数回続くときには保護者に連絡をとるようにしましょう。感染予防のために、下痢便やおむつ・下着などの処理は適切に行います（➡21コマ目を参照）。また、医師の診察を受けるときに、便や便のついたおむつ・下着をもっていくとよいでしょう。

プラスワン

溢乳と吐乳

授乳後に口からダラダラと乳汁をこぼすことは溢乳といい、病的なものではない。乳汁を嘔吐する吐乳とは分けて考える。

下痢を誘引するウイルスには、ロタウイルス、ノロウイルス、アデノウイルスなどがあります。ロタウイルスは予防接種の対象にもなっています。

●図表9-2　経口補水液（（株）大塚製薬工場）

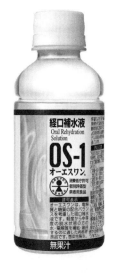

●図表9-3　経口補水液（ORS）の作り方

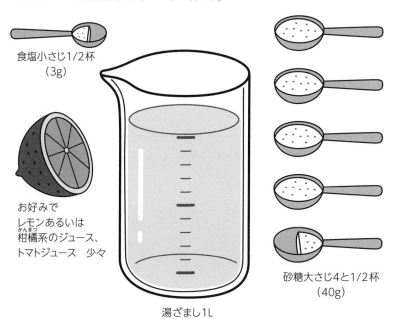

食塩小さじ1/2杯
（3g）

お好みで
レモンあるいは
柑橘系のジュース、
トマトジュース　少々

湯ざまし1L

砂糖大さじ4と1/2杯
（40g）

おさらいテスト

❶ 子どもの異常に早く気がつくためには、子どもの [　　　　] を知る。

❷ 発熱・下痢・嘔吐などでは [　　　　] に気をつける。

❸ 与薬は安易に行わず、[　　　　] や医師と連携をとったうえで対応する。

子どもの病気について理解しよう

演習テーマ 1 観察してみよう

家族や友人など、「いつもとの違い」を意識しながら観察してみましょう。

演習テーマ 2 体温測定について話し合おう

保育所等で子どもの体温を測定する場合に気をつける必要がある点を話し合ってみましょう。

演習課題

経口補水液（ORS）をつくってみよう

　69頁を参考に、湯ざまし、砂糖、塩のみで経口補水液をつくってみましょう。飲みやすさを確認したあとに、より飲みやすくなるためにはどのようなものを加えればよいか、柑橘系果物やトマトなど、さまざまな食材を加えたつくり方を試してみましょう。

子どもの病気とその対処法について理解しよう2

今日のポイント

1 自覚症状である頭痛は子どもの訴えだけではなく、大人が気づく必要もある。

2 咳や呼吸音の異常時には異物の誤嚥が無いか留意する。

3 医師から指示のある場合を除き、保育所においては原則与薬は行わない。

1 子どもの諸症状への対応（後半）

1 頭痛

　頭痛は、頭部に感じる痛みのなかで表面痛ではないものを指します。日常生活に支障をきたすような頭痛を経験する人も多く、軽度なものを含めるとよくある症状といえます。かぜなどの基礎疾患がない頭痛（一次性頭痛）の原因は、血管拡張や精神、筋の緊張、抑うつなどが考えられており、代表的なものに片頭痛や緊張型頭痛があります。

　緊張型頭痛は、鉢巻き状に締めつけられるような痛みを伴うもので、筋や精神のストレスが原因といわれています。鎮痛剤などで対応できることが多い一方で、無理な姿勢や目の酷使など、ストレスの原因となっている生活習慣を改善しないと再発することがあります。その場限りの対応ではなく、緊張型頭痛の原因となっていないか、子どもの生活習慣自体を見直してみることが大切です。近年ではスマートフォン利用におけるストレートネック*も、緊張型頭痛を誘引することがあるといわれています。

　片頭痛は、拍動に従って頭の片側だけが痛むのが特徴で、人によって痛みの程度はさまざまです。重い片頭痛の場合には立っていられない程の痛みが続き、寝込んでしまうこともあります。頭痛中に知覚が過敏になると、普段気にならないような音、光、においによってめまいや嘔吐につながることもあるので、保育者が気をつけて観察することが大切です。頭痛が起きる前に前兆症状がみられることがあることも知られていて、「目がチカチカする」「手足や舌の先にしびれるような感覚がある」などから、頭痛が後続することを予測できる場合もあります。

　頭痛は自覚症状であり、外から観察してもその有無や程度を判断することが困難です。特に保育所等に通う年齢の子どもは、言葉で自分の症状を伝えることが難しいことも多く、大人がよく観察しながら、ふだんの様子

重要語句

ストレートネック

→本来湾曲している首が、画面をのぞき込むことでまっすぐになっている状態のことで、「スマホ首」と言われることもある。

との違いから気づいていくことが重要です。

　頭痛が明らかな場合は、保護者や医療機関と連携をとりますが、軽度の場合は、手遊びなどで気を紛らわせたり午睡を取ったりすることで自然に改善することもよくあります。家庭では鎮痛剤などで対応することも多いですが、保育所等での与薬については事前に状況を把握しながら、慎重に対応するようにしましょう。

2 腹痛

　腹痛は乳幼児に頻繁にみられる症状です。乳児は自分で訴えることが難しいため、機嫌や動き、泣き方などからふだんの様子との違いに気づくことが大切です。1歳児以降では、腹部の異常を自分で大人に伝えようとすることもあります。「ぽんぽんいたい」などの簡単な言葉、首から下、腰から上の部分をすべて「おなか」や「ぽんぽん」と言う子どももいるため、どの部位がどれくらいの強さでどのように痛むのかをよく聞き取り、症状を把握する必要があります。

　腹痛には、主に胃腸管のけいれんや拡張を原因とした周期的な痛みである内臓痛と、腹膜*や腸間膜*への刺激を原因とした局所的かつ持続的に刺すように痛む体性痛があります。また乳幼児の場合には、精神的なストレスが強い場合に痛む心因性腹痛もときおりみられます。

　一般的な内臓痛の場合、腹部を温めたり、姿勢を変えたりすることで痛みが和らぐことがあります。保育所等では誤飲・誤食の有無を確認し、子どもが24時間以内に食べたものを把握しながら食事の量や内容を配慮し、下痢などがある場合は、特に水分補給に留意します。また急に激しい腹痛が起こり、一般状態が悪化する場合は腸重積や急性虫垂炎（➡ 12コマ目を参照）をはじめとした急性腹症のケースを想定しながら、保護者や医療機関と連携を取ることが必要です。

3 咳嗽（咳）・喘鳴

　咳は、咽頭（口腔と食道の間の空気や食べ物の通り道）や気管・気管支の粘膜が、異物やほこり、煙などによって刺激されることで起こる反射運動です。喘鳴は、気道の一部狭窄によって呼吸をするときに「ヒューヒュー」「ゼイゼイ」といった雑音が混ざる症状です。先天性喘鳴については1歳になるまでに消失することが多い一方、3歳未満児では喀痰*の排出がうまくできないことがあり、喘鳴が起こりやすくなります。

　保育所等では、咳によって子どもが眠れないときや少し動いただけで咳が出るとき、呼吸に「ヒューヒュー」「ゼイゼイ」といった音が混ざるときには保護者へ連絡を取ります。呼吸音が乱れて苦しそうなとき、犬がほえるような咳（犬吠様咳嗽）が続くとき、咳とともに顔色が悪く、ぐったりしているときにはただちに受診する必要があります。また突然咳き込み、呼吸困難になったときには異物を誤嚥している可能性があります。異物除去（➡ 19コマ目を参照）を試みるとともに救急車を要請しましょう。

10コマ目 子どもの病気とその対処法について理解しよう2

重要語句

腹膜
→胃や肝臓等の腹部の内臓を覆っている薄い半透明の膜のこと。

腸間膜
→主に小腸を包んでいる膜のことで、この部分にいわゆる内臓脂肪が貯まる。

重要語句

喀痰
→痰を吐くこと。

プラスワン

犬吠様咳嗽
「犬がほえる」というと「ワン！ワン！」という鳴き方を思いつきがちだが、実際には「ケーン、ケーン」「コーン、コーン」「ケフー、ケフー」というような音に近く、「オットセイの鳴き声に似た咳」と表現されることもある。

4　けいれん

　けいれんは、手足を硬直させたりふるわせたりし、呼んでも反応がないまま目を見開いて歯を食いしばる発作です。特に乳幼児では、高い発熱（38度以上）があるときにけいれんを起こすことがあり（熱性けいれん）、生後約半年から6歳までの子どもにみられ、約5～6％の子どもが経験するといわれています。

　熱性けいれんの症状は数秒から10分以内におさまることがほとんどですが、子どもがけいれんを起こした場合、その時間はとても長く感じられるものです。時計で時間を確認しながら経過を記録することが大切です。けいれんを起こした子どもは衣服をゆるめて安静にし、誤嚥などをしないように顔を横にむかせます。また、けいれんが長引くので体をゆすらないようにします（図表10-1）。10分以上けいれんが続くようなら救急車を呼びましょう。熱性けいれんは、一度しか起こさない子どももいれば繰り返し起こす子どももいます。きょうだいに熱性けいれんの経験がある子どもは起こしやすい傾向にあるようです。

●図表10-1　熱性けいれんの対処

①衣服をゆるめて顔を横むきに（処方されている薬があれば使う）。 ②けいれんの時間をはかる。 ③熱をはかる。 ④けいれんの様子を見る。

2　与薬のしかた

　保育所等では、原則として与薬は行わないようにします。慢性疾患の子どもへの対応でどうしても必要な場合は、医師の指示で、与薬指示書（図表10-2）に基づいて行います。

　子どもたちの多くは薬を飲むことが苦手です。年齢や子どもの性格によっては、「なぜ飲むのか」を説明することで納得して薬を飲むことができる場合もあるので、きちんと説明することも必要です。

● 図表 10-2　与薬指示書

薬を調乳したミルクに混ぜてしまうと、いつものミルクと味が違ってしまうため、ミルク嫌いにつながることがあります。

10 コマ目

子どもの病気とその対処法について理解しよう2

〈医療機関用〉

与　薬　指　示　書

令和　　年　　月　　日

医療機関名　　　　　　　　　　

保護者　　　　　　　　様　医師名　　　　　　　　印

（ふりがな） 園児氏名	男 女	年　　月　　日生 歳　　　か月

病　名

薬の種類
① _____ 粉・シロップ・その他（　　　　　）
② _____ 粉・シロップ・その他（　　　　　）
③ _____ 粉・シロップ・その他（　　　　　）

1回量
指示及
び時間
① _____ 粉・シロップ・その他（　　　　　）
② _____ 粉・シロップ・その他（　　　　　）
③ _____ 粉・シロップ・その他（　　　　　）

保育所（園）における与薬の注意

今後の方針（与薬の期間、通院状況など）

その他

甘みのついたシロップ状の薬は、スポイト（図表 10-3）、スプーンなどを通じてそのまま飲ませます。粉薬の場合、乳児は自分で飲むことが困難なので、粉砂糖とともに白湯で練ってペースト状にしたあと、ほおの内側に塗り込めます。幼児の場合は味を嫌がることが多いので、市販の与薬用のゼリーを用いたりすることで飲みやすくなります。

●図表10-3　与薬用スポイトと服用ゼリー

スポイトくすりのみ（ピジョン㈱）　　　　　お薬じょうず服用ゼリー（和光堂㈱）

おさらいテスト //

❶ [　　　　　　　]である頭痛は子どもの訴えだけではなく、大人が気づく
　必要もある。

❷ 咳や呼吸音の異常時には、[　　　　　　　]がないか留意する。

❸ 医師から指示のある場合を除き、保育所においては原則 [　　　] は行
　わない。

//

演習課題

グループで考えてみよう

- -

演習テーマ 1 頭痛の感じ方の違いを話し合ってみよう

まわりの人と自分がイメージする「いつもの頭痛」について話し合い、痛み方や痛みの程度の違いを比較してみましょう。

演習テーマ 2 咳が出にくい環境をつくってみよう

まわりの人と「どのようなときに咳が出やすいか」について話し合い、咳が出やすくなる要因を考えてみましょう。そのうえで、保育室を咳が出にくくなるような環境構成に改善するにはどうすればよいかを検討し、実際に試してみましょう。

演習テーマ 3 シロップ、点眼薬の与え方を練習してみよう

まわりの人と順番に、スポイトを使ってシロップを飲ませたり、点眼薬をさすにはどうすれば負担が少ないか、練習してみましょう。

子どもの病気とその対処法について理解しよう3

今日のポイント

① 病原微生物に感染した場合に症状が出ない場合もある（不顕性感染）。

② 感染症対策には、感染源、感染経路、感受性者の3つの要素がある。

③ 感染経路は病気や病原体によって異なり、それぞれの経路に応じた対策が必要となる。

1 感染症の概要

1 感染症とは

感染症とは、細菌やウイルスをはじめとした病原微生物*が体内に侵入・増殖することで、さまざまな変化を起こす病気の総称です。人から人へうつる伝染性の感染症のほかに、蚊、ノミ、ネズミ、コウモリなどの媒介動物（ベクター）によって感染し、人から人へはうつらない非伝染性の感染症もあります。

乳幼児は大人に比べて「感染症に感染しやすく、発症しやすく、重症化しやすい特性」をもっています。世界的に見ると、2015年に5歳未満で亡くなった人の中で感染症が原因だったケースは約30％にのぼります（図表11-1）。予防できる子どもの病気を回避するために、医師、看護師、保育士等の専門職をはじめとして、子どもを取り巻くすべての人が感染症を理解し、対策をとっていくことが必要です。

2 「感染」と「罹患」の違い

ウイルスや細菌をはじめとした病原微生物が何らかの原因で体内に侵入し増殖することを「感染」といい、その結果としてさまざまな反応（感染症）が現れることを「罹患」といいます。たとえば、風疹は感染症の一つですが、風疹ウイルスに「感染」しただけでは風疹に「罹患」したとはいえません。風疹の症状が現れてはじめて風疹に「罹患」したと考えます。一方で、「感染」したあとに症状が出ないまま治癒してしまうことがあり、これを表に出ることのない性質の感染という意味で「不顕性感染」と呼びます。また感染症が治癒したように見えても細菌やウイルスが体内にとどまった状態のことを「潜伏感染」といい、免疫力が低下したあとに再び増殖してくることを「回帰感染」と呼びます。

重要語句

病原微生物
→病原体の中で微生物であるもので、細菌、ウイルスなどのこと。

プラスワン

病原微生物の種類
感染症を引き起こす病原微生物はさまざまで、大きさの順に寄生虫、原虫、真菌、細菌、クラミジア、リケッチア、マイコプラズマ、ウイルスなどがある。
➡20コマ目を参照

● 図表11-1　5歳未満児の死亡原因（2016年）

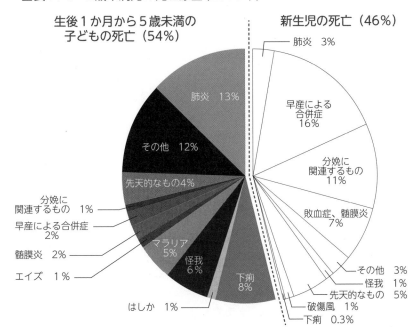

生後1か月から5歳未満の
子どもの死亡（54%）

新生児の死亡（46%）

肺炎　13%
その他　12%
先天的なもの4%
分娩に関連するもの　1%
早産による合併症 2%
髄膜炎　2%
エイズ　1%
マラリア 5%
怪我 6%
はしか　1%
下痢 8%

肺炎　3%
早産による合併症 16%
分娩に関連するもの 11%
敗血症、髄膜炎 7%
その他　3%
怪我　1%
先天的なもの　5%
破傷風　1%
下痢　0.3%

注1）5歳未満児の死亡の半数近くに、栄養不良が関係している。
注2）四捨五入のため、合計値は必ずしも100%にはならない。
出典：WHO and Maternal and Child Epidemiology Estimation Group（MCEE）provisional estimates 2017
出典：日本ユニセフ協会「5歳未満児の死亡に関するデータ」（https://www.unicef.or.jp/jcu-cms/wp-content/uploads/2017/10/20171019_ChildMortarity.pdf 2020年2月5日アクセス）

　「感染」してから症状が出るまでの期間、あるいは「感染」してから感染性をもつまでの期間は感染症によって異なり、この期間のことを「潜伏期間」と呼びます。潜伏期間のうち、前者よりも後者のほうが短い場合、症状が出たころにはすでにほかの人に感染症をうつしてしまっている可能性もあるため、症状が出ていなかったり軽微な場合でも、感染症が流行している時期では注意することが必要です。以上をまとめると、図表11-2のようになります。

● 図表11-2　感染後の流れ

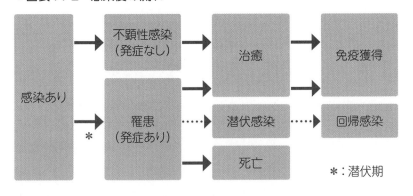

感染あり

不顕性感染（発症なし）→ 治癒 → 免疫獲得

* 罹患（発症あり）→ 潜伏感染 ⋯⋯ 回帰感染

死亡

＊：潜伏期

11
コマ目

子どもの病気とその対処法について理解しよう3

79

一次反応に比べて
二次反応では、抗
体がつくられる速
度と量が異なる
ことがわかります。
初回の感染でつく
られた免疫記憶細
胞は、数年から数
十年にわたって存
在すると考えられ
ています。

3　免疫

　ウイルスや細菌などに接触しても、必ずしも病気になるわけではありません。これは主として免疫の働きによるものであり、免疫は「自己」と「非自己」を識別し、非自己を攻撃・殺傷し、排除してくれる、体を守るために重要な役割をもったシステムです。一方で免疫が正常に働かずに、本来攻撃すべきではないものを攻撃することでアレルギー疾患や自己免疫疾患*などを引き起こすこともあります。

　免疫には大きく分けて、自然免疫と獲得免疫（適応免疫）があります。自然免疫は生まれたときから備わっている免疫であり、病原体に接触するとすぐに反応し、好中球による細菌の殺傷作用、マクロファージ（貪食細胞）などによるウイルスや細菌を食べる作用、NK細胞（ナチュラルキラー細胞）による感染した細胞を破壊・殺傷する作用などによってさまざまな病原体に対して、非特異的に（相手かまわず）働きます。

　獲得免疫は生まれたときには備わっておらず、抗原（病原体の「目印」）からの刺激で後天的に獲得される、より強力な免疫です。それぞれの病原体を認識して作用する抗体（抗原に結合してその異物を無力化する物質）を生み出すことが特徴です。ある病原体に最初に感染したときは獲得免疫が働くまでに時間がかかりますが、抗体を産生する細胞は「免疫記憶細胞」として体内にとどまり続け、次に同じ病原体に感染した場合にはより早く、より大量の抗体をつくることができます。これを二次免疫応答と呼びます。一度罹患し、治癒した感染症に二度かからないことがあるのはこのためです（図表11-3）。

●図表11-3　免疫の一次反応と二次反応における時間経過による抗体濃度の変化

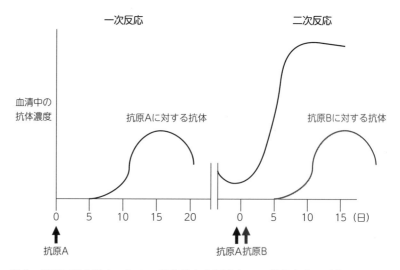

出典：滋賀医科大学ホームページ「簡単免疫学講座　7．獲得免疫－2」（http://www.shiga-med.ac.jp/~hqpatho2/lecture/immunology/lecture_07.html　2020年2月5日アクセス）

4 感染症対策における3要因

　保育所等における感染症対策には「感染源」、「感染経路（図表11-4）」、「感受性者」の3つの要因があります。「感染源」は、ウイルスや細菌などに感染した人や動物およびその嘔吐物、排泄物、血液などのことで、病気を伝染させる源となるものです。「感染経路」は、病原体が新たな宿主に伝播させる道筋のことを指し、「感受性者」はこれから病原体に感染する可能性のある人のことを示します。

　感染症対策においてはそれぞれの要因への対策をしっかりとることが大切であり、感染症予防の3原則とよばれています。

● 図表11-4　感染経路

低年齢児の場合、おもちゃをはじめとした食べ物以外のものを口に入れてしまうことも心配ですね。

2 感染症の種類

　「学校保健安全法施行規則」においては、学校で予防すべき感染症の種類が定められており、それぞれの感染症を症状の重さに応じて第一種、第二種、第三種に分類しています（図表11-5）。またもし児童生徒がそれらの感染症に罹患した場合には、ほかの児童生徒への感染の危険性を考慮して、一定の期間の出席停止や臨時休業の措置がとられることになっています。保育所は学校ではありませんが、「学校保健安全法」に準拠する対応をとることが原則であり、厚生労働省の「保育所における感染症対策ガイドライン（2018年改訂版）」もそれに基づいた内容となっています。

●図表11-5　「学校保健安全法施行規則」第18条における感染症の種類

第一種	①エボラ出血熱、②クリミア・コンゴ出血熱、③痘そう、④南米出血熱、⑤ペスト、⑥マールブルグ病、⑦ラッサ熱、⑧急性灰白髄炎（ポリオ）、⑨ジフテリア、⑩重症急性呼吸器症候群（病原体がベータコロナウイルス属ＳＡＲＳコロナウイルスであるものに限る）、⑪中東呼吸器症候群（病原体がベータコロナウイルス属ＭＥＲＳコロナウイルスであるものに限る）、⑫特定鳥インフルエンザ（「感染症法」第6条第3項第6号に規定する特定鳥インフルエンザをいう）、⑬新型インフルエンザ等感染症、⑭指定感染症、⑮新感染症
第二種	①インフルエンザ（特定鳥インフルエンザを除く）、②百日咳、③麻疹、④流行性耳下腺炎、⑤風疹、⑥水痘、⑦咽頭結膜熱、⑧結核、⑨侵襲性髄膜炎菌感染症（髄膜炎菌性髄膜炎）
第三種	①コレラ、②細菌性赤痢、③腸管出血性大腸菌感染症、④腸チフス、⑤パラチフス、⑥流行性角結膜炎、⑦急性出血性結膜炎、⑧その他の感染症

　2021年現在、新型コロナウイルス感染症（COVID-19）が世界的に流行しています。国際的な人流が活発な現代において、子どもたちを守るためには、家庭、園、地域のレベルはもちろん、ときに全世界的な感染症対策が求められ、一人ひとりがしっかりと情報を得たうえで適切な対応していくことが大切です。

３　感染源

　感染症に発症した子どもを感染源として考え、医務室など、保育室とは別の場所で保育をしたり、排泄物などを慎重に扱ったりすることは重要なことです。一方で、感染症によっては症状が出る前や軽減したあとにも病原体が排出されていることがあり、明らかな症状が出ていなくとも感染源である可能性も考えなくてはなりません。特に保育者自身は、子どもよりも体力や免疫力が強く、不顕性感染であったり、症状が軽微で自覚が少ないまま感染源となったりしていることがあります。感染源を完全に把握することはできないため、「子どものいる環境に感染源が存在している可能性」を常に意識しながら、明確な症状をもった感染源が認められないときにも、日常的にしっかりとした対策をとっておくことが必要です。

４　感染経路

1　飛沫感染

　飛沫（ひまつ）とは、細かく飛び散る水分です。咳やくしゃみによって感染源となる病原体の宿主の口から多くの病原体を含んだ水分が飛び散り、それを吸い込むことによって感染する経路が飛沫感染です。飛沫の飛ぶ距離は約1～2mとされ、それ以上の距離が離れていれば感染の可能性は低くなります。

　保育所等では、保育者と子ども、子どもどうしが近い距離で話す機会が多く、日常的に歌をうたったり集団遊びでかけ声を出したりすることから、

飛沫感染のリスクは高いと考えられます。マスクを用いて、咳エチケット（➡ 21 コマ目を参照）をしっかり守ることで飛沫が飛散するのをある程度まで防ぐことができるので、体調不良の場合は早めに用い、まわりの人を感染させないための配慮をすることが大切です。

　飛沫感染する主な病原体は、細菌でＡ群溶血性レンサ球菌、百日咳菌、肺炎球菌等、ウイルスでインフルエンザウイルス、RSウイルス、アデノウイルス、風疹ウイルス、ムンプスウイルス、エンテロウイルス、麻疹ウイルス、水痘・帯状疱疹ウイルスなどがあります。

2　空気感染（飛沫核感染）

　飛沫核は飛沫から水分が蒸発したあとに長時間空気中に漂う、ごく小さな粒子のことで、エアロゾルともいいます。感染性を保ったまま空間のなかに広範囲に分散し、それを吸い込むことで感染が起こるので、防ぐことが難しい感染経路です。感染範囲は室内だけに留まらず、空調でつながったほかの部屋などにも及ぶことがあります。空気感染（飛沫核感染）するウイルスの多くは、抗体をもたない人は感染するリスクが高く、集団保育においては予防接種の対策をとることが重要です。

　空気感染する主な病原体は、細菌では結核菌など、ウイルスでは麻疹ウイルス、水痘・帯状疱疹ウイルスなどがあります。

3　接触感染

　感染している人やウイルス、細菌を含んだものに直接ふれることで感染を起こす経路です。多くの場合、体の表面に病原体が付着しただけでは感染することはありませんが、病原体が付着した手で目、鼻、口などに触ることによって病原体が体内に侵入し、感染を起こします。幼児が自分の顔や頭を触る頻度は１〜２分に１回という報告があり、また子どもは、環境にあるものをよく触り、年齢によってはおもちゃを舐めることもあります。また、子どもどうしで直接ふれあう機会も大人よりも多いことを考えると、保育所等での集団生活では特に注意すべき感染経路です。

　接触感染をする主な病原体は、細菌では黄色ブドウ球菌、インフルエンザ菌、肺炎球菌、百日咳菌、腸管出血性大腸菌等、ウイルスではノロウイルス、ロタウイルス、ＲＳウイルス、エンテロウイルス、アデノウイルス、風疹ウイルス、ムンプスウイルス、麻疹ウイルス、水痘・帯状疱疹ウイルス、インフルエンザウイルス、伝染性軟属腫ウイルスなどがあります。

4　経口感染

　病原体に汚染された食べ物を口に入れたり、病原体が付着した手が口にふれたりすることで口の中に病原体が侵入し、感染を起こす経路です。乳児はおもちゃを口に入れることも少なくありませんし、トイレのあとの手洗いが十分にできない年齢の子どももいます。おもちゃ、トイレの便器、ドアノブなどを介して経口感染するおそれがあります。病原微生物が付着している可能性がある食材は十分に加熱する、サラダやパンなど、十分に

プラスワン

飛沫と飛沫核の大きさ

飛沫はおよそ5μm以上、飛沫核は5μm未満の大きさである。そこに含まれるウイルスはたとえばノロウイルスの場合30nm程度の大きさである。1μm（マイクロメートル）は1mm（ミリメートル）の1/1000、1nm（ナノメートル）は1μmのさらに1/1000であることを考えると、感染症の原因となるウイルスがいかに小さなものであるのかがわかる。

保育所等だけではなく、家庭や地域でも注意していきたいですね。

11コマ目　子どもの病気とその対処法について理解しよう3

加熱することの難しい食品の管理を徹底するなど、給食における配慮はもちろん、子どものいる環境では消毒等衛生管理をしっかり行うことが必要です。

経口感染をする主な病原体は、細菌で腸管出血性大腸菌、黄色ブドウ球菌、サルモネラ属菌、カンピロバクター属菌、赤痢菌、コレラ菌など、ウイルスでロタウイルス、ノロウイルス、アデノウイルス、エンテロウイルスなどがあります。

5 動物由来感染症

動物由来感染症は、さまざまな経路で動物から人へと伝播する感染症の総称です。2019（令和元）年の一般社団法人ペットフード協会（petfood. or.jp）の調査によれば、日本における犬・猫推計飼育頭数全国合計は1,857万5,000頭であり、これは同じ年の就学前の子どもの人口の3倍以上にのぼる数字となっています。家庭や地域で動物とふれあう機会をもつ子どもは多く、保育所等のなかで動物を飼育することも珍しくはありません。

● 図表11-6　伝播経路と動物由来感染症

伝播		具体例	動物由来感染症の例
直接伝播		咬まれる	狂犬病、カプノサイトファーガ・カニモルサス感染症、パスツレラ症
		ひっかかれる	猫ひっかき病
		ふれる ：糞便	トキソプラズマ症、回虫症、エキノコックス症、クリプトコックス症、サルモネラ症
		：飛沫・塵埃	オウム病、コリネバクテリウム・ウルセランス感染症
		：その他	皮膚糸状菌症、ブルセラ症
間接伝播	ベクター媒介	ダニ類	クリミア・コンゴ出血熱、ダニ媒介脳炎、日本紅斑熱、つつが虫病、重症熱性血小板減少症候群（SFTS）
		蚊	日本脳炎、ウエストナイル熱、デング熱、チクングニア熱、ジカウイルス感染症
		ノミ	ペスト
		ハエ	腸管出血性大腸菌感染症
	環境媒介	水	クリプトスポリジウム症、レプトスピラ症
		土壌	炭疽、破傷風
	動物性食品媒介	肉	腸管出血性大腸菌感染症、E型肝炎、カンピロバクター症、変異型クロイツフェルト・ヤコブ病（vCJD）、住肉胞子虫症
		鶏卵	サルモネラ症
		乳製品	牛型結核、Q熱、ブルセラ症
		魚介	アニサキス症、クドア症、ノロウイルス感染症

出典：厚生労働省「動物由来感染症ハンドブック2019」2019年

2019年の日本の15歳未満人口は1,528万5,000人です。犬・猫飼育頭数はそれよりも多いのですね。

プラスワン

狂犬病の予防接種と登録

日本で飼育される犬には、「狂犬病予防法」によって年に1度の狂犬病予防接種が義務づけられている。また、同法は、犬の所有者に対し、市区町村長への犬の登録の届出を義務づけており、登録後に交付された犬鑑札は、犬が身に着けておかなければならないとされている。

また、子どもは動物との関わり方がまだ十分に身についていないことも多く、大人に比べて動物由来感染症のリスクが高いことが考えられます。

　動物由来感染症は、動物から咬まれたりひっかかれたりすることで病原微生物が体内に侵入する直接伝播と、ダニや蚊などの外部寄生物に吸血されたり汚染された土や水に接触したり、食品等を摂取することでそこに含まれる病原微生物が体内に侵入する間接伝播があります（図表11-6）。

　保育所等や家庭で動物由来感染症を防ぐためには、①犬などの飼育動物の予防接種や登録を徹底する、②子どもが動物をなめたり、口移しで食べ物を与えたりするなどの過剰な接触をとらないようにする、③動物とふれあったあとは必ず手を洗う、④動物が屋内で飼育される場合は換気を適切に行い、糞尿の処理をはじめとした衛生環境に留意する、などの対策が必要です。

おさらいテスト

❶ 病原微生物に感染した場合に [　　　　] が出ない場合もある（不顕性感染）。

❷ 感染症対策には、[　　　　]、感染経路、感受性者の３つの要素がある。

❸ 感染経路は [　　　　] や [　　　　] によって異なり、それぞれの経路に応じた対策が必要となる。

11
コマ目

子どもの病気とその対処法について理解しよう3

感染症対策を理解しよう

演習テーマ 1 　比較してみよう

　ノロウイルス、黄熱ウイルス、O157 大腸菌、ヒト細胞の大きさ、人髪の直径、クレジットカードの厚さについて調べ、以下の直線上に位置を書き込み比較してみましょう。

| 10nm | 100nm | 1μm | 10μm | 100μm | 1mm |

演習テーマ 2 　数えてみよう

　友人や家族に了解を得たうえで、15 分間に何回顔を触るのか数えてみましょう。

演習テーマ 3 　まわりの人と話し合ってみよう

　保育所等で動物を飼育する場合、どのようなことに気をつけるべきかまわりの人と話し合ってみましょう。

演習課題

グループで取り組もう

演習テーマ 1　感染経路について話し合ってみよう

　各感染経路について、大人と乳幼児でどのような違いがあるのかを考え、まわりの人と話し合ってみましょう。

演習テーマ 2　まわりの人と話し合ってみよう

　保育者が感染源になる可能性はどのようなときにあるのか考えてみましょう。また微熱程度の場合に保育者は仕事を休むべきかどうか、まわりの人と話し合ってみましょう。

演習テーマ 3　発表してみよう

　幼児に「かぜ」についてどのように説明するのか、イラストや身振り手振りを交えた方法を考えて発表してみましょう。

子どもの病気とその対処法について理解しよう4

今日のポイント

1 子どもの病気は感染症が多い。

2 感染症以外にも腸重積や鼠径ヘルニアなど、子どもに起こりやすい病気がある。

3 SIDSは対策をとることで経年的に死亡例を減らすことに成功している。

1 子どもの病気の特性

　子どもの病気は大人の病気と比べると、①感染症が多く、病原体に感染しやすいとともに重症化しやすい、②急に症状が重くなることがある一方で回復も早い傾向がある、③温度・湿度をはじめとした環境からの影響を受けやすい、④すぐに病気につながらなくとも、運動・食事・睡眠など日々の育児のあり方が成人後の病気の遠因になることがある、などの特性があります。また、先天異常や出生時の異常は、現在では乳児の死亡原因の1位となっています。さらに子どものころの慢性疾患がその後もずっともち越す（キャリーオーバー）ことも考えられます。

　子どもの病気に対しては予防を第一に考えながら、子どもの日々の保育環境を整え、適切な養護を行うことが大切です。また子ども一人ひとりの発達や病気の既往歴などを把握しながら、子どもにみられる病気についてしっかり理解しておきましょう。

2 子どもによくみられる病気

1 麻疹（はしか）

　麻疹ウイルスが原因であり、伝染力が強く、抗体をもたずに感染するとほとんどの場合、発症してしまう感染症です。潜伏期間は8～12日前後で、はじめはかぜに似た症状を示しますが、熱が下がったようにみえたあとで再発熱し、赤い小さな発疹が全身に広がります。発疹がでる前に、ほおの内側の奥歯でかめる部分に、コプリック斑とよばれる白い斑点が出現するのが特徴です。肺炎や中耳炎などを合併することがあり、重症化すれ

麻疹

ば命に関わる病気です。1歳になったらできるだけ早い時期に予防接種を
受けることがすすめられています。

2 風疹（三日ばしか）

　風疹ウイルスが原因であり、16 〜 18 日間の潜伏期間のあと、発熱と
赤く細かい発疹が同時に現れます。一般的には軽い疾患で、症状は数日で
改善しますが、耳の下や首のリンパ節の腫れが3週間以上にわたって続
くことがあります。妊娠期間中に罹患すると胎児に心臓の先天異常、白内
障、聴力障害などがみられるおそれがあり（先天性風疹症候群）、成人前
に予防接種によって免疫をつけておく必要があります。

3 流行性耳下腺炎（おたふくかぜ、ムンプス）

　ムンプスウイルスによる感染症で、潜伏期間は 16 〜 18 日間です。名
前の通り耳下腺が腫れることが特徴で、発熱とともに片側のみが腫れたり、
両側が腫れたりします。流行性耳下腺炎による腫れは、食べ物を飲み込
むときに強く痛むことがあるため、味の濃すぎない軟らかいものを与えま
しょう。予防接種が有効なので、集団保育で感染のリスクが考えられる場
合、流行しやすい3歳ごろまでには受けておくほうがよいでしょう。

おたふくかぜ

4 水痘（水ぼうそう）

　水痘ウイルスによる感染症で、潜伏期間は 14 〜 16 日間です。はじめ
は小さな丘疹（盛り上がった赤い発疹）がみられ、半日から1日程度で水
疱（みずぶくれ）に変化し、水痘だということがわかります。発疹は次々
と全身に現れ、足の裏や頭皮に及ぶこともあります。水疱はやがて膿疱（み
ずぶくれに膿がたまった状態）、痂皮（かさぶた）へと変化し、すべての
発疹が痂皮化することで治癒したとみなします（図表 12-1）。水痘ウイル
スは水痘が治癒したあとも潜伏感染を続け、高齢になったり疲労やストレ
スがたまったりしたときに帯状疱疹として発症することがあります。予防

●図表12-1　発疹の種類

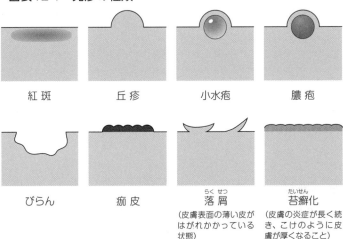

| 紅斑 | 丘疹 | 小水疱 | 膿疱 |

| びらん | 痂皮 | 落屑
（皮膚表面の薄い皮が
はがれかかっている
状態） | 苔癬化
（皮膚の炎症が長く続
き、こけのように皮
膚が厚くなること） |

接種が有効であり、集団保育の場合は伝染しやすく、発症した場合は欠席期間が長引くので、1歳のときに受けておきたいワクチンです。

5　インフルエンザ

　インフルエンザウイルスが原因の感染症で、潜伏期間は1～4日程度です。症状はかぜに似ていますがより重く、鼻汁や咳に比べて発熱、筋肉痛、全身倦怠などの全身症状が早くから多くみられます。子どもでは肺炎・脳症などを合併する重症型が多くみられ、死亡する例もあります。予防接種が有効ですがインフルエンザワクチンは感染自体を阻止することはできず、乳幼児では主に重症化を防ぐ目的で用います。

6　手足口病

　コクサッキーウイルスA16型、エンテロウイルス71型などを原因とした感染症で、潜伏期間は3～6日間です。夏に多い病気で、名前のとおり手のひら、足の裏、口の中を中心に水疱ができるのが特徴です。おしりや背中にまで発疹が広がることもありますが、水疱は痂皮化することもなく、消えていきます。軽い感染症と考えられがちですが、まれに脳炎など中枢神経系の症状を合併した重症例も報告されており、油断できない病気です。

7　咽頭結膜熱（プール熱）

　アデノウイルス（主に3型、7型）を原因とした感染症で、潜伏期間は2～14日程度です。発熱と咽頭炎（のどの痛みと発赤）、結膜炎（眼瞼結膜の発赤）が主な症状です。のどはかなり赤くなり、強い痛みが数日間持続することがあります。目には痛みやかゆみが出て、涙や目やにが多くなります。感染経路は鼻汁や咳、くしゃみなどによる飛沫感染ですが、保育所では夏場のプールなどで結膜を介して感染することがあることから、プール熱ともよばれています。

8　伝染性紅斑（りんご病）

　ヒトパルボウイルスB19を原因とした感染症で、潜伏期間は4～14日程度です。まず両ほおに紅斑（赤く平らな発疹）が現れ、これがりんご病という名前の由来になっています。その後、体幹や手足にも紅斑が現れますが、この紅斑はある程度大きくなると中央から退色し、レース状になります。ほかの子どもへの感染は主に潜伏期間中に起こり、症状が出た段階では感染の危険は微弱です。子どもが重症化することは少ないものの、妊婦が感染・罹患した場合には胎児水腫の原因となり、胎児死亡につながることがあるので注意が必要です。

9　突発性発疹

　ヒトヘルペスウイルス6型あるいは7型を原因とした感染症で、潜伏期間は9～10日程度です。6か月～1歳程度の子どもによくみられ、ウ

2009年には新型インフルエンザがパンデミック（世界的な流行）を起こしました。最初に確認されたインフルエンザのパンデミックは1580年のことで、以降現在まで10～13回あったと考えられています。

口を開けて飲み物を飲むのもつらい場合は、ストローを使うと飲みやすくなります。

りんご病

イルスの両方の型の初感染で同様の症状を示すため、突発性発疹には2回かかることもあります。症状は、突然39〜40℃の発熱が起こり、3〜4日持続します。解熱後に全身に淡紅色の細かい発疹が出ますが、3〜4日で痕を残さずに治癒します。発熱時には軽い下痢がみられることがあり、また熱が高いときに熱性けいれん（➡10コマ目を参照）がみられることがあります。

10　ヘルパンギーナ

コクサッキーウイルス（A群）による感染症で、主に6〜8月に流行する夏かぜです。潜伏期間は3〜6日で、突然の発熱（39〜40℃）とともにのどに痛みが出ます。のどの奥には小さな水疱ができますが、やがてそれが破れると痛みがとても強くなり、食べることや飲むことを嫌がることもあります。

11　結核

結核菌を原因とした感染症で、日本では結核のおよそ80%が肺結核です。大人の場合、咳や痰、発熱や全身のだるさなどの症状が長く続くことが特徴です。重症化すると血が混じった痰が出るようになり、喀血＊や呼吸困難に陥って死亡する場合があります。また、結核菌は肺以外の場所でも病気を引き起こすことがあります（肺外結核）。

子どもの場合（小児結核）には、リンパ節の腫れるリンパ節結核、肺結核、結核性髄膜炎などがあり、肺結核の場合には、最初から肺全体に広がり、その後血液にのって多臓器に病巣をつくる粟粒結核など、大人より重症化するおそれがあります。

予防接種（BCG）が有効であり、生後6か月までに受けることがすすめられています。

12　ジフテリア

ジフテリア菌による感染症で、発熱（38℃前後）、のどの炎症、犬吠様咳嗽（犬が鳴くような咳➡10コマ目を参照）などがみられます。のどに偽膜とよばれる白から灰色の膜ができて呼吸困難になったり、菌の毒素で心筋障害や神経まひを引き起こしたりすることが特徴です。予防接種が有効であり、破傷風、百日咳、ポリオとともに四種混合ワクチン（DPT-IPV）を生後3か月ごろから受けます。

13　百日咳

百日咳菌による感染症で、初期はかぜのような症状ですが、やがて重い咳の発作が起きるようになります。咳の発作は夜間に起こることが多く、顔を赤くして連続して咳き込み、呼吸ができずに唇が紫色になったりします。乳児では特に、肺炎や脳症などを合併して生命に関わることがある病気です。予防接種は、四種混合ワクチンを生後3か月ごろから受けます。

結核はかつて「不治の病」として、文学作品の悲劇的なモチーフにされてきました。現在でもけっして過去の病気ではなく、高齢者を中心に例年約1,800人以上の死亡者が出ています。

🖊重要語句

喀血

→血を吐くこと。

📋プラスワン

四種混合ワクチン（DPT-IPV）

DPTはジフテリア、百日咳、破傷風のそれぞれの英語表記であるDiphtheria, Pertussis, Tetanusの頭文字をとったもので、IPVは不活化ポリオワクチン(Inactivated Polio Vaccine)の略となっている。

12コマ目　子どもの病気とその対処法について理解しよう4

14 破傷風

破傷風菌が原因であり、土の中に潜む菌が傷口などから体内に侵入し感染を起こします。最初は肩がこったり口を開けにくくなったりする症状から始まり、やがて歩行障害や全身のけいれんなどがみられるようになります。最悪の場合、全身性の激しいけいれん発作や脊椎骨折をともないながら、呼吸困難で死亡することがあります。予防接種は、四種混合ワクチンを生後3か月ごろから受けます。

3 呼吸器疾患

1 気管支炎、肺炎

子どもでは、主にRSウイルス*やインフルエンザウイルスなどの病原体が、のどの奥の気管支や肺にまで到達し炎症を起こすことが原因です。高熱が出ることもあり、痰がからんだような「ゴホゴホ」といった湿った咳が出て、嘔吐したり、胸が苦しく痛みをともなったりすることもあります。ウイルスが原因の場合は、細菌性と違って抗生剤による治療が難しく、ときに死亡するリスクもあります。

2 気管支ぜん息

気管支ぜん息は、気管支に慢性的な炎症が起こる病気です。気管支が刺激に対して非常に敏感になっているため、アレルゲンや刺激物質などによって気道が狭くなり（図表12-2）、無理に呼吸をすることで、喘鳴（➡7コマ目を参照）とよばれる「ゼーゼー」や「ヒューヒュー」といった雑音がします。重症度の分類は図表12-3のとおりです。乳幼児での有病率は1994（平成6）年の厚生省（現：厚生労働省）の調査で約5%（過去にあったものも含む）であり、小児ぜん息は思春期までに約60%以上がアウトグロー*するといわれています。

薬物療法には、呼吸困難の発作に対する発作治療薬（リリーバー）と背景となる慢性炎症を抑え、長期的にぜん息をコントロールするための長期管理薬（コントローラー）があります。また乳幼児においては、環境から原因となるアレルゲンや刺激物質を除去することも重要であり、保育所等においても寝具のダニやカビ、動物との接触、食事には特に配慮を要します。

ぜん息は長期的な管理が必要になります。ピークフローメーター（図表12-4）を用いて息の強さを測定し、気道がどの程度つまっているかを客観的な値として把握します。ピークフローメーターの値とともに、発作の有無や運動・食事の状態、薬の使用状況などを記録し、医師等と相談しながら共同で管理することが大切です。

●図表12-2　正常な気管支とぜん息のある人の気管支の比較

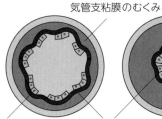
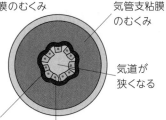

正常な気管支　　　ぜん息のある人の　　　発作時の気管支
　　　　　　　　　非発作時の気管支

気管支粘膜のむくみ　　　　　気管支粘膜
　　　　　　　　　　　　　　のむくみ

気道が
狭くなる

分泌物　　　　　粘膜上皮が　　　分泌物（痰など）が
（痰など）　　　傷つきはがれる　たまる

●図表12-3　治療前の臨床症状に基づく小児気管支ぜん息の重症度分類

重症度	症状程度ならびに頻度
間欠型	症状：軽い症状数回／年 短時間作用性β_2刺激薬頓用で短期間で改善し、持続しない
軽症持続型	症状：軽い症状1回／月～1回／週 時に呼吸困難、日常生活障害は少ない
中等症持続型	症状：軽い症状1回／週～1回／日 時に大・中発作となり日常生活が障害される
重症持続型	症状：毎日、週に1～2回大・中発作となり日常生活が障害される 治療下でもしばしば増悪
最重症持続型	重症持続型の治療を行っても症状が持続する しばしば時間外受診、入退院を繰り返す 日常生活に制限

出典：日本小児アレルギー学会ガイドライン委員会「小児気管支喘息治療・管理ガイドライン2017」2017年

●図表12-4　ピークフローメーター

①目盛りに指が　　　　　　②大きく息を吸い込んで、
　ふれないように持つ。　　　□にくわえる。

　　　③できるだけ速く　　　　　④目盛を読む
　　　　息を吐く

12
コマ目

子どもの病気とその対処法について理解しよう4

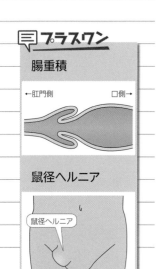

プラスワン

腸重積

←肛門側　　　　口側→

鼠径ヘルニア

鼠径ヘルニア

鼠径ヘルニアは、乳幼児では自然に治ることもあるといわれていますが、外科的な処置をすることもあり、腹膜の出っぱりを除去することで腹圧がかかっても臓器が出ないようにします。

重要語句

穿孔

→穴が開くこと。

4　消化器系疾患

1　嘔吐下痢症

ロタウイルス、アデノウイルス、ノロウイルスなど、冬季流行型の小型球形ウイルスを主な原因としたもので、嘔吐が先行し、重い下痢の症状があります。下痢が続く場合は経口補水液等での水分補給が大切ですが、脱水がすすんだ場合は入院し、点滴等での対応が必要になることもあります。

2　腸重積

多くは乳児に起こり、ウイルス性の感染症等が原因でリンパ組織が大きくなることで、回腸が大腸に入り込んでしまう病気です。腸の一部が重なることで血流が障害され、細い血管が破れて便に血液が混じります。ぐったりして顔色が悪くなり、腸が動くたびに激しく泣くことがあります。重なった腸は壊死を起こすと切り取らなければならないため、できるだけ早く受診し、治療を始める必要があります。

3　鼠径ヘルニア（脱腸）

「ヘルニア」とは、身体の中にある組織や臓器が、本来ある場所からずれて飛び出すことであり、鼠径ヘルニアは股のつけ根辺りの鼠径部と呼ばれる部分に小腸の一部が出てしまう状態です。飛び出した腸が出口部分で締めつけられ、元に戻らなくなるものを嵌頓ヘルニアといい、激しい痛みとともに細胞や組織の壊死を起こすことがあります。

4　急性虫垂炎

「盲腸」といわれることもありますが、実際は盲腸の先についている虫垂突起が異物や糞石によって閉塞し、化膿性炎症を起こす病気です。腹痛が主な症状ですが、はじめはみぞおちやへその辺りの痛みがだんだんと右下腹部に移っていきます。化膿が進み、虫垂から膿のかたまりが出てきたり、虫垂に穴が開いて膿が腹膜に広がったりする（汎発性腹膜炎）と痛みが強くなり、高熱が出たりします。軽症の場合は抗生剤による治療をすることもありますが、虫垂炎が疑われる場合は 24 時間以内に穿孔＊を起こすこともあるため、手術で虫垂を切除することが基本となります。

5　その他

1　髄膜炎

脳や中枢神経を覆う髄膜に細菌やウイルスが感染し炎症を引き起こす病気です。インフルエンザ菌、肺炎球菌、黄色ブドウ球菌等を原因とした細

菌性髄膜炎と、ウイルス、真菌等を原因とした無菌性髄膜炎があります。症状としては頭痛、発熱、嘔吐などがあり、進行すると意識障害やけいれんがみられます。細菌性髄膜炎では抗生剤治療を行いますが、発症すると死亡や重篤な後遺症のリスクがあり、早期診断、早期治療が求められます。無菌性髄膜炎の場合は一般的に予後がよいとされています。

てんかんは26コマ目、アレルギー疾患は28コマ目を参照しましょう。

2　乳幼児突然死症候群（SIDS）

　睡眠中の子どもがいつの間にか呼吸を止め、突然死する病気です。病名に乳幼児という言葉がついていますが、多くは生後4か月をピークに1歳未満の乳児に起こります。原因は不明ですが、うつぶせ寝や受動喫煙が影響すると考えられており、日本でも広く対策をとってきた結果、SIDSによる死亡者は1997（平成9）年の538例から2018（平成30）年では60例（概数）まで減少しました（図表12-5）。一方で、2018年においてもSIDSは乳児死亡原因の第4位となっており、保育所等においても、乳児クラスでのうつぶせ寝防止やブレスチェック*は欠かすことのできない業務となっています。

重要語句

ブレスチェック

→適切に呼吸をしているかどうか確認すること。

●図表12-5　乳幼児突然死症候群死亡者数の推移

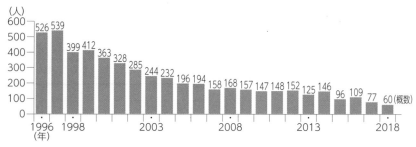

出典：厚生労働省ホームページ「11月は［乳幼児突然死症候群（SIDS）］の対策強化月間です」2019年（https://www.mhlw.go.jp/stf/houdou/0000181942_00003.html 2020年2月5日アクセス）

おさらいテスト

❶ 子どもの病気は［　　　　］が多い。

❷ 感染症以外にも腸重積や［　　　　］など、子どもに起こりやすい病気がある。

❸ ［　　　　］は対策をとることで経年的に死亡例を減らすことに成功している。

演習課題

子どもによくみられる病気について理解を深めよう1

演習テーマ 1 病気の名前がどう使われているのかを調べてみよう

　実習園の保健だよりや各保育所、市区町村のホームページを参照し、麻疹（はしか）、風疹（三日ばしか）、流行性耳下腺炎（おたふくかぜ、ムンプス）、水痘（水ぼうそう）の4つの病気について実際にどのような名称が使われているのかを調べてみましょう。

演習テーマ 2 発疹の種類を確認してみよう

　88～91頁に紹介されている発疹性の感染症について、それぞれの病気で実際にどのような発疹が現れるのか、書籍やホームページなどの画像で確認してみましょう。

演習テーマ 3 ピークフローメーターを使ってみよう

　ピークフローメーターを使って、自分のピークフローを調べてみましょう。3回測定の最大値を、1日に2回記録し続ける自己管理の難しさを感じてみましょう。

演習課題

子どもによくみられる病気について理解を深めよう 2

- -

演習テーマ 1　母子健康手帳を確認しよう

自分が乳幼児期に罹患した感染症について、母子健康手帳で確認してみましょう。

演習テーマ 2　ホームページを確認しよう

　自分が住んでいる都道府県でどのような感染症が流行したのか、過去 1 年間の情報を感染症疫学センターホームページなどで確認してみましょう。

演習テーマ 3　保育者になったつもりで考えてみよう

　SIDS対策について、保護者に家庭でしてほしい配慮をどのように伝えるかを考えてみましょう。

12コマ目　子どもの病気とその対処法について理解しよう4

子どもの病気の予防について理解しよう

1 予防接種は「人為的に免疫をつける」ためのものである。

2 予防接種には定期接種、任意接種があり、個人が受け方を決める。

3 予防接種には有効成分に応じた副反応が想定される。

1 乳幼児における予防接種の重要性

　12コマ目で学んだように、乳幼児は感染症に対して感染しやすく、発症しやすく、重症化しやすいという特徴をもっています。予防接種をすることで対象となる感染症について免疫（➡11コマ目を参照）がつき、子どもへの感染や重症化を防ぐことができます。

　また、予防接種は、子ども個人を感染症から守るだけではなく、集団のなかで多くの人が免疫をもつことで、集団免疫効果が発揮されます。同じ年齢層の子どもが緊密な関係のなかで生活をともにする保育所等においては、クラスのなかで感染症の患者が発生しても流行を阻止することができるように、各家庭で予防接種をしっかりと行ってもらうことが大切です。

2 予防接種の目的

　予防接種の目的は「人為的に免疫をつける」ことです。感染症には、一度病気にかかったあとに治癒すると、2回目以降ウイルスや細菌等が体内に侵入しても病気にかからないものがあります。これはたとえば、麻疹が一度治癒すると2回目以降には麻疹ウイルスへの攻撃に有効な物質（抗体）をすぐにつくることができるようになるためです。予防接種は病原体を人工的に弱めるか活動できない状態にして体内に入れ、自然に病気にかかった場合と近い効果を得ようとするものです。予防接種に用いるワクチンの有効成分は病原体を人工処理したものなので、その病原体に特徴的な反応がワクチン接種後に現れることがあり、これを副反応とよびます。

副反応をどのくらい不安に感じるかは、保護者によって違いがあるかもしれませんね。

3　ワクチンの種類

　ワクチンには主に、「生ワクチン」「不活化ワクチン」「トキソイド」があります。

　「生ワクチン」は、生きているウイルスや細菌の毒性を弱めたもので、ウイルスや細菌が体内で増殖を起こし、副反応をもたらすことがあります。生ワクチンは感染自体を防御することをめざすことができ、有効である反面、一定の健康上のリスクをもつため、妊婦や免疫不全*者に対する接種は原則として行いません。また次のワクチン接種までの間隔が27日以上必要となっています。

　「不活化ワクチン」は、病原体をホルマリンや紫外線で処理して感染力や毒性をなくしてつくったワクチンです。生ワクチンとは異なり、体内でウイルスや細菌が増殖することがなく、1回のみの接種では必要な免疫を獲得することができないため複数回接種がほとんどです。副反応のリスクはほとんどありませんが、ワクチン接種後も感染自体を防御することは難しく、次のワクチン接種まで6日以上の間隔が必要です。

　「トキソイド」は、細菌の毒素だけをのぞいて無毒化したもので、不活化ワクチンの一種です。

4　定期接種と任意接種

　感染症対策として重要と考えられる病気については「予防接種法」に基づいて国民に予防接種がすすめられており、行政負担による予防接種が行われています。このなかで、一定の年齢で予防接種を受けることが定められているものは「定期接種」とよばれ、A類疾病とB類疾病の2つのグループに分かれています。定期予防接種は、かつては義務（義務接種）でしたが、現在では接種がすすめられる（接種勧奨）ものの最終的な判断は本人や保護者に委ねられています。そのなかでA類疾病は、該当の感染症が発生したり広がったりすることを極力防ぐことが望まれるため、国民は努力義務をもち、できるだけ接種に努めなければならないとされています。B類疾病については努力義務がありません。

　任意接種は、定期接種以外の予防接種で希望者が原則として費用を自己負担して受けるものです。一方で、集団保育においては予防することが重要と考えられる病気も含まれており、受ける必要がないわけではありません。たとえば流行性耳下腺炎のワクチンなどは、日本では任意接種ですが、アメリカにおいては定期接種となっています。またかつて任意接種だった小児肺炎球菌などが定期接種化した例もあり、どの予防接種を受けるのかは、一人ひとりの保護者がよく考えて決める必要があります。

 重要語句

免疫不全

→免疫のシステムが正常に機能しないため、感染症にかかりやすかったり、治りにくかったりする状態のこと。先天性のものと、HIV（ヒト免疫不全ウイルス）などによる後天性のものがある。

13コマ目

子どもの病気の予防について理解しよう

📝 **プラスワン**

個別接種と集団接種

現在の予防接種は、個別に病院に行って受ける（個別接種）ことが原則だが、BCGなどについては、自治体が、場所や日時を指定してそこに集まって受ける（集団接種）こともある。

【A類疾病】
①ジフテリア、②百日咳、③破傷風、④急性灰白髄炎（ポリオ）、
⑤麻疹、⑥風疹、⑦日本脳炎、⑧結核、⑨Ｈｉｂ（ヒブ）感染症、
⑩小児の肺炎球菌感染症、⑪ヒトパピローマウイルス感染症、⑫水痘、
⑬B型肝炎
【B類疾病】〔接種努力義務はありません〕
⑭インフルエンザ、⑮高齢者の肺炎球菌感染症

＊平成31年4月現在

出典：東京都福祉保健局ホームページ「予防接種制度について」(https://www.fukushihoken.metro.tokyo.lg.jp/smph/iryo/kansen/yobousesshu.html 2020年2月5日アクセス)

5 ワクチンの接種方法

　ワクチンの接種方法としては、日本においては注射による接種、経皮接種、経口摂取の３種類が採用されています。
　注射による接種は皮下注射が主に行われます。表皮の下の真皮と筋肉・静脈の間に位置する皮下組織（皮下脂肪）に注射をするもので、比較的浅い位置に打つために有効成分の吸収が穏やかなのが特徴です。注射の位置は上腕・大腿（太もも）が一般的です（図表 13-1）。ほかに HPV（ヒトパピローマウイルス）ワクチン、B型肝炎ワクチンについてはより深く針を刺す筋肉注射が行われることがあります。

●図表13-1　注射の位置

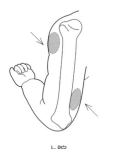

上腕　　　　　　　　　　　　　　　　　　大腿

　経皮接種はBCG（結核の予防接種）における管針法（ハンコ注射）によって行われます。管針（図表 13-2）は、9 本の針が円筒の中に 4.5㎜間隔で並んでいるもので、円筒の縁と針は同じ高さになっているため、皮膚にハンコを押し付けるようにして用います。接種の位置は上腕外側のおおむね中央と定められており、接種後 2 週間後から針の痕が発赤・硬結・化膿することがあります。

BCGの名称は、このワクチンを開発したフランスのパスツール研究所の研究者の名前を冠した菌（Bacille Calmette-Guerin）の頭文字をとったものです。

●図表13-2　管針

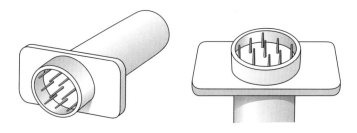

経口摂取は、かつてポリオの生ワクチンでも採用されていましたが、現在はロタウイルスワクチンにのみ用いられる飲むタイプのワクチンです。シロップ状の内服薬のため甘味があり、飲みやすくなっていますが、接種時期が生後 6 週からの低月齢のため、しっかり飲ませることに配慮が必要です。

6　予防接種の副反応

ワクチンでは、有効成分等に対する副反応がみられることがあり、注意が必要です。ほとんどは軽症で、はっきりと原因がワクチンと認められないことが多いものの、かつてはポリオの生ワクチンにおいて 1980 ～ 2000 年までに 15 例（約 400 万件に 1 例）のワクチン関連まひの重篤な副反応がみられた問題もありました。

ワクチンの主な副反応としては、以下のものがあります。

1　紅斑・腫脹・硬結

ワクチン接種後の局所反応として非常に多くみられ、接種箇所の皮膚が赤くなったり、腫れたり、硬くなったりする症状です。紅斑・腫脹については 3、4 日程度で軽快することが多い一方、硬結は 1 か月以上残存することがあります。治療は特に必要がありませんが、同じワクチンを接種する場合には、違う場所に行います。ジフテリア・百日咳・破傷風・ポリオに対応する DPT-IPV クアトロパック®添付文書によれば、紅斑 69.1%、硬結 52.1%、腫脹 30.9%、小児肺炎球菌に対応するプレベナー 13 では、紅斑 67.8 ～ 74.4%、腫脹 47.2 ～ 57.1% の出現頻度となっています。

2　発熱

不活化ワクチン接種後の発熱も多くみられる副反応であり、おおむね 48 時間以内には軽快します。発熱がある場合には、ワクチン接種によるものなのか、ほかの原因によるものなのか、しっかり見極めることが求められます。また、任意接種のインフルエンザワクチンを接種する場合には接種不適当者となります。

プラスワン

接種不適当者

ワクチンを打つべきではない人のことである。「予防接種法施行規則」では、以下に該当する人が接種不適当者とされている。①当該予防接種に相当する予防接種を受けたことのある者で当該予防接種を行う必要がないと認められる者。②明らかな発熱を呈している者。③重篤な急性疾患にかかっていることが明らかな者。④当該疾病に係る予防接種の接種液の成分によって、アナフィラキシーを呈したことがあることが明らかな者。⑤麻しん及び風しんに係る予防接種の対象者にあっては、妊娠していることが明らかな者。⑥結核に係る予防接種の対象者にあっては、結核その他の疾病の予防接種、外傷等によるケロイドの認められる者。⑦肺炎球菌感染症（高齢者がかかるものに限る。）に係る予防接種の対象者にあっては、当該疾病に係る法第 5 条第 1 項の規定による予防接種を受けたことのある者。⑧高齢者に実施するインフルエンザの定期接種の場合、予防接種で接種後 2 日以内に発熱のみられた者および全身性発疹等のアレルギーを疑う症状を呈したことがある者。⑨②から⑧までにあげる者のほか、予防接種を行うことが不適当な状態にある者。

3 生ワクチンの有効成分による副反応

　生ワクチンでは、弱毒化されたワクチン株が引き起こす元の病気の症状が軽度に出現することがあり、たとえば麻疹ワクチンでは、接種後10日前後で発熱、発疹などがみられることがあります。弱毒化されたワクチンで症状が出る子どもは、自然に麻疹ウイルスに感染した場合よりも重い症状が出るリスクが高いと考えられます。ほかにも低頻度ですが、ムンプスワクチンによる耳下腺炎や無菌性髄膜炎、水痘ワクチンによる水疱を伴う発疹などがみられることがあります。

7　保育所における予防接種の留意点

　保育所等に通う子どもたちにとって、定められた予防接種のタイミングに体調を合わせることが難しい場合や、保護者が仕事を休むことが負担になる場合があります。可能な予防接種についてできるだけ入所前に接種を終えておくことや、体調がよいときに早めに接種を受けることが重要です。
　また、保育所等においては、個々の子どもを感染症から守ることはもちろん、子どもの集団を防御するという視点も必要になります。入所時に母子健康手帳を確認して、どの予防接種を受けてきたかを確認するとともに、入所後に新しく予防接種を受けた場合は、保護者を通じてすみやかに把握できるようにすることが大切です。定期接種について、対象の年齢や時期になっても接種を受けていない場合は、医師などの専門職とも連携しながら予防接種の必要性を説明するようにしましょう。また、保育者自身の予防接種や病歴もしっかり把握しながら、重要な病気の予防接種で欠けているものがあれば必要な対応をとりましょう。

8　予防接種のスケジュールと同時接種

　予防接種のスケジュール（図表13-3）にあるように、予防接種の多くは就学前の年齢で行われます。標準的なタイミングで接種した場合、任意接種を含めると乳児期に15回以上の予防接種を受ける子どももいます。生ワクチンでは副反応の出現を考慮しながら1か月以上間隔を空ける必要があり、同時接種が有効な手段となっています。
　同時接種とは、1回につき2種類以上のワクチンを接種することです。「日本小児科学会の予防接種の同時接種に対する考え方」では、同時接種の場合もワクチンの有効性に問題はなく、副反応の出現頻度に影響がなく、生ワクチンを含んだ接種可能なワクチンの本数に制限がないため、子どもが早い段階で病気から守られ、保護者の負担軽減につながることからも、必要な医療行為としてとらえられています。

●図表13-3　予防接種のスケジュール（目安）

種類	ワクチン		乳児期									幼児期								学童期			
			1か月	2か月	3か月	4か月	5か月	6か月	7か月	8か月	9か月	12か月	15か月	18か月	2歳	3歳	4歳	5歳	6歳	7歳	8歳	9歳	10歳〜
定期接種	不 インフルエンザ菌b型（Hib）			①	②		③					④											
	不 肺炎球菌（PCV13）			①	②	③							④										
	不 B型肝炎（HBV）			①	②					③													
	不 四種混合（DPT-IPV）				①	②	③							④									
	生 BCG						①																
	生 麻疹（はしか）、風疹（MR）											①						②					
	生 水痘（水ぼうそう）											①	②										
	不 日本脳炎															①②	③						④ 9〜12歳（2期）
	不 二種混合（DT）																						① 11〜12歳（2期）
	不 ヒトパピローマウイルス（HPV）注1																						①②③ 13〜14歳
任意接種	生 ロタウイルス 注2 / 1価			①	②																		
	5価			①	②	③																	
	生 流行性耳下腺炎（ムンプス、おたふくかぜ）											①						（②）					
	不 インフルエンザ							毎年 ①、②（10月、11月など）															13歳より ①

①、②：接種の回数

■：望ましい接種時期

生：生ワクチン　不：不活化ワクチン

注1　2013年6月の厚生科学審議会予防接種・ワクチン分科会副反応検討部会での検討により、定期接種として接種可能だが、現在積極的な勧奨は行われていない。

注2　ロタウイルスワクチンは接種するワクチンによって、接種回数・期間が異なる。2020年10月1日から定期接種になる予定。

13 コマ目

子どもの病気の予防について理解しよう

おさらいテスト

❶ 予防接種は「人為的に［　　　　］をつける」ためのものである。

❷ 予防接種には定期接種、任意接種があり、［　　　　］が受け方を決める。

❸ 予防接種には有効成分に応じた［　　　　］が想定される。

予防接種について理解を深めよう１

　図表 13-3 に示した日本の予防接種のスケジュールを参考に、自分が保護者だったらどの予防接種を受けさせるか考えて、グループに分かれて話し合ってみましょう。またその場合、子どもは何回接種を受ける必要があるのか数えてみましょう。

①どの予防接種を受けさせるか（受けさせない場合はその理由も）。

②子どもは何回接種を受ける必要があるのか。

演習課題 ✏

予防接種について理解を深めよう2

- -

演習テーマ 1 自分の予防接種履歴を調べてみよう

　自分の母子健康手帳を参照し、どのような予防接種の受け方をしたのか確認してみましょう。また、今の予防接種の種類や受け方とどこが違うのかを比較してみましょう。

演習テーマ 2 保護者になった気持ちで予防接種に対する疑問を考えてみよう

　予防接種について、保護者の立場で何が不安であり疑問なのかを書き出してみましょう。そのうえでまわりの人と「保育者役」、「保護者役」に分かれ、順番に保護者役になって疑問を保育者役の人に聞いてみましょう。2人で答えが得られなかった疑問については調べてみましょう。

13 コマ目

子どもの病気の予防について理解しよう

地域の保健活動と子ども虐待防止について理解しよう

今日のポイント

1 子育て世代包括支援センターでは、妊娠から乳幼児期の育児まで切れ目のない一元化したサポートをめざしている。

2 「健やか親子21」は、すべての子どもが健やかに育つ社会の実現に向けた母子保健の施策である。

3 虐待には「身体的虐待」「性的虐待」「ネグレクト」「心理的虐待」があり、平成29年度の相談対応件数で最も多いのは「心理的虐待」である。

1 地域における保健活動

1 「地域保健法」と地域の保健活動

保育者は、地域の保健活動についても基礎的な知識をもっているとよいでしょう。住民の健康の維持や増進を目的とした、地域の保健対策を推進するための基本的な指針を定めているのが、「地域保健法」です。地域保健活動は、保健所や市町村保健センターなどで行われます。保健所は、「地域保健法」に基づき、都道府県、政令指定都市などに設置され地域住民の健康に関する専門的な業務を行います。業務は、住民を対象としたものと地域を対象としたものに大別され、前者を対人保健、後者を対物保健とよびます。市町村保健センターは、より身近な地域保健の業務である健康相談や保健指導などを担います。

2 「母子保健法」

地域の保健活動のなかでも乳幼児の健康や育児に関わる法律が、1965（昭和40）年に公布された「母子保健法」です。この法律のなかでは、地方公共団体が取り組むべき母子保健事業として以下のことをあげています。
①母子保健に関わる知識の普及
②妊娠、出産、育児に関わる保健指導
③妊娠の届出、母子健康手帳の交付
④妊産婦、新生児、未熟児の訪問指導
⑤1歳6か月児、3歳児の健康診査
⑥養育医療の給付
⑦医療施設の整備
⑧母子健康包括支援センターの設置

「母子保健法」では、妊娠から出産を経て乳幼児期に至るまで、母子双

1937年に制定された「保健所法」が1994年に改正されて「地域保健法」になりました。

プラスワン

健康診査
地域によっては5歳児健診を実施しているところもある。

母子健康包括支援センター
「母子保健法」の改正により、2017（平成29）年4月から「母子健康包括支援センター」を市町村に設置することが努力義務とされた。

●図表14-1　母子保健関連施策の体系

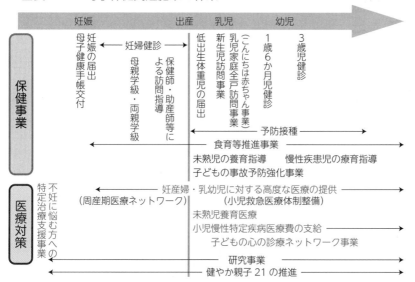

出典：厚生労働省「母子保健関連施策」2015年

方を手厚くサポートしていくための施策を定めています（図表14-1）。

3　母子保健における多職種連携

　母子保健のみならず、障害児・者支援、高齢者福祉等、さまざまな領域で多職種連携が重要となります。多職種連携では、保健、医療、福祉、教育等の異なる領域の専門家が情報を共有し、役割分担しながらチーム体制でサポートを行います。保育者もこの連携体制を十分に理解し、チームの一員として活躍することが求められています。母子保健での多職種連携に、子育て世代包括支援センター構想があります（図表14-2）。これまで個々に行ってきた妊娠から子育て期に至るさまざまな支援を一元化することで、きめ細やかで切れ目のない支援の実施をめざしています。

●図表14-2　妊娠・出産包括支援事業の展開

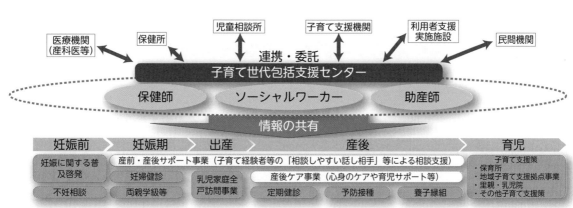

出典：厚生労働省「母子保健関連施策」2015年

保健と医療が関わりながら、妊娠から幼児期の育児までを切れ目なくサポートするのですね。

プラスワン

ワンストップ拠点

これまでは子育ての悩みなどに対して領域ごとに窓口が設けられて連携の点で不十分だったため、相談や支援の拠点を一元化し、その拠点となる子育て世代包括支援センターのことをワンストップ拠点と呼ぶことになった。

14
コマ目

地域の保健活動と子ども虐待防止について理解しよう

4 これからの母子保健「健やか親子21」

「健やか親子21」とは、「関係者（専門の方・一般の方）が一体となって推進する母子保健の国民運動計画で、21世紀の母子保健の取組の方向性と目標や指標を示したもの」です（厚生労働省ホームページ「健やか親子21について」）。「健やか親子21（第2次計画）」では、基盤課題として「切れ目ない妊産婦・乳幼児への保健対策」「学童期・思春期から成人期に向けた保健対策」「子どもの健やかな成長を見守り育む地域づくり」の3点をあげ、また重点課題として「育てにくさを感じる親に寄り添う支援」「妊娠期からの児童虐待防止対策」の2点をあげています（図表14-3、14-4）。

●図表14-3　「健やか親子21（第2次）」イメージ図

出典：厚生労働省ホームページ「健やか親子21について」をもとに作成
（http://sukoyaka21.jp/about　2020年2月5日アクセス）

「健やか親子21」
では、すべての子
どもが健やかに育
つ社会の実現をめ
ざしているのね。

2 虐待の現状とその防止

1 虐待の種類と相談対応件数の増加

子どもを取り巻く問題の一つに虐待があります。図表14-5は1990（平成2）年度から2018（平成30）年度までの児童相談所での児童虐待相談対応件数の推移を表しています。2018年度では15万9,850件と過去最多となっています。虐待は、「身体的虐待」「性的虐待」「ネグレクト」「心理的虐待」の4つに分類されます（図表14-6）。2012（平成24）年度までは、「身体的虐待」の件数が最も多く報告されましたが、2013（平成

プラスワン
「健やか親子21」
の期間
「健やか親子21」の第
一次計画は2001（平
成13）〜2015（平成
27）年度、第二次計
画は2015（平成27）
〜2024（令和6）年度
である。

● 図表14-4　「健やか親子21（第2次）」における課題の概要

	課題名	課題の説明
基盤課題 A	切れ目ない妊産婦・乳幼児への保健対策	妊娠・出産・育児期における母子保健対策の充実に取り組むとともに、各事業間や関連機関間の有機的な連携体制の強化や、情報の利活用、母子保健事業の評価・分析体制の構築を図ることにより、切れ目ない支援体制の構築を目指す。
基盤課題 B	学童期・思春期から成人期に向けた保健対策	児童生徒自らが、心身の健康に関心を持ち、より良い将来を生きるため、健康の維持・向上に取り組めるよう、多分野の協働による健康教育の推進と次世代の健康を支える社会の実現を目指す。
基盤課題 C	子どもの健やかな成長を見守り育む地域づくり	社会全体で子どもの健やかな成長を見守り、子育て世代の親を孤立させないよう支えていく地域づくりを目指す。具体的には、国や地方公共団体による子育て支援施策の拡充に限らず、地域にある様々な資源（NPOや民間団体、母子愛育会や母子保健推進員等）との連携や役割分担の明確化が挙げられる。
重点課題 ①	育てにくさを感じる親に寄り添う支援	親子が発信する様々な育てにくさ※のサインを受け止め、丁寧に向き合い、子育てに寄り添う支援の充実を図ることを重点課題の一つとする。 ※育てにくさとは：子育てに関わる者が感じる育児上の困難感で、その背景として、子どもの要因、親の要因、親子関係に関する要因、支援状況を含めた環境に関する要因など多面的な要素を含む。育てにくさの概念は広く、一部には発達障害等が原因となっている場合がある。
重点課題 ②	妊娠期からの児童虐待防止対策	児童虐待を防止するための対策として、①発生予防には、妊娠届出時など妊娠期から関わることが重要であること、②早期発見・早期対応には新生児訪問等の母子保健事業と関係機関の連携強化が必要であることから重点課題の一つとする。

出典：厚生労働省ホームページ「健やか親子21について」をもとに作成
(http://sukoyaka21.jp/about　2020年2月5日アクセス)

「健やか親子21」については、29コマ目も参照しましょう。

25）年度に「心理的虐待」が「身体的虐待」の件数を上回り、それ以降、増加の一途をたどっています。

2　被虐待児の年齢と主たる虐待者

　虐待を受けている子どもを年齢別に見てみると、6歳以下の就学前の子どもが占める割合はおよそ45％と高い割合になっています。乳幼児の身近な存在である保育者が早期発見をすることがとても重要だといえるでしょう。また、厚生労働省「平成29年度　福祉行政報告例の概況」（2018年）によると、虐待者の割合としては、最も多いのが「実母」（46.9％）、次いで「実父」（40.7％）となっています。近年、この順位に変化はありませんが、ここ数年の傾向として、徐々に「実母」の占める割合が減少し、

子ども自身に暴力をふるわなくても、暴力行為を目の前で見せるだけでも虐待になるのですね。

14
コマ目

地域の保健活動と子ども虐待防止について理解しよう

● 図表14-5　児童相談所における児童虐待相談対応件数の推移

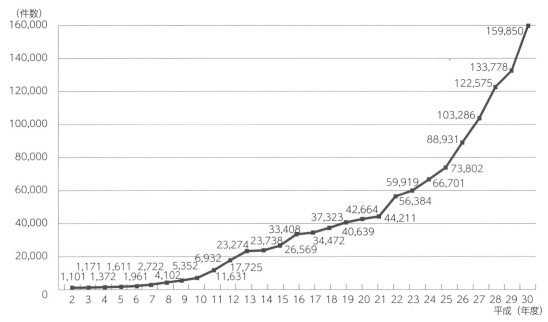

出典：厚生労働省「平成30年度　福祉行政報告例の概況」2019年

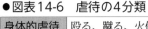
図表14-5は相談対応件数ですので、相談につながっていないケースは数に入っていないことに注意が必要です。

● 図表14-6　虐待の4分類

身体的虐待	殴る、蹴る、火傷を負わせる、溺れさせる、縄などで一室に拘束する等
性的虐待	子どもへの性的行為、性的行為を見せる、ポルノグラフィの被写体にする等
ネグレクト	食事を与えない、着替えをさせない、入浴させない、けがや病気のときに受診させない等
心理的虐待	無視、言葉による脅し、きょうだい間での差別的扱い、ドメスティックバイオレンスを目撃させる等

出典：厚生労働省ホームページ「児童虐待の定義と現状」をもとに一部改変
(https://www.mhlw.go.jp/seisakunitsuite/bunya/kodomo/kodomo_kosodate/dv/about.html　2020年2月5日アクセス)

それと代わるように「実父」の占める割合が増加傾向にあります。いずれにしても、子どもを保護することのみならず保護者への支援も不可欠といえます。

3　虐待防止に関する法律

　虐待を防止するために、2000（平成12）年11月に「児童虐待の防止等に関する法律（児童虐待防止法）」が施行されました。ここに、すべての国民に子どもを虐待から守る義務が定められています。虐待の早期発見と通告義務については、同法律で以下のように定められています。

（児童虐待の早期発見等）

第5条 学校、児童福祉施設、病院その他児童の福祉に業務上関係のある団体及び学校の教職員、児童福祉施設の職員、医師、歯科医師、保健師、助産師、看護師、弁護士その他児童の福祉に職務上関係のある者は、児童虐待を発見しやすい立場にあることを自覚し、児童虐待の早期発見に努めなければならない。

2 前項に規定する者は、児童虐待の予防その他の児童虐待の防止並びに児童虐待を受けた児童の保護及び自立の支援に関する国及び地方公共団体の施策に協力するよう努めなければならない。

3 学校及び児童福祉施設は、児童及び保護者に対して、児童虐待の防止のための教育又は啓発に努めなければならない。

（児童虐待に係る通告）

第6条 児童虐待を受けたと思われる児童を発見した者は、速やかに、これを市町村、都道府県の設置する福祉事務所若しくは児童相談所又は児童委員を介して市町村、都道府県の設置する福祉事務所若しくは児童相談所に通告しなければならない。

2 前項の規定による通告は、児童福祉法（昭和22年法律第164号）第25条第1項の規定による通告とみなして、同法の規定を適用する。

3 刑法（明治40年法律第45号）の秘密漏示罪の規定その他の守秘義務に関する法律の規定は、第1項の規定による通告をする義務の遵守を妨げるものと解釈してはならない。

虐待をなくすには、子どもだけでなく保護者への支援もとても重要ですね。

🗨 プラスワン

虐待の通告

虐待を受けたと思われる児童を発見した場合は、保護者の同意なく速やかに通告する必要がある。

保育者は、日々の保育活動のなかで被虐待児の存在に気づいた場合は、児童相談所、福祉事務所等への通告が義務づけられています。虐待を通告することは、子どもの生命を危険から守ることであり、職務上知り得たことに対する守秘義務違反とはならないと明記されています。

■4■ 虐待のリスクファクター

虐待を防止あるいは早期発見するには、虐待を生じさせるリスクファクターを理解しておく必要があります。虐待のリスクファクターは、おおよそ3つに分類することができます。

①保護者の要因……産褥期の心身の体調不良、母親自身の不適切な育てられ方、貧困、望まぬ妊娠など

②子どもの要因……自閉スペクトラム症などの発達の偏りによるコミュニケーションや共感性の不全、子どもの特性による育児困難など

③社会的な要因……核家族やひとり親家庭の増加、近隣の住人との関係の希薄さなど

14
コマ目

地域の保健活動と子ども虐待防止について理解しよう

保育者はこれらのリスクを念頭に置き、保護者の置かれている状況や子どもの発達に対する理解を深め、必要に応じて他領域の専門家と協働しながら虐待の防止に努めなければなりません。

5 虐待のサイン

①子どもからのサイン

保育所等は、子どもが生活をする場でもあるので、そこで見せる子どもの様子から虐待の何らかのサインを読み取ることができる場合があります。たとえば、着替えなどを利用して、子どもの体に不自然な傷やアザがないか確認してみるとよいでしょう。また、何日も同じ服装であったり、身体が不衛生であったりといったことも気づきのサインになります。

食事の様子も大切な観察のポイントです。空腹やフラストレーションの解消手段として過食傾向になることもあります。行動においても過度に警戒心が強く集団に適応しづらかったり、攻撃的な言葉づかいや行動が目立ったりする場合があります。

②保護者からのサイン

虐待のサインは、保護者の様子から気づくこともあります。遅刻がちで生活リズムが整っていなかったり、思い通りにならないことがあると、人前でも感情が爆発して子どもや保育者に攻撃的になるなど、情動のコントロールがうまくいかなかったりする場合は、ていねいに様子を観察するとよいでしょう。また、抑うつ的な言動が繰り返されたり、希死念慮があったりする場合は、すぐに園内で情報共有し、専門機関と連携のもと、支援体制を整える必要があります。場合によっては、保護者自身がドメスティックバイオレンス（DV）＊の被害者であることも考えられます。DVの日常的な目撃も子どもへの虐待に含まれますので、保護者にたびたびアザやけががみられるようであれば注意して観察することが必要でしょう。そのほか、登園や降園のときに保育者とコミュニケーションをとりたがらなかったり、なかなか連絡がとれなかったりすることも気づきのポイントです。

サインが見て取れた場合は、子どもの安全を確保するため、迅速な対応が求められますが、その場合も保護者を虐待者と決めつけないこと、子育ての大変さを共有すること、保護者の行動ではなく子どもの問題に焦点を当てて話をすること、解決策を一緒に考えていくという協力者としてのスタンスをとることを忘れずに対応するとよいでしょう。

6 園内体制の整備

虐待のサインに気づいたら、園内で情報共有を行うことが大切です。虐待事例をはじめ、園内のさまざまな支援が必要な子どもについて園内ケース会議を開いて現状把握と今後の支援の方針を話し合います。その際は、園医（医療）や外部専門家（心理、福祉等）とも連携をとり、子どもの問題を多面的に把握するようにしましょう（図表14-7）。このような園内体制は、虐待への気づきを得てから整えるのではなく、事前に体制整備をしておくことが肝心です。虐待に関わる研修の機会をもつことも重要です。

日ごろのていねいな観察が虐待の早期発見につながるのですね。

> ✏ **重要語句**
>
> ドメスティックバイオレンス（domestic violence：DV）
>
> →配偶者などからの暴力のことを指す。

● 図表14-7　園内体制と外部専門家との連携

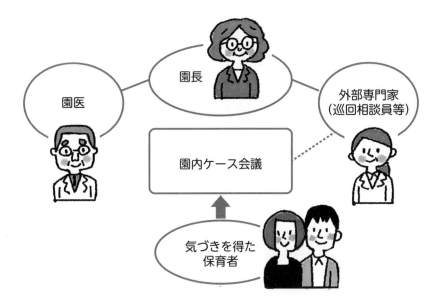

7　気づきから通告へ

　園内で虐待の気づきを得たら情報収集を行い、管理職である園長が通告の最終判断を行います。通告先は通常市区町村ですが、緊急性が高い場合は直接児童相談所や警察に通告します。通告を受けた児童相談所は、現状確認の後、児童相談所の職権において一時保護を行い、子どもの安全を確保します。以上をまとめたものが図表14-8です。

● 図表14-8　保育所等で虐待を発見した場合

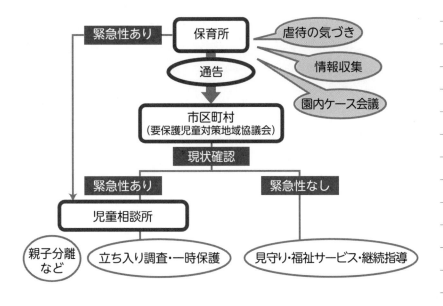

通告から支援までの流れは、緊急性の有無によって異なるのですね。

14
コマ目

地域の保健活動と子ども虐待防止について理解しよう

8 要保護児童対策地域協議会

　要保護児童対策地域協議会とは、虐待の早期発見や防止に努め、支援を要する子どもの保護を目的とする地域のネットワークであり、関係機関との連携を行います。「児童福祉法」第 25 条の 2 では、要保護児童対策地域協議会の設置が規定されています。努力義務規程であるものの 2016（平成 28）年度の調査によれば 1,727 か所（99.2％）の設置状況となっています。要保護児童対策地域協議会を設置する意義は以下の通りです。

①要保護児童等の早期発見
②要保護児童等への迅速な支援の開始
③各機関が連携をとり合い情報を共有化
④各機関の役割分担についての共通理解
⑤各機関が責任をもって関わるための体制づくり
⑥家庭へのよりよい支援の提供
⑦各機関の限界や大変さの分かち合い

　保育者による気づきを地域のネットワークにつなげることは、子どもの命や安全を守ることにつながります。日ごろから園内で、地域との連携のあり方を確認し、周知しておくことが肝心です。

おさらいテスト

❶ 子育て世代包括支援センターでは、[　　]から乳幼児期の育児まで切れ目のない一元化したサポートをめざしている。

❷ 「[　　　　　]」は、すべての子どもが健やかに育つ社会の実現に向けた母子保健の施策である。

❸ 虐待には「身体的虐待」「性的虐待」「ネグレクト」「心理的虐待」があり、平成29年度の相談対応件数で最も多いのは「[　　　　]」である。

演習課題

ディスカッション

①虐待事例を早期に発見するには、どのようなチェックポイントがあるでしょうか。小グループに分かれてディスカッションしてみましょう。

例：不自然なけがの状態、異常な食欲など

②これからの時代は、多職種が連携してチーム体制で子どもをサポートしていくことが重要です。母子保健や虐待への援助介入における多職種連携の具体的な実践例を調べて紹介し合いましょう。

14
コマ目

地域の保健活動と子ども虐待防止について理解しよう

子どもの健康と保育の環境について理解しよう

今日のポイント

1 子どもの成長・発達は環境との相互作用によってすすむ。

2 安全・衛生面での環境整備は「学校環境衛生基準」などに準じ、科学的な根拠に基づいて行う。

3 環境の消毒には次亜塩素酸ナトリウムを用いる。

1 子どもの成長・発達における環境との相互作用

1 発達段階における脳の可塑性

　子どもは、自分のまわりの世界との相互作用によって成長・発達していきます。そのことをはっきりと示すものが、子どもの脳の可塑性です。

　「脳の可塑性」とは、発達段階において脳が環境に最適な処理システムをつくり上げるために、よく使われるニューロン（神経細胞）*の回路の処理能力を高め、あまり使われないニューロンの回路の処理能力を低める傾向のことで、成長・発達がすすむ段階でよりはっきりとみられます。

　たとえば、子どもの視覚の発達には、さまざまなものを見て刺激を受けることが不可欠です。猫やサルを対象とした実験では、発達期に片目を眼帯などで覆い、左右の目から入ってくる情報がアンバランスな状態で過ごした場合、覆われた目は正常な機能を維持することはできても、もう一方の目に比べて弱視になってしまうことが明らかになっています（このことを眼優位可塑性といいます）。子どもがまわりの世界に興味をもち、主体的に関わりながら、環境から多様な刺激を受けることが、よりよい成長・発達につながります。保育者は、安全性の確保を前提に、さまざまな配慮に基づいた環境構成を行っていくことが必要です。

2 保育における環境

　保育における環境とは、子どもを取り巻く世界のすべてを指します。具体的には人的環境、物的環境、空間的環境、自然環境、社会環境などがあります。子どもは保育所という場において、愛着や信頼関係に基づいた人的環境や、安全・衛生面に配慮された空間的環境、興味や好奇心を引き出す物的環境に囲まれて過ごすことが必要です。このコマでは特に、子どもの健康増進の前提となる環境の安全・衛生面での具体的な配慮や整備方法

生後、脳の可塑性が保持されるまでの期間のことを、「臨界期」と呼ぶことがあります。

重要語句

ニューロン（神経細胞）

→神経組織を構成する神経細胞をニューロンと呼ぶ。神経細胞は、細胞体のほかに軸索と樹状突起から構成されている。軸索はほかの細胞に情報を伝える役割をもち、樹状突起はほかの細胞から情報を受け取る役割をもっている。脳の複雑な機能は、このニューロンが情報の伝達と処理を行うことによって成り立っている。

について学んでいきましょう。

2 施設内の環境整備

　保育所における施設設備などは、「児童福祉法*」上の規定に基づいた「児童福祉施設の設備及び運営に関する基準」に定められています。各保育所はこれを最低基準とし、子どもの最善の利益を追求するために、環境と設備・運営を向上させなければなりません。そのほかに、安全・衛生管理の根拠となる法規には、「学校保健安全法」「学校保健安全法施行規則」「保育所保育指針」「感染症新法」「学校環境衛生基準」などがあります。

1 保育室などの環境

①温度・湿度

　子どもの体温調節機能は発達の途上にあり、体温が室内の温度・湿度の影響を受けやすいことから、保育者が適切に調整を行う必要があります。「学校環境衛生基準」によれば、児童・生徒に望ましい室温として、教室の中央部のみではなく複数箇所で温度測定を行ったうえで、17 ～ 28℃が基準として設定されています。

　子どもは直接床に座る機会も多く、冬季は特に垂直温度分布にも注意します。床暖房は、床から天井までの垂直方向の温度変化がほとんどありませんが、エアコンなどでは暖かい空気が上に流れるため、原則として床に近いほど温度が低くなるからです。

　また、子どもの活動量の多さや新陳代謝の活発さを考慮して、夏期は熱中症への配慮に基づいたこまめな温度調整が必要です。子どもの体温変化は、室温だけではなく着衣や湿度によっても影響を受けるので、それらを総合的に配慮した対応をとりましょう。

　湿度については 30 ～ 80％が望ましいとされています。しかし日本は夏季に高湿、冬季に低湿の気候的な特性をもっており、子どもがより快適に過ごせるように考えると、50 ～ 60％程度が望ましい湿度といえます。特に冬場は室内が乾燥しやすく、ウイルス感染などを起こしやすいため、加湿器を導入するなどして適切な湿度を保ちましょう。

②換気

　「学校環境衛生基準」では、換気の基準を「二酸化炭素が 1,500ppm 以下であることが望ましい」としています。しかしこの基準は、二酸化炭素濃度のみを問題としているわけではありません。

　保育室内の空気の入れ換えをしないと、二酸化炭素濃度が上昇します。それにともなって、建材、家具、油性マーカー、新しい絵本などから放出されたさまざまな化学物質が、室内の空気に留まり続けることになるのです。厚生労働省は、室内化学物質の空気中濃度について、13 の物質で指針値を定めています。2010（平成 22）～ 2012（平成 24）年の東京都

✏ 重要語句

「児童福祉法」

→1947（昭和22）年制定。「児童の権利に関する条約」「日本国憲法」の理念に基づき、児童に関する法律の中心の役割を果たしている。

15
コマ目

子どもの健康と保育の環境について理解しよう

　なお、「保育所における感染症対策ガイドライン（2018年改訂版）」では、保育室環境の目安を、室温：夏26～28℃、冬20～23℃、湿度：60％としています。

🗨 プラスワン

相対湿度と絶対湿度

　一般的に湿度とは相対湿度のことを指す。これはある温度の空気が含むことができる最大限の水分量（飽和水蒸気量）と比べて、どの程度水分（水蒸気）を含んでいるかを示す割合を％で表したものである。一方で、ある空気のなかに存在する、完全に乾いた空気1kgに対する水分の重量の割合をkgで表したものを絶対湿度という。

トイレなどの狭い空間で換気扇のすぐそばに窓がある場合は、換気扇を使うときに窓を開けないほうが効率的に換気することができます。

福祉保健局の調査では、子どもが利用する7施設25地点中、ホルムアルデヒド、アセトアルデヒド、トルエンの3つの物質について半数以上の地点で検出が認められています（図表15-1）。子どもは一般的に大人よりも化学物質による影響を強く受ける傾向にあり、適切に換気を行うことが必要です。

　換気をする場合、窓を開けるときには、入口と出口の2か所を開けるか、できるだけ離れた2か所の窓を開けましょう（図表15-2）。空気を入れ換えると室温の管理が難しくなると考えがちですが、空気が入れ換わったとしても、天井や床、壁など、室内自体が暖房によって温まったり、冷房によって冷えたりしているため、比較的早く元の温度に戻すことが可能です。

　夜間は換気ができないため、化学物質の濃度が高くなっています。朝、子どもが登園する前に必ず換気を行いましょう。保育室は多くの子どもが長時間活動し、空気が汚れやすいため、1時間に1回は換気をしましょう。

●図表15-1　子どもが利用する施設における各化学物質の検出率

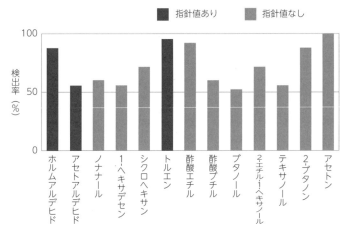

出典：東京都保健福祉局ホームページ「室内空気の揮発性化学物質対策のために施設で決める換気のルール」（https://www.fukushihoken.metro.tokyo.lg.jp/kankyo/kankyo_eisei/jukankyo/indoor/pamphlet.files/myrule.pdf　2020年2月5日アクセス）

●図表15-2　窓開け換気のよい例と悪い例

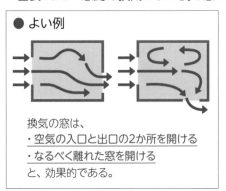

出典：東京都保健福祉局ホームページ「室内空気の揮発性化学物質対策のために施設で決める換気のルール」（https://www.fukushihoken.metro.tokyo.lg.jp/kankyo/kankyo_eisei/jukankyo/indoor/pamphlet.files/myrule.pdf　2020年2月5日アクセス）

③おもちゃや身の回りのものの衛生

　保育室のおもちゃは多くの子どもが共有するために、子どもの手指など
を通じてウイルスや細菌などが付着しやすくなります。また、長期間の使
用によって表面に細かな傷がつくと、そこに入り込んだ病原体が除去しに
くくなるため、科学的根拠に基づいた方法での洗浄・消毒が必要になりま
す。特に乳児の場合は、おもちゃを口に入れることが多く、唾液などが付
着しやすいため、毎日しっかり洗浄・消毒しましょう。

2　トイレ

　掃除されたあとのきれいなトイレであっても、実は目に見えないウイル
スや細菌などで汚染されていることがあります。トイレに入るときには必
ず専用の履き物（スリッパなど）に履き替えることが必要です。またトイ
レの使用後の手洗いは、ペーパータオルを用いるか、必ず個別のタオルを
用意するようにしましょう。毎日の清掃・消毒において、ドアノブや手す
り、蛇口、照明スイッチなど、人の手がよくふれるものについては、アル
コール消毒を行います。便器が糞便で汚れている場合は、布やペーパータ
オルを使い、0.1％次亜塩素酸ナトリウム*で浸すように拭いて消毒しま
す。その場合、同一面でこすると汚染を広げてしまうことがあるので、布
やペーパータオルを折り込みながら違う面で拭き続けるようにします。

3　調理室・調乳室

　食育などの教育面での配慮以前に、保育所で提供される食事が安全であ
ることは最も重要な前提ですが、残念ながら保育所においても毎年食中毒
が発生しているのが現実です。「児童福祉施設における食事の提供ガイド」
などを参考に、HACCP（ハサップ）の概念に基づいた衛生管理が求めら
れます。調理室・調乳室へ入室する場合は必ず手洗いを行ったうえで白衣
を着用します。特に清潔にしなければならない区域であるという意識を職
員全員が共有し、マニュアルを作成し遵守したうえでの清掃・消毒を行い
ます。

　HACCPとは、食品等事業者自らが食中毒菌汚染や異物混入等の危害
要因（ハザード）を把握した上で、原材料の入荷から製品の出荷に至
る全工程の中で、それらの危害要因を除去又は低減させるために特に
重要な工程を管理し、製品の安全性を確保しようする衛生管理の手法
です。

出典：厚生労働省ホームページ「HACCP（ハサップ）」（https://www.mhlw.go.jp/stf/
seisakunitsuite/bunya/kenkou_iryou/shokuhin/haccp/index.html　2020年2月
5日アクセス）

重要語句

0.1％次亜塩素酸ナトリウム

→市販の原液濃度約5％漂白剤を使用する場合には、500mLのペットボトル1本分の水に原液10mL（ボトルキャップ2杯分）または、5Lの水に原液100mL（漂白剤のキャップ5杯分）でつくることができる。

厚生労働省によると、保育所での食中毒は、2017（平成29）年で4件、2018（平成30）年で9件起こっています。

プラスワン

乳児用調製粉乳（育児用ミルク）の原則

①調乳に用いるお湯の温度を70℃以上に保つ。
②調乳してから2時間以上経過したミルクはすべて破棄する。
③哺乳瓶などの調乳器具は次亜塩素酸ナトリウム1％の製品を80倍希釈のうえ、1時間以上浸漬*して消毒する。

重要語句

浸漬

→つけ込むこと。

４　園庭

　園庭は、植栽や遊具の配置、築山や人工池の構造、飼育動物の有無など、保育所によってさまざまです。それぞれの園庭が抱える安全・衛生面でのリスクを的確に把握し、職員全員が意識を共有しながら環境を整備・改善することが必要です。

　園庭には、園の内外からさまざまなものが飛来する可能性があります。危険物や動物の糞尿のほか、ハチなどの子どもにとって危険な昆虫に注意し、必要に応じて専門業者と連携しながら取り除きます。砂場は猫や鳥などの糞尿で汚染されることが多いため、夜間や休日はシートで覆っておきましょう。抗菌砂を用いたり、定期的に砂を入れ替えることも効果があります。

　飼育動物がいる場合は、動物小屋が感染源とならないように清潔さを保ちます。動物とふれあうときには、子どもにアレルギーがないかを確認し、子どもと動物のどちらにも危険がないようにルールを徹底しましょう。

５　プール

　夏季に行われるプールは、子どもが肌を露出したままで水に入ることから、けがや溺水、細菌やウイルスなどの感染のリスクが高い活動です。いつもの姿からは予想が難しい行動を子どもがとったり、慣れない活動であるために保育者が対応に手間取ったりすることも考慮したうえで、安全・衛生面においても配慮しましょう。

　プールの管理には、設備の維持管理、清掃点検、水質基準の維持、薬品管理、安全確保などの要素があります。プールに入る前の子どもの事前の健康管理を徹底し、発熱や下痢がないかを確認しましょう。プールの原水は飲用に適したものでなければなりません。水質基準は「学校環境衛生基準」を参照し、消毒管理の指標である遊離残留塩素濃度は、$0.4 \sim 1.0$ mg/Lに保ちます。

　プール活動中は、紫外線から子どもを守り、熱中症などを予防する必要から、日よけがあることが望ましいです。プール活動後は、シャワーで体をよく流したあとに、うがいや洗眼を行います。感染症予防の観点から、体や顔を拭くタオルは共用とせず、必ず個別のものを用います。

プラスワン

遊離残留塩素と結合残留塩素

残留塩素は、塩素消毒の結果、水中に残留した殺菌力をもった化学形態の塩素のこと。このなかで次亜塩素酸や次亜塩素酸イオンとして存在するものを遊離残留塩素、それらが水中のアンモニアや有機性窒素化合物と結合して生成されたクロラミンとジクロラミン等を結合残留塩素とよぶ。結合残留塩素は遊離残留塩素の数分の１程度の消毒力のため、プールの水質管理には主に遊離残留塩素を用いる。

おさらいテスト //

❶ 子どもの成長・発達は環境との [　　　　　] によってすすむ。
❷ 安全・衛生面での環境整備は [　　　　　] などに準じ、科学的な根拠に基づいて行う。
❸ 環境の消毒には [　　　　　] を用いる。

//

演習課題 ✏

環境整備を体験してみよう

演習テーマ 1　エアコン使用時の温度・湿度をはかろう

　自宅や教室で高さも考慮しながら、エアコン使用時のさまざまな場所の温度・湿度を測定してみましょう。

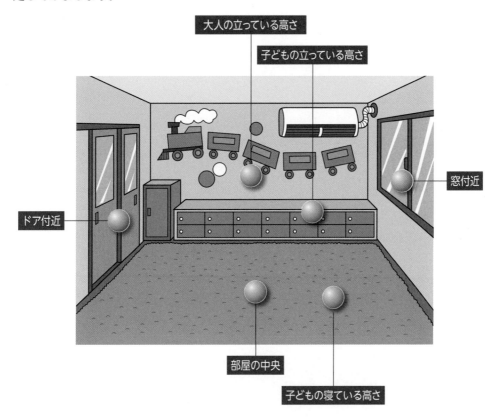

大人の立っている高さ

子どもの立っている高さ

窓付近

ドア付近

部屋の中央

子どもの寝ている高さ

演習テーマ 2　トイレの消毒をしてみよう

　いつもの方法でトイレを清掃したあと、0.1%次亜塩素酸ナトリウムを用いて消毒してみましょう。

✖ ✖ ✖

第2章

||||||||||||||||||||||||||||||||||||||||||||||||||||||||||||||||||

演習編
子どもの健康と安全

この章では、第1章で学んだ「子どもの保健」に関する基礎的な知識をいかし、
保育における子どもの健康と安全について学びます。
具体的には、保健的観点を踏まえた保育環境や援助の方法、感染症対策、
安全管理・危機管理・災害対策、保健活動の組織的な取り組みや計画などについて
理解していきましょう。
※この章は、「子どもの健康と安全」に対応しています。

子どもの事故について理解しよう

今日のポイント

① 子どもの事故のなかで死亡の危険性が高いものは、窒息事故、交通事故、溺水事故である。

② 事故が起こりやすい場所は園舎内で、衝突や転倒が多い。

③ 重大事故については、所管の市町村や都道府県への報告義務がある。

子どもたちの生命を守れるのは、一番身近にいる保育者ですよ！

1 子どもの事故の特徴

1 子どもの死因

保育を行っていて一番悲しいことは、子どもたちが事故にあったり、病気になって亡くなってしまうことです。発達段階にある子どもは身体機能が未熟であるため、事故にあうと、大人よりも危険な状態に陥りやすくなります。不慮の事故*によって亡くなる子ども（14歳以下）の数は年々減少していますが、いまだに発生率は高い状況です。事故は毎日の生活のなかの、何気ないさまざまな場面で起こります。保育者は「防げる事故を起こさない」ために、子どもに起こりやすい事故を理解しておくことが大切です。図表16-1に年齢別死因順位をまとめます。

重要語句

不慮の事故

→予測できない事故、思いがけない事故のこと。

● 図表16-1　年齢別死因順位

	第1位	第2位	第3位
0歳	先天奇形等	呼吸障害等	不慮の事故
1〜4歳	先天奇形等	不慮の事故	悪性新生物
5〜9歳	悪性新生物	不慮の事故	先天奇形等
10〜14歳	悪性新生物	自殺	不慮の事故

出典：厚生労働省「平成30年人口動態統計（確定数）」2019年

2 不慮の事故死の特徴

子どもの不慮の事故死の特徴をみると、0歳では窒息が約8割を占めています。睡眠中の窒息が多く、うつぶせ寝、寝具やタオルケットなどが鼻や口をふさいでいたという報告があります。1〜4歳では窒息、交通事故、溺死、転倒といったさまざまな事故が発生しています。これは、自分で歩けるようになり、まわりのものに興味をもちはじめる発達段階の特徴と関

プラスワン

うつぶせ寝

うつぶせ寝によって窒息や乳幼児突然死症候群（SIDS）のリスクが高まる。

係しています。5～9歳で最も多いのは交通事故で4割を超えています（図表16-2）。

●図表16-2　不慮の事故の死亡の状況

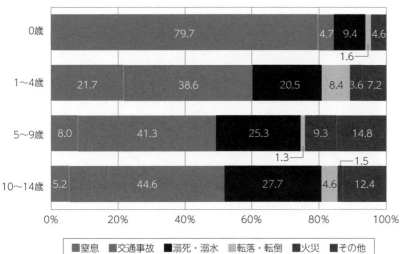

出典：厚生労働省「平成30年人口動態統計（確定数）」2019年

2　保育施設での子どもの事故

1　事故の起こりやすい月・時間帯

　事故の発生しやすい月は、保育所・幼保連携型認定こども園・幼稚園ともに、6月や10月です（図表16-3）。これは、活動しやすい気候でもあり、新しい環境に慣れて活発に遊ぶことができる時期であるからと考えられます。

●図表16-3　事故の起こりやすい月

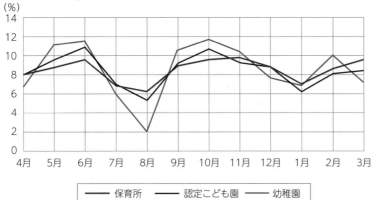

出典：独立行政法人日本スポーツ振興センターホームページ「学校の管理下の災害（平成30年版）学校の管理下の災害　第二編　基本統計Ⅱ　帳票1の1-3」2018年

プラスワン

子どもの事故の特徴

①乳児期は窒息事故が最も多い
②5～9歳は交通事故が最も多い
③10～14歳は交通事故、溺死が多く、転落も増える。

16コマ目

子どもの事故について理解しよう

交通事故では自動車に乗車中の事故も多いので、チャイルドシート（➡25コマ目を参照）使用が義務づけられました。

事故の起こりやすい時期・時間・場所を知っておくと、大きな事故を未然に防ぐことができますよ。

事故の起こりやすい時間は、保育所・幼保連携型認定こども園・幼稚園ともに午前中の活動時間である 10 ～ 11 時、次いで幼稚園は 13 ～ 14 時、保育所・幼保連携型認定こども園は 16 ～ 17 時の降園時刻となっています（図表 16-4）。これらの時間は子どもや保護者の出入りが多くなり、最もあわただしい時間帯のため注意が散漫になりがちなためと考えられます。

●図表16-4　事故の起こりやすい時間帯

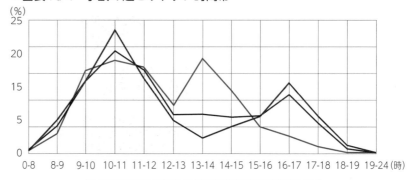

出典：独立行政法人日本スポーツ振興センターホームページ「学校の管理下の災害（平成30年版）　第二編　基本統計Ⅱ　帳票4」2018年

2 事故の起こりやすい場所・遊具

　事故の発生場所は、保育所・幼保連携型認定こども園・幼稚園ともに園舎内が最も多く 50 ～ 60％を占め、園舎外は 30 ～ 40％、園外は 1 割未満です。

　園舎内で最も多いのは「保育室」（60 ～ 70％）での事故、次いで「遊戯室」が 1 割程度、「廊下」1 割弱となっています。園舎外ではほとんどが「園庭」（95％）での事故となっています。

　遊具別でみると、「すべり台」「アスレチック」「鉄棒」での事故が多く、保育所では「砂場」での発生件数も多くなっています（図表 16-5）。

●図表16-5　事故が起こりやすい遊具

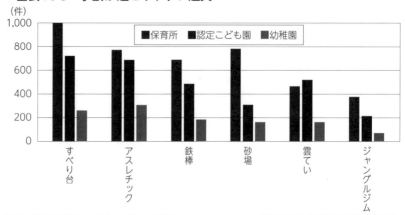

出典：独立行政法人日本スポーツ振興センターホームページ「学校の管理下の災害（平成30年版）　第二編　基本統計Ⅱ　帳票2」2018年

事故が起こりやすいのは、園舎内です。そのなかでも保育室で一番多く発生しています。

📝 **プラスワン**

すべり台の事故

①マフラーやポンチョ、なわとびが引っ掛かり首が絞めつけられる。
②下から登ってきた子どもと滑ってきた子どもがぶつかり落下する
など。

すべり台での遊びのルールを教え、服装に注意し、目を離さないことが大切ですね。

3　事故の起こりやすい状況とけがの種類・部位

　事故の起こりやすい状況として保育所では、「衝突・当たる」や「転倒」が多く、幼稚園では「転倒」が最も多くなっています。衝突と転倒の事故が起きやすい年齢は4歳で、次いで3歳となっています。乳幼児の行動は衝動的・自己中心的であり、まわりを見ずに自分の思ったままに行動してしまうので事故につながりやすいといえます。また運動機能が未発達なため、バランスがとれなかったり、危険を予測するといった判断力が不十分なため、友だちどうしで衝突したり転んだりする事故が多く、「挫傷*・打撲*」や「挫創*」というけがが多くなります。保育所では「脱臼*」が多く、幼稚園では「骨折*」が多くなっています（図表16-6）。

●図表16-6　負傷・疾病における種類別発生割合

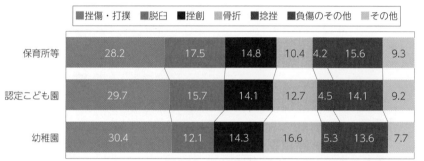

出典：独立行政法人日本スポーツ振興センター「学校の管理下の災害（平成30年版）」2018年、137頁

　けがの部位は、保育所・幼保連携型認定こども園・幼稚園ともに、「顔部」が最も多く50％程度、次いで「上肢部」約25％、その後「下肢部」「頭部」と続き、体幹部のけがは少なくなっています。

3　事故防止および安全対策

1　事故防止のための「安全管理」と報告義務

　保育施設では大切な子どもたちを保護者から預かっています。子どもたちの健やかな成長と生命を守り、安全な生活を保障するために十分な安全管理（危機管理・事故防止対策）を行う責任と義務があります。つまり、子どもの事故の特徴や原因を知り、事故を防止するために園舎内・園舎外、園外の保育設備の点検や環境整備を行う必要があります。

　そして、万が一事故が発生してしまった場合には、迅速な対応を行い、被害を最小限に抑えるとともに、保護者や関係機関へすばやく連絡・報告することが大切となります（図表16-7）。2015（平成27）年の「子ども・子育て支援新制度」において規定され、さらに2016（平成28）年に「教育・保育施設等における事故防止及び事故発生時の対応のためのガイドラ

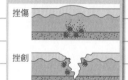

✏ 重要語句

挫傷・打撲

→転落したり、衝突したりすることにより、内部組織が損傷し、皮膚は切れていない傷のこと。

挫創

→転落したり、衝突したりすることにより、皮膚が切れて出血している傷のこと。

挫傷

挫創

脱臼

→関節がはずれること。

骨折

→骨が折れること。

16コマ目

子どもの事故について理解しよう

保護者には事故の発生状況を的確に報告し、必要に応じて保護者説明会を開催します。

●図表16-7　重大事故発生時の報告の流れ

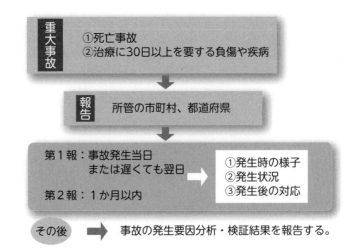

「イン」が提示されています。

2　事故発生防止のためのポイント

①窒息

　0歳で多くみられる窒息は、ほとんどがベッド内で起きています。窒息リスクのチェックポイントは以下の通りです。

> 窒息リスクチェックポイント！
> ①柔らかいふとんにうつぶせになっていないか
> ②タオルケットやぬいぐるみで鼻や口をふさいでいないか
> ③ベッドとふとんのすき間に顔が入り込んでいないか
> ④ひも、またはひも状のものがベッド上にないか
> ⑤ミルクや食べたものの嘔吐物がないか

②交通事故

　上手に歩けるようになり行動範囲が広がってくると交通事故が増えてきます。子どもの事故で一番多いのは、飛び出しです。遊びに夢中になって、道路の向こう側にいる友だちしか目に入らずに飛び出してしまいます。道路横断時の指導ポイントは、以下の通りです。

> 子どもたちへの指導ポイント！（道路横断時）
> ①「まず立ち止まる」　→　②「左右を見る」

③溺死・溺水

　溺死・溺水は、乳幼児期は浴槽での事故が多く、それ以外にも洗濯機や

保育所等では午睡（昼寝）のときに窒息に気をつけましょうね。

📝 **プラスワン**

窒息への対応

「教育・保育施設等における事故防止及び事故発生時の対応のためのガイドライン」には、①睡眠中、②プール活動・水遊び、③食事中や玩具の誤嚥、④食物アレルギーの場面ごとの注意事項、具体的な対応方法、配慮点が記載されている。

子どもたちは私たちの行動を見ていますので、お手本を示していきましょうね。

ビニールプールなどでも事故は起こります。5歳以降は川や池、海、プールでの事故が多くなります。浴室では目を離さない、使用していないときはかぎをかける、残り湯をためないといった習慣をつけましょう。

子どもたちへの指導ポイント！（水遊びのとき）
①子どもたちだけで、川などに遊びに行ってはいけない
②プールでは準備体操を行い、急に飛び込まない

子どもが安全行動を身につけられるようお手本を示していきましょう。

プール・水遊び時の注意ポイント！
①指導を行う者、監視者を分け役割分担を明確にする
②監視エリア全体をくまなく観察する
③時間的余裕をもった活動計画にする

■3　「チェックリスト」と「ヒヤリ・ハット報告」の重要性

　保育環境を安全に管理していくためには、安全点検チェックリストを作成し、施設内設備（保育室、廊下、トイレ、手洗い場）、園庭や固定遊具・玩具などを定期的にチェックする必要があります。点検項目だけでなく、点検日、点検者を定め、継続的に確実にチェックすることが大切です。また、職員全員で情報を共有し合う協力体制づくりも欠かせません。

　安全への意識を高めあうために、事故につながるおそれのある事例をヒヤリ・ハット*報告として記録し、その原因を分析し、ヒヤリ・ハット事例を起こさないための対応策を立てるリスクマネジメントを行います。

　1つの重大事故の背景には、29の軽微な事故、300のヒヤリ・ハットがある（ハインリッヒの法則*）といわれています（図表16-8）。

　リスクマネジメントの方法として、PDCAサイクル*を活用して継続的な安全・安心管理をめざします。

● 図表16-8　ハインリッヒの法則

重要語句

ヒヤリ・ハット

→事故にはならなかったが、「ヒヤリ」としたり「ハッ」とした出来事。

16
コマ目

子どもの事故について理解しよう

ヒヤリ・ハット報告は、潜在的な危険因子を見つけ、安全対策に役立てるためのもの。ありのままに書くことが大切です。

重要語句

ハインリッヒの法則

→アメリカのハインリッヒ氏が労働災害事故を調査し、明らかにした。

重要語句

PDCAサイクル

→業務の改善・効率化をめざす方法の1つ。目標を定めて、仕事の質を向上させる。

4 「安全教育」と危険予知トレーニング

　保育者が安全な保育環境を管理するだけでは、子どもの事故をゼロにすることは難しいといえます。やはり子ども自身が自分の安全を守っていけるだけの能力を獲得していくことが大切です。

　確かに子どもは運動能力も判断能力も未熟で、また生活経験が少ないため、危険を回避する能力は低いでしょう。しかし、子どもは成長していく存在です。

　危険な場所、危険な遊び方がわかり、安全に気をつけて行動する能力を身につけられるよう「安全教育」をしっかりと行いましょう。一人ひとりの子どもが理解できるよう、ゆっくりと何度も指導や訓練を行っていきます。安全に行動するためには、2つの能力が必要といわれています。

---

①危険予知能力：危険を早期に察知・気づく能力
②危険対応能力：危険を避け未然に防ぐ能力と、
　　　　　　　　事故にあったときに大人にすぐに知らせる能力

　また、保育者自身も危険に気づく感性や能力を高めるためのトレーニングが必要になります。さまざまな状況のなかに潜む危険を発見できるよう危険予知トレーニング（KYT）*を行っていきます。子どもの体調や心理的な状態、人間関係によっても、事故の発生しやすさは変化していきますので、さまざまな側面から判断していくことが大切です。

おさらいテスト

❶ 子どもの事故のなかで死亡の危険性が高いものは、[　　　　　]、交通事故、溺水事故である。

❷ 事故が起こりやすい場所は [　　　　] で、衝突や転倒が多い。

❸ [　　　　　] については、所管の市町村や都道府県への報告義務がある。

演習課題

チャイルド・マウスで誤嚥しやすいものを知ろう

　子どもが飲み込んで危険があると考えられるものを1人3個以上、準備をしてきてください。

　3歳児の最大口径は約39mm、乳児は約32mm、のどの奥までは約51mmあります。2つのチャイルドマウスを、ハサミとのりを使い作成します。

　グループに分かれて、準備してきたものをそれぞれの口に入れてみて、すっぽりと入る場合は、窒息の危険があります。何が危険であるのか、危険を防ぐためにはどうしたらいいか、グループごとに整理し発表していきましょう。

ヒント：ピーナッツなどの豆類、飴、おもちゃのパーツ、硬貨、ボタン電池、化粧品、薬、
　　　　ジェルボール状の洗剤、アクセサリー、ペットボトルのキャップ、文房具類など

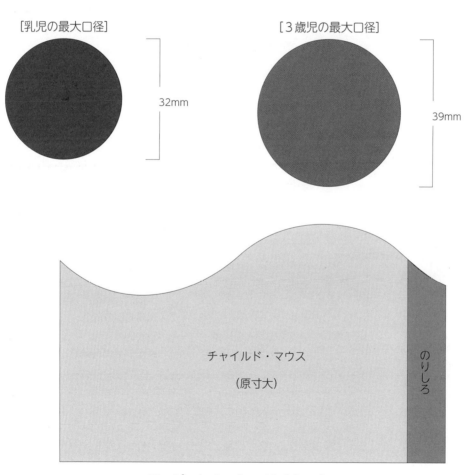

[乳児の最大口径]　　32mm

[3歳児の最大口径]　　39mm

チャイルド・マウス

（原寸大）

のりしろ

※コピーしてつくってみましょう。

出典：生馬医院ホームページ「こどもの事故」をもとに作成（http://www.ikomaiin.com/index.php?こどもの事故#content_1_3　2020年2月5日アクセス）

災害への備えについて理解しよう

1 災害の被害を最少にするためには、計画的・継続的な「避難訓練」や「引き渡し訓練」が大切である。

2 防犯対策では、不審者の侵入を防ぐ対策と、子どもたちへの防犯教育が大切になる。

3 災害などの強い恐怖体験による情緒的に不安定な症状が1か月以上続くものを心的外傷後ストレス障害（PTSD）という。

1 災害への備え

1 災害とは

　災害には、地震や洪水、土砂崩れ、津波といった自然災害（天災）と、火事や交通事故といった人為的な災害（人災）があります。近年、わが国では地震や台風などの自然災害が多発し、さまざまな被害を受けています。こうした災害を受けて、2017（平成29）年改定の「保育所保育指針」には「災害への備え」の項目が新たに追加されました（図表17-1）。

子どもたちの生命を守るために、きちんと備えていきましょうね。

● 図表17-1 「保育所保育指針」「災害への備え」のポイント

①施設・設備等の安全確保	→	・防火設備、避難経路等の安全点検
②災害発生時の対応への備え	→	・緊急時のマニュアル作成 ・定期的な避難訓練実施 ・保護者との連携
③地域の関係機関等との連携	→	・日常的な連携 ・避難訓練時の連携

　災害はいつ発生するのか予測が難しいので、いつ災害が発生しても適切な対応ができるよう、緊急時の具体的な対応手順や役割分担、避難訓練や引き渡し訓練のマニュアルを作成し、定期的に練習し備えておくことが大切です。

2 危険箇所の安全点検

　災害発生時に避難する妨げになりそうな箇所や、ものが散乱したり落下したりするおそれがないか、日ごろからチェックしておくことが大切です。

①ハザードマップの活用

保育施設の立地条件によって、どのような災害が起こりやすく、どのように被害が拡大するおそれがあるのかは、それぞれ異なってきます。河川の氾濫・土砂災害・地震・火山・津波のおそれなど、園周辺地域の地理的特徴によって警戒すべき自然災害は変わってきます。ハザードマップ*を活用し、それぞれの園で、避難する際に必要な情報を記入した防災マップを作成しておきましょう。

②保育室

保育室内の棚やロッカー、ピアノなどが倒れてきて子どもが下敷きにならないよう、固定・転倒点検が最重要となります。また、窓ガラスが割れて子どもがけがをしないよう、飛散防止シートを貼るなどの防止策をとっていきます。

③園庭

災害発生時には園庭に避難することも多いので、二次被害が起きないように、ブロック塀や固定遊具の強度や安定性を点検します。

④消火用具・非常口

消火器の点検や、非常口の誘導灯が常時点灯しているか、照度（明るさ）は適切か、わかりやすい位置に掲示しているかなどのチェックをしていきます。また、警報設備や非常電源がきちんと作動するかの点検も行います。

⑤避難ルート

避難場所までの所要時間、避難方法、避難ルート、避難経路に転倒・転落の危険物や落下物の危険性はないかをチェックしておく必要があります。災害発生時にはどのような状況になるかわかりませんので、避難ルートは2通り以上設定しておきます。

2 定期的な避難訓練の実施

1 避難訓練

地震や火災、豪雨などの災害発生に備えて、防災や危機管理に関する組織的、計画的な取り組みを行い、子どもたちや職員の安全を確保することが大切です。「児童福祉施設の設備及び運営に関する基準」第6条には、非常災害に対しての具体的計画の策定と訓練、避難訓練・消火訓練は、少なくとも毎月1回行うことを定めています。

避難訓練は消防署をはじめ、近隣の地域住民や保護者にも参加してもらい、実際的なマニュアルを作成し行う必要があります。さまざまな状況を想定して訓練を行うことで、災害時の混乱を減少させることができます。

たとえば、図表17-2のようにそれぞれの災害の種類に対して、状況設定を想定します。

重要語句

ハザードマップ

→被害予測地図ともいい、自然災害による被害を予測し、その被害範囲を地図化したもの。

17
コマ目

災害への備えについて理解しよう

転倒予防に耐震マットを活用する施設も増えていますね。

非常口の誘導灯

避難場所までの行き方を繰り返し練習することで、子どもたちも安心します。

●図表17-2　災害の種類と状況設定

| ①さまざまな災害の種類 | 地震、火事、台風（暴風）、竜巻、豪雨、津波、大雪など |
| ②さまざまな状況設定 | 登降園時、園庭で遊んでいるとき
昼食中、午睡中、散歩中
保育室で遊んでいるとき
火事の出火場所を変える |

　また、職員の役割分担を明確にして、責任者不在でも緊急時の対応ができるように準備をしておくことが大切です。

2　引き渡し訓練

　避難訓練では、実際に保護者の方に迎えに来てもらい、子どもたちを確実に引き渡す訓練も行います。園での取り組みを知ってもらうことも大切なことで、災害時のスムーズな避難のためには、保護者の協力が何よりも必要になるからです。

　保護者には園までの経路に危険な場所がないかを確認してもらったうえで、到着までにかかった時間を確認してもらいます。また、車や電車などの交通手段が使えなくなった場合も想定して、徒歩で迎えに来てもらう訓練も行い、同様に到着までの時間を確認します。自宅から迎えに来る場合と、職場から迎えに来る場合ではかかる時間も経路も変わります。安全に確実に引き渡せるよう万全の計画を立てていく必要があります。

3　保護者との連絡

　第一避難場所である園庭が危険な状況になれば、ほかの安全な場所へ子どもたちを移動させますので、保護者との連絡をすばやく確実に行う情報伝達訓練も必要になります。どの避難場所に変更しても確実に引き渡せる訓練を行っていきます（図表17-3）。

●図表17-3　引き渡し訓練

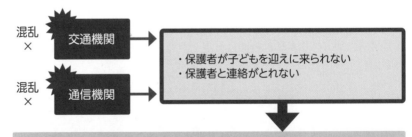

避難訓練で子どもたちに恐怖心を与えすぎないように、まずは警報の音に慣れ、みんなで避難することから、ゆっくり段階的にすすみましょうね。

災害時の役割には
たとえば、
・通報連絡係
・避難誘導係
・初期消火係
・救護係
・物品持ち出し係
などがありますね。

東日本大震災では、交通機関が乱れ、保護者の迎えが難しい状況になりました。

4　防犯訓練（不審者侵入防止）

　園内に不審者が入ってきたり、園外で不審者に出会ったりした際の避難方法を訓練していきます。子どもには知らない人や怪しい人を見かけたら、すぐにその場から離れ、保育者や保護者、まわりの大人に知らせるように指導します。不審者の侵入防止対策は、図表17-4の通りです。

●図表17-4　不審者の侵入防止対策

①来訪者用の入り口からのみ、園に入ることができるシステム
　（外部からの人の出入りを確認する）
②カメラ付きインターホンの設置
③防犯カメラの複数設置
④来訪者には名札やバッジ着用の依頼
⑤降園時に保護者以外の人が迎えに来た場合（たとえ、子どもが知っている
　人だとしても）、事前に保護者から連絡を受けていなければ引き渡すことは
　しない。

5　非常持ち出し物品と備蓄品の準備

　災害発生時には、すぐに非常持ち出し袋（図表17-5）をもって避難することになる可能性があるので、何が必要であるのかを事前に考え、準備しておく必要があります。また暴風警報が発令されたり、大雪で交通機関が停止し帰宅できなくなったりした場合は、子どもと一緒にしばらく園で過ごすことも予想されるので、園内で食糧の備蓄や防寒対策等の準備をしておく必要があります。

　その際に注意することは、食物アレルギーのある子どもの食品もはっきりとわかるように明記して準備することです。また、食品、救急用品は賞味期限、使用期限のチェックを1年に1回は行います。

●図表17-5　非常持ち出し物品

種類	物品
書類	園児名簿　緊急連絡網　アレルギー児一覧表 引き渡しカード　関係機関連絡先 防災マップ　筆記用具・ハサミ　など
食料品	保存水　保存食（米、缶詰、乾パンなど） お菓子（ビスケット、あめ、キャラメルなど） スプーン　紙皿　紙コップ　食品用ラップ
救急用品	常備薬　絆創膏　ガーゼ　包帯　体温計 マスク　湿布　冷却シート　など

犯罪にあわない
約束は？

いかない
のらない（車に）
お声を出す
すぐ逃げる
しらせる

17
コマ目

災害への備えについて理解しよう

避難訓練が終わったら、すぐに振り返りを行い、次の訓練に生かしていきましょう。

甘いお菓子は、子どもたちの不安な気持ちをやわらげる力があります。

光熱用品	懐中電灯　乾電池　ろうそく ライター　マッチ　など
日用品	タオル　ティッシュペーパー　ウェットティッシュ マジックペン　トイレットペーパー　ビニール袋 軍手　防寒グッズ（毛布、ホッカイロ）　ロープ 新聞紙　非常用簡易トイレ　ビニールシート アルコール除菌ジェル　万能ナイフ　ホイッスル　など
乳幼児用品	粉ミルク　液体ミルク*　固形ミルク　哺乳瓶 ベビーフード　紙おむつ　おしりふき おんぶひも　ミニ絵本　おもちゃ　など
情報機器	ラジオ　携帯電話　携帯電話用電池式充電器　など

重要語句

液体ミルク（乳児用調製液状乳）

→調乳済み、滅菌済みで常温保存可能な液体状のミルク。母乳代替食品として2018年に基準が定められ、製造・販売が許可された。水や湯の確保が困難であったり、母乳の不足時、特に災害時に有用。

「しゃがんで」「頭を守って」「先生がいるから安心して」と、声をかけて安心させます。

避難時は、
おさない
かけない
しゃべらない
もどらない
ですよ！

3　災害時の対応

ここでは、それぞれの災害発生時の対応を具体的に見ていきましょう。

1　地震発生時の対応

地震発生時の対応は、図表17-6の通りです。

●図表17-6　地震発生時の対応

 **地震発生** → 室内：あわてて外に飛び出さずに、机の下にもぐる
　　　※保育者はすぐにドアを開ける
園庭：中央に避難し、落下物を避ける

↓

揺れがおさまったら、子どもの所在、負傷者の確認をして、避難路の安全に注意して、避難を開始する
※防災頭巾やヘルメットで頭を保護

↓

安全確認ができたら、確実に保護者に引き渡す

2　火災発生時の対応

火災発生時の対応は、図表17-7の通りです。

● 図表17-7　火災発生時の対応

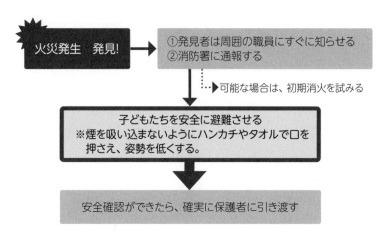

3　不審者侵入時の対応

不審者侵入時の対応は、図表17-8の通りです。

● 図表17-8　不審者侵入時の対応

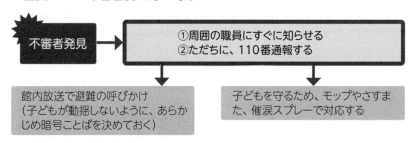

4　災害時におけるこころのケア

1　精神的ストレス反応

　突然の災害に出あうと、誰でも災害直後から不安や恐怖感から強いストレスを受け、情緒的に不安定になります。こうした反応は災害という異常な出来事に対する「正常な反応」であり、適切な対応によって時間とともに軽快していきます。しかし、特に子どもは心理的・身体的な影響を受けやすく、発達段階にも配慮した関わりが大切になります。

　ストレスの程度や現れ方は、災害の状況や程度、その子の年齢や性格特性などによって異なりますが、特徴的な反応は次のものです（図表17-9）。

緊急時は誰でも動揺してしまいます。動揺しても的確に通報できる工夫をしましょう。電話の前に連絡方法を貼っておくといいですよ。

（例）

火事・救急車は119番
①火事・病気・けが
②住所：〇区〇町△×
　名前：〇〇保育園
③目印：〇バス停から
　小学校のわきを通り、
　△パン屋の横

不審者が凶器をもっている可能性もあるので、決して無理はしないようにしましょう。

子どものこころのケアには、保育者が精神的に安定していることが一番大切です。

17コマ目　災害への備えについて理解しよう

心理的反応
①退行現象*：夜尿*、指しゃぶり、過度に甘える
②過敏な反応：音・光・特定の匂いなどに敏感になる。
③集中力の減退：落ち着きがなくなる。すぐに気が散る。
④その他：いらいらする、異様にはしゃぐ、無反応

身体的反応
①不眠：怖い夢を見る、一人で寝ることを怖がる、寝付けない
②その他：食欲不振、頭痛、腹痛、吐き気

重要語句

退行現象

→赤ちゃん返りともいい、年齢よりも低い状態の言動になる状態。

夜尿

→おねしょのこと。

2 心的外傷後ストレス障害（PTSD）

　強い恐怖心によるこころの動揺が1か月以上続く場合は、心的外傷*後ストレス障害という専門的な心理サポートが必要な状態です。子どもが発するサインを見逃さずに注意深く見守っていくことが大切です。

3 子どものこころのケア

　まずは安心感を感じられるようにスキンシップを多くして、安全であることが理解できるように、穏やかな笑顔で接します。このようなとき、子どもはふだんより甘えたりしてきますが、甘えながらつらく悲しい体験を乗り越えようとしていますので、できるだけ求めに応じていきます。そして、何でも話せる環境をつくり、一緒に遊んだりしながら子どもの心に寄り添い、気持ちを受け止めていくことが大切です。

4 保護者や保育者のこころのケア

　子どものこころのケアのためには、保護者や保育者のこころのケアも大切です。「私がしっかりしなければ」という責任感から、自分の気持ちや疲労を後回しにすることが多くなります。自分たちのつらさや思いも言葉に出して語り合う時間をもつことが大切です。そして、意識的に休息をとっていく体制をつくり、お互いにケアをしていきましょう。

重要語句

心的外傷（トラウマ）

→心の傷となるほどの強烈なショック体験、強い精神的ストレスを受けること。

場合によっては、看護師や保健師、地域の小児精神科医、臨床心理士といった専門家の協力が必要になります。連携体制を整えておくことも大切です。

おさらいテスト

❶ 災害の被害を最少にするためには、計画的・継続的な「[　　　　　]」や「[　　　　　]」が大切である。

❷ 防犯対策では、不審者の侵入を防ぐ対策と、子どもたちへの [　　　　　] が大切になる。

❸ 災害などの強い恐怖体験による情緒的不安定な症状が1か月以上続くものを [　　　　　　　　　] （PTSD）という。

演習課題

グループで取り組もう

- -

①災害が発生した時のために保育施設で備蓄しておくべき備品を考えましょう。

　１）まずは各グループでバーチャル保育所・バーチャル幼稚園をつくってください。何
　　　歳の乳児、幼児が何人いて、職員は何人いますか。

　２）11 月に災害が発生し、水道・電気が停止しました。

　３）３日間、子どもたちと一緒に保育施設で生活するためには何がどのくらい必要にな
　　　りますか。

　　　ヒント：食料品、日用品、乳児用品、救急用品、暖房用品、情報機器、調理熱源など。

②避難訓練や防犯訓練では、「おかしも」「いかのおすし」などの標語があります。子ども
　たちが覚えやすい標語を、皆でつくってみましょう。

③子どもたちには、日ごろから防災教育・防犯教育が大切になります。「危険なことから
　自分の身を守るためにはどうしたらよいのか」をわかりやすく子どもたちに伝えるため
　に、皆で絵本をつくってみましょう。

④災害時に使う紙のお皿やコップをつくってみましょう。

　新聞紙やチラシを何枚か、各自持ってきてください。

　さまざまな容器をつくり、ラップやポリ袋をかぶせて、実際に使ってみましょう。

子どもの体調不良への対応について理解しよう

今日のポイント

1 子どもは自分の体調を上手に訴えることができないので、保育者が異常に早く気づくことが大切である。

2 医療機関をすぐに受診したほうがよい重症な場合には、保護者にすぐに連絡し、救急車を呼ぶ必要がある。

3 保護者から与薬を依頼されたら、必ず「与薬依頼票」を記載してもらい、確認サインや保管をきちんと行う。

1 子どもの発熱への対応

1 発熱のメカニズム

子どもは身体機能や免疫機能が未熟なため、ウイルスや細菌などの病原体による感染症にかかりやすい状態にあります。感染症による発熱は、感染によって産生された発熱物質が、体温調節中枢＊を刺激（高い温度にセット）して体温を上昇させることで起きます。

ウイルスや細菌などは熱によって活動が抑えられます。つまり発熱は病原体から身体を守る、大切な防御反応といえます。

2 発熱とは

子どもの体温は、37.2℃までが平熱です（図表 18-1）。

> 37.5℃以上：発熱
> 37.6 ～ 37.9℃：微熱
> 38.0 ～ 38.9℃：中等熱
> 39℃以上：高熱

重要語句

体温調節中枢

→体温調節中枢は間脳の視床下部にあり、体温を一定に保つ働きがある。

むやみに解熱剤を使ってはいけませんね。

●図表18-1 子どもの体温

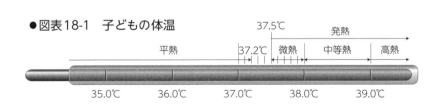

3　発熱と免疫

　子どもは胎盤や母乳を通して母親から免疫をもらっています（これを受動免疫という）。生後6か月ごろからはその免疫がなくなってしまうため、そのころから感染症にかかりやすくなります。生後6か月以降は、感染症にかかるごとに免疫を獲得していきます（獲得免疫という）。

4　観察するポイント

　観察するポイントは以下の通りです。

> 全身状態：機嫌、元気、顔色、食欲、悪寒*、けいれんなど
> ほかの症状：咳、鼻汁、嘔吐、下痢、発疹、脱水症状など

5　対応

　発熱時の対応は以下の通りです。

> ◎**心身の安静**：静かな環境でお絵かきや絵本の読み聞かせをします。
> 　　　　　　　悪寒時→毛布をかけ保温に努める。
> 　　　　　　　発熱時→かけものや寝衣を薄くして、熱の放散を促す。
> ◎**水分補給**：体温が上がると脱水状態になりやすいので、吐き気がなければ、白湯、子ども用イオン飲料、番茶などを飲ませます。
> ◎**着替え**：発汗がみられたら、湯でしぼったタオルで身体を拭き、濡れた衣服は着替えさせます。
> ●**伝染性の病気**（発疹・高熱など）が疑われる場合は、他児と接触しないように別室で保育を行います。また、38℃以上の熱が下がらない、ぐったりとしている、けいれんがある、脱水症状があるなどの場合には、すぐに保護者に連絡し医療機関を受診する必要があります。

観察するポイントは次頁の通りです。

2　子どもの下痢への対応

1　下痢とは

　下痢便とは、水分の多い液状便を頻回に排出することで、かゆ状または泥状、水様の便が排出されます。身体に侵入してきた病原体（ウイルスや細菌など）を早く排出しようとするための作用です。それ以外にも冷え、食物アレルギー、心因性もあります。

2　観察ポイント

　観察するポイントは次頁の通りです。

重要語句

悪寒

→発熱時、セットされた温度まで体温を上昇させようとして、皮膚血管の収縮や筋肉の震えが起き、強い寒気を感じること。

発熱は、体力を消耗させます。なるべく静かに過ごせるように工夫していきましょう。

プラスワン

生後3か月未満の発熱

生後3か月未満の乳児の発熱は重大な病気が隠れている可能性もあるのでただちに受診させる。

18コマ目　子どもの体調不良への対応について理解しよう

かぜを引いたときなどにも下痢をすることがあります。

果汁飲料や糖分の多い飲み物は、下痢症状を悪化させるので、だめですよ。

✏️ 重要語句

腸重積症

→腸と腸が重なり、腸が閉塞してしまう病気。痛みが強い（➡12コマ目を参照）。

髄膜炎

→脳を保護している髄膜・髄液が細菌やウイルスに感染する病気（➡12コマ目を参照）。

吐物のにおいで嘔吐が誘発されますので、すぐに換気をしましょうね。

便の性状：色、かたさ、量、におい、回数
ほかの症状：腹痛、吐き気、嘔吐、発熱、脱水症状
肛門周囲の皮膚の状態

3 対応

下痢のときの対応は以下の通りです。

◎**水分補給**：吐き気がなければ、少量ずつこまめに水や子ども用イオン飲料、番茶などを飲ませます。食事は軟らかく消化のよい、おかゆやスープ、白パンやうどんなどを少量ずつ時間をかけて食べさせます。

◎**おしりの清潔**：下痢は排便回数も多く、皮膚への刺激が強いため、発赤やただれが生じやすくなります。便が出たら、ぬるま湯で優しく洗い流していきます。

●ほかの症状をともない感染症が疑われる場合は、他児と接触しないように別室で保育を行います。また、ぐったりしていたり、発熱、嘔吐、腹痛がある場合や、便に血液が混入している場合には、すぐに保護者に連絡し医療機関を受診する必要があります。

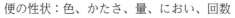

3　子どもの嘔吐への対応

1 嘔吐とは

嘔吐（おうと）とは、胃内容を口から排出することです。乳児は胃が縦長の形をしていて、胃の入口（噴門／ふんもん）の筋肉も未発達のため、哺乳中や哺乳後にだらだらとミルクが流れ出ることがありますが、これは溢乳（いつにゅう）といい、病的なものではありません。嘔吐には、胃腸炎や腸重積症＊など消化器系から生じる嘔吐と、髄膜炎＊など脳の病気からくる嘔吐があります。また、子どもは咳や泣くことの刺激、食べすぎによっても嘔吐しますので、ほかの症状もよく観察していきましょう。

2 観察ポイント

観察するポイントは以下の通りです。

嘔吐の状態：時間、回数、量、吐物の色、におい
ほかの症状：発熱、頭痛、下痢、腹痛、咳

3 対応

嘔吐時の対応は以下の通りです。

◎**心身の安静**：子どもは動揺していますので、安心するように優しく声をかけます。

◎**誤嚥・窒息の予防**：顔を横にむかせたり、身体を横向きにしたりします。口をゆすげるようならゆすいでもらいます。

◎**水分補給**：吐き気がある間は、無理に水を飲ませないようにします。落ち着いてきて30分以上経過したら、少量ずつ何回かに分けて水や子ども用イオン飲料、番茶などを飲ませ、徐々に量を増やしていきます。

●頭部打撲の後の嘔吐、意識がぼんやりとしているとき、顔色が悪くぐったりしているとき、吐き気がとまらないとき、嘔吐を繰り返すとき、腹痛や下痢、吐物に血液が混じっているときは、保護者に連絡し医療機関を受診する必要があります。

---

4 子どもの咳への対応

1 咳とは

咳にはコンコンという痰のからまない乾性の咳、ゴホンゴホンという痰のからんだ湿性の咳があります。咳は、ほこりや細菌・ウイルス、分泌物などを気道から排出させ、感染から身体を守り、呼吸を楽にするための防御反応です。

2 観察ポイント

観察するポイントは以下のとおりです。

咳の観察：種類、持続時間、出やすい時間帯
ほかの症状：発熱、チアノーゼ、呼吸困難、喘鳴

---

3 対応

咳のときの対応は以下の通りです。

◎**楽な姿勢**：上半身を高くし、前かがみになる（起座呼吸）と呼吸が楽になります。

◎**水分補給**：痰の切れがよくなるため、水分を少量ずつ飲ませます。

子どもは脱水症状を起こしやすいので、子どもの様子をしっかり観察して水分補給をしていきましょうね。

18
コマ目

子どもの体調不良への対応について理解しよう

咳エチケット（➡21コマ目を参照）も大切ですね。マスクを着用し、咳をするときは、ティッシュか腕の内側で口と鼻をふさぎ、人のいないほうを向きましょう。

●発熱していて感染症が疑われる場合は、保護者に連絡して医療機関を受診するようにすすめます。また、喘鳴や呼吸困難がみられる場合も医療機関を受診する必要があります。

5 子どもの痛みへの対応

1 痛みとは

痛みには何らかの病気からくる頭痛、腹痛、歯痛、胸痛、咽頭痛、関節痛、けがの痛み、あるいは心理社会的な問題*から生じる痛みもあり、生体防御のための警告として現れてきます。たとえ原因がはっきりしていなくても、何らかの理由から痛みを感じていますので、私たちは痛みに共感し、子どものこころに寄り添うことが大切になります。痛みの原因には下記のようなものが考えられます。

頭痛：かぜやインフルエンザ、頭部外傷、中耳炎や副鼻腔炎、遠視など
腹痛：便秘、腸重積症、下痢、腹部外傷、心理的ストレスなど

2 観察ポイント

観察するポイントは以下の通りです。

痛み：どこが、いつから、どのように、強さ、訴える内容、姿勢、表情

3 対応

痛みがあるときの対応は、以下の通りです。

◎安静：静かな明るすぎない部屋で、衣服をゆるめて子どもが楽な姿勢で休ませます。頭痛の場合、頭を冷やすと楽になることもあります。
◎不安の軽減：痛みによる恐怖心で緊張していると、よけいに痛みが増強します。そばにいて優しく声をかけ不安を和らげていきます。
●痛みが激しい、軽減しない、ぐったりしている、発熱や嘔吐、血便*がみられるといった症状がある場合は、すぐに保護者に連絡して医療機関を受診する必要があります。

🖊 **重要語句**

心理社会的な問題

→不安や悲しみ、恐怖心といった心理的ストレスや、家族やまわりの人との人間関係における社会的ストレスを指す。

子どもは痛みをうまく表現できません。表情や元気・機嫌、姿勢などから、私たちが早く気づいてあげましょう。

🖊 **重要語句**

血便

→便に血液が混じること。胃腸などからの出血が考えられる。

6　子どもの熱性けいれんへの対応

1　けいれんとは

けいれんとは、何らかの原因により脳の神経細胞が興奮し、筋肉が収縮し、がたがた震えたり硬直したりする症状です。子どもに多いのは突然の発熱の前（38℃以上）に起こる「熱性けいれん」です。突然、意識がなくなり、眼球が上にいき（白目になり）けいれんを起こします。けいれんの種類には全身が硬直する硬直性けいれん、手足をがくがくと震わせる（屈曲・伸展を繰り返す）間代性けいれんがあります（図表18-2）。

● 図表18-2　硬直性けいれんと間代性けいれん

硬直性けいれん

間代性けいれん

2　観察ポイント

観察するポイントは以下の通りです。

◎症状の観察：けいれんの持続時間、けいれんの種類、けいれんの様子（全身か左右どちらかのみか・手足のみか）、体温、意識障害の有無

3　対応

けいれんへの対応は以下の通りです。

◎安静：衣服をゆるめるのみで、ゆり動かしたり、大声で名前を呼ぶなど刺激を与えるようなことはしない。
◎窒息予防：顔を横にむける。
◎観察：けいれんの種類や呼吸状態、顔色を注意深く観察する。
◎記録：けいれんの起きた時間、種類などを記録しておく。
● 熱がなく意識障害*があるけいれんは、てんかん*の可能性が高い。熱が高く嘔吐や意識障害があるけいれんは、髄膜炎や急性脳症の可能性があるので、すぐに保護者に連絡して医療機関を受診する必要があります。

18コマ目

子どもの体調不良への対応について理解しよう

🖊 **重要語句**

意識障害

→呼びかけや刺激に対する反応がはっきりしない状態。全く反応がない、開眼だけする、あやふやな返事をするなど程度はさまざま。

てんかん

→脳の神経細胞が突然、過剰に興奮して発作的にけいれん・意識喪失などの症状を現す疾患。治療には抗てんかん薬の服用がある。
➡26コマ目を参照

●熱性けいれんの場合は、たいてい数分でおさまります。けいれんが10分以上止まらない場合や意識が回復しない場合は、すぐに救急車を呼びます。

 7　子どもの脱水への対応

1　脱水とは

　脱水とは、何らかの原因により体内から多量の水分と電解質が失われた状態をいいます。水分は、飲み物・食べ物から身体のなかに入り、尿・便・汗・不感蒸泄*（ふかんじょうせつ）によって身体から出ていきます。脱水の原因は、発熱による発汗や不感蒸泄の増加、胃腸炎による下痢や嘔吐、食欲不振や水分摂取量不足などです。

2　観察ポイント

　観察するポイントは下記の通りです。

> 全身状態：元気がない、不機嫌、皮膚・口唇・口腔内の乾燥、皮膚の弾力低下、体温・呼吸数・脈拍数の増加、尿量の減少

3　対応

　脱水への対応は下記の通りです。

> ◎水分補給：子ども用イオン飲料、経口補水液、白湯などを少量ずつ、頻回に飲むように促します。
> ●39℃以上の発熱や下痢や嘔吐が続いていたり、口からの水分摂取が難しい場合は、すぐに保護者に連絡し、医療機関を受診する必要があります。

4　脱水を引き起こす熱中症

　熱中症においても脱水が起こります。予防方法は下記の通りです。また、熱中症の程度と対応については図表18-3の通りです。

> ①暑さを避ける：暑さ指数が28℃を超えたら、屋外での激しい運動は避ける。帽子をかぶり、15分ごとに日かげで休憩し水分補給する。
> ②子どもをよく観察する。
> ③水分補給をする。

📕重要語句

不感蒸泄

→ 皮膚や呼気（吐いた息）から水分が失われること。

🗨プラスワン

熱中症の危険度

環境省は熱中症の危険度の判断のために、暑さ指数（WBGT）を発表している。

暑い日は、室内でも熱中症になります。気をつけてくださいね。

● 図表18-3　熱中症の程度と対応

Ⅰ度（軽度）	めまい、立ちくらみ	日陰で楽な姿勢になる。濡れタオルで拭く。水分補給。
Ⅱ度（中等度）	頭痛、吐き気、だるさ、虚脱感	救急車を呼ぶ。対応は軽度と同じ。
Ⅲ度（重度）	意識障害、けいれん、高熱	

出典：環境省環境保健部環境安全課『夏季のイベントにおける熱中症対策ガイドライン2019』2019年、4頁

8　薬の取り扱い方

1　薬の管理

①与薬依頼票

「保育所保育指針解説」において、保育所で薬を与えられるのは、「医師の診断及び指示による薬」と限定されています。したがって、保護者から1）医師名、2）薬の種類、3）内服方法等が具体的に記載された「与薬依頼票」を持参してもらう必要があります。

②保管場所・施錠

紛失やほかの子どもが間違って内服することのないように、施錠できる場所に保管します。シロップや軟膏、坐薬などは冷蔵庫保存の場合もあります。

③すべての薬に記名

個々の薬の袋、容器、軟膏や目薬にも記名をしてもらいます。水薬・粉薬はその日に与薬する分しか預からないようにします。

④ダブルチェック

与薬の間違いが起こらないように、子どもの名前、薬の名前、量、時間、飲ませ方などを、2人で声を出しながら確認を行います。

2　薬の使い方

①粉薬

小皿に出し、ごく少量の水で溶き、スプーンやスポイト、小さなコップで飲ませます。その後、水を飲ませて飲み残しがないようにします。

乳児の場合は、ごく少量の水で団子状にしたものを、指先に乗せてほおの内側や上あごにつける方法もあります。

②水薬・シロップ

必要があれば容器を振り、指示書から1回分の量を確認して、スプーンや小さなコップに移して飲ませます。

③ぬり薬

軟膏などのぬり薬は、指示された回数に従って使用します。1日に何回でも使用できる薬もあれば、ステロイド剤などのように1日に使用できる回数が決められている薬もあります。1回量は何cmくらい出すのか、

家庭での飲み方を「与薬依頼票」に書いてもらうといいですね。

ミルクや離乳食に薬を混ぜてはいけません。その後、ミルクや離乳食をいやがるようなこともありますし、残してしまうと決められた量を服用できなくなります。

与薬するときには、必ず手を洗いましょうね。

18
コマ目

子どもの体調不良への対応について理解しよう

147

どのくらいの範囲に塗るのかを与薬依頼票に記載してもらいます。

④坐薬

肛門に入れて使用する薬のことです。坐薬には熱を下げる薬、吐き気止め、けいれん止めなどがあります。特に坐薬は、肛門からの出血の可能性や、効果が早いという特徴があるため、特別な場合を除いて保育所では使用しません。

9 罨法

罨法とは、身体の一部を温めたり冷やすことで、痛みなどのさまざまな症状を和らげる治療法です。罨法には温罨法と冷罨法があり、どちらも実施した際にはこまめに観察を行い、効果や副作用を確認します。

1 温罨法

痛みの緩和や寒気があるときに、身体を温めるために使います。湯たんぽ、蒸しタオル、ホットパックなどがありますが、低温やけどに十分に注意して、身体から 10cm 以上は離して使います。

2 冷罨法

発熱時、掻痒感や炎症、痛みの緩和に使います。氷枕、氷のう、市販の冷却枕などがありますが、必ずタオルやカバーで包んで使用します。

おさらいテスト

❶ 子どもは自分の体調を上手に訴えることができないので、[　　　　　]が異常に早く気づくことが大切である。

❷ 医療機関をすぐに受診したほうがよい重症な場合には、保護者にすぐに連絡し、[　　　　]を呼ぶ必要がある。

❸ 保護者から与薬を依頼されたら、必ず「[　　　　　　]」を記載してもらい、確認サインや保管をきちんと行う。

子どもの体調不良への対応を理解しよう

演習テーマ 1　氷枕・湯たんぽをつくってみよう

【氷枕のつくり方】
①氷に水をかけて角をとる（ごつごつしていると寝心地が悪い）
②枕の半分くらいまで氷を入れて、その後水を入れる。
③空気を抜くようにして、氷枕の口をクリップでとめる。
④クリップでとめたあとは、必ず水が漏れないかを確認する。
⑤タオルやカバーで包む。

【湯たんぽのつくり方】
① 55 ～ 60℃の湯を半分から 3 分の 2 くらいまで入れる。
②空気を抜くようにして口を閉じる。
③湯がもれないかを確認する。
④タオルやカバーで包む。

演習テーマ 2　ダブルチェックの練習をしてみよう

①与薬依頼票を各自作成してみます。
② 2 人 1 組になり、指を指し、声を出して、確認していきます。
③受領者サインをします。

演習テーマ 3　自作のフェイススケールをつくってみよう

　子どもは痛みを上手に表現することが難しいので、子どもが自分の痛みを表現しやすいように、フェイススケールを活用していきます。いろいろなキャラクター（たとえばアンパンマン、ドキンちゃん、ドラえもんなど）を使って、0「まったく痛みがない」から、5「我慢できない強い痛み」までの 6 段階でフェイススケールを作成しましょう。

演習テーマ 4　グループで考えてみよう

　発熱していたり体調が悪いときには、安静にしながらの保育を心がけます。安静を守りながらの遊びには何がありますか。どのような工夫をしていくのかをグループでたくさんあげてみてください。

18
コマ目

子どもの体調不良への対応について理解しよう

子どもの応急処置・救急処置について理解しよう

1 応急処置の基本

1 事故発生時のポイント

子どもが思いがけない事故にあい、けがをした場合には、まず落ち着いて適切な観察と判断、対応が必要となります。各職員が役割を把握し、どのような流れで行動すべきなのか、また応急処置の具体的な方法などの実践的なマニュアルを作成し、日ごろから練習をしておくことが大切です（図表 19-1）。

● 図表 19-1 応急処置のマニュアル

応急処置の目的	保育者の行動
1. 状態の悪化を防ぐ	・不安を取り除くために、そばにいて優しく声をかける ・安静と保温 ・協力者を呼ぶ
2. 適切な観察をする	・けがの状態、全身の状態、子どもの訴えを聞く
3. 適切な判断をする	・救急車をただちに呼ぶべきか、応急処置で経過観察すべきか

ただちに119番通報

①大出血　②意識障害　③呼吸困難
④心機能障害　⑤中毒*　⑥誤飲
⑦大きな熱傷　⑧ショック症状

事故が起きると、私たちも動揺してしまいますが、子どもたちのほうがショックを受けています。「大丈夫よ」とやさしく声をかけましょうね。

✏ 重要語句

中毒

→薬、たばこ、洗剤などを間違って飲んでしまった状態。

2 事故発生時の流れ

事故発生時の流れは図表19-2の通りです。

●図表19-2 事故発生時の流れ

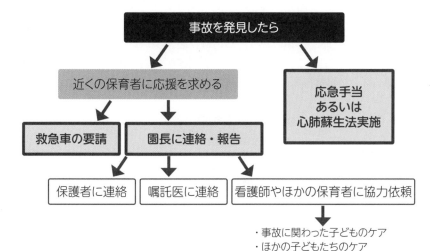

3 事故後の対応

　事故が発生した際には、保護者や関係機関にきちんと報告をしていきます。そのためにも、経時的な記録を書くことも大切です。

記録のポイント	
①日時	②事故にあった子どもの氏名
③発生場所	④事故の状況
⑤けがの内容や症状	⑥応急処置など園での対応
⑦保護者への連絡事項	⑧記載者名

　そして以上のような記録から、事故やけがの発生原因を追究し、再発防止対策の検討を行っていきます。

2 応急処置の方法

1 すり傷・切り傷

すり傷や切り傷は、以下のような手順で処置します。

①傷口を流水（水道水）で十分に洗い流す。　→　重要！
②砂や泥が残っていたら、できるだけ綿棒やガーゼで取り除く。
③絆創膏や清潔なガーゼを当てて、傷口を保護する。

けがや事故をめぐる、保護者とのトラブルを未然に防ぐためにも、記録や連絡は大切ですよ。

消毒薬は皮膚を損傷させ、傷の治りが悪くなるため、今はほとんど使わなくなりました。

19 コマ目

子どもの応急処置・救急処置について理解しよう

出血がなかなか止まらなかったり、傷口が深いときや、汚れた場所でけがをした場合は、病院を受診し医師の診察を受けます。

2　頭部打撲

子どもたちは熱中するとまわりが見えなくなってしまうので、子どもどうしでぶつかったり、ブランコやすべり台から落ちて頭をぶつけたりしやすくなります。頭部打撲のときの対応は、図表19-3の通りです。

●図表19-3　頭部打撲のときの対応

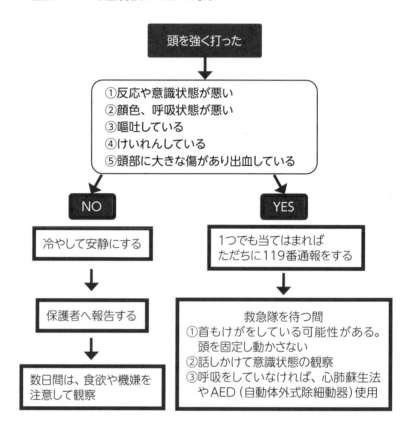

高いところから転落したときは、動かすことで状態の悪化につながるので、その場から移動させないでね。

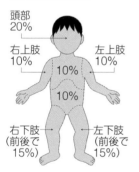

熱傷の広さの目安

頭部
20%

右上肢
10%

左上肢
10%

10%

10%

右下肢
(前後で
15%)

左下肢
(前後で
15%)

最低でも20〜30分は流水で冷やしましょうね。

3　やけど（熱傷・火傷）

やけどの重症度は「深さ」（図表19-4）と「広さ」で決まります。やけどの手当てのしかたは図表19-5の通りです。

●図表19-4　熱傷の深さ

	皮膚の状態	痛みの程度
第一度	皮膚が赤くなる	ヒリヒリする痛み
第二度	皮膚が赤く、水疱ができる	やけるような激しい痛み
第三度	皮膚組織が死に（壊死）、青白色や黒く焦げた状態になる	痛みのない場合が多い

● 図表19-5　やけどの手当て

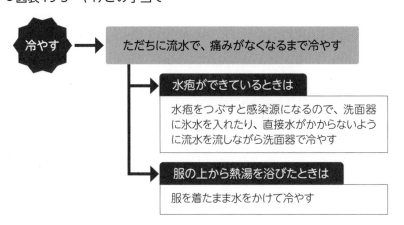

冷やす　→　ただちに流水で、痛みがなくなるまで冷やす

水疱ができているときは

水疱をつぶすと感染源になるので、洗面器に氷水を入れたり、直接水がかからないように流水を流しながら洗面器で冷やす

服の上から熱湯を浴びたときは

服を着たまま水をかけて冷やす

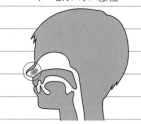

キーゼルバッハ部位

子どものやけどの範囲が体表面積の 10 ～ 15％以上に及ぶ場合は、生命の危険があるため、ただちに救急車を呼ばなければなりません。

4　鼻出血・出血

①鼻出血

鼻の中には毛細血管が集まっている部位（キーゼルバッハ部位）があり、少しの刺激でも出血しやすくなっています。鼻出血の手当ての方法は以下の通りです。

①いすに、やや前かがみに座らせる（あごを引かせる）。
②小鼻（キーゼルバッハ部位）をつまんで圧迫止血を行う。
③止血後は、鼻をかんだりせず静かな遊びをする。
④ 10 分間くらいで止まることが多いが、なかなか止まらない場合は耳鼻科を受診する。

鼻出血はポタポタとしたたり落ちるように出血します。あわてず子どもの肩を抱いて安心させてあげましょう。

②出血

止血法には直接圧迫止血と間接圧迫止血があります。出血部位を心臓よりも高くすると、血液が止まりやすくなります。

1）直接圧迫止血

傷口に直接、清潔なガーゼやハンカチなどを当てて強く押さえながら、数分間圧迫します。感染予防のため血液にふれないように、ビニール手袋やビニール袋を使用して圧迫することが大切です。

2）間接圧迫止血

傷口よりも心臓に近い動脈を指や手で圧迫します。たとえば、指先の出血の場合は、指のつけ根を両側からはさんで強く圧迫します。

5　骨折・脱臼・捻挫など

骨折・脱臼・捻挫は、骨や関節に、強い力が外部から加えられて起こり

手による直接圧迫止血

感染予防のため、ビニール袋や手袋をして止血する

指をけがしたら

指のつけ根を両横から強く押す（指動脈の圧迫）

ます。激しい痛み、腫れ、変形、皮膚の変色などの症状が出ます。

患部の安静を保ち、動かないように固定してから、病院を受診します。固定に使用するものは、段ボール、細長い板、ものさし、雑誌、傘など身近にある固いもので代用して構いません（図表19-6）。

●図表19-6　骨折の手当て

ひじ　　　　　　　　　　下肢

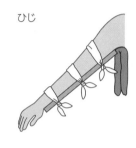

突き指は指の第一関節の捻挫、脱臼、皮下骨折などが起こっている場合があります。RICE*で応急処置を行います。

肘内障（ちゅうないしょう）は子どもの手を急に引っ張ったり、手をつかんで身体を持ち上げたりしたときに、ひじの関節がずれた状態のことです。RICEで応急処置を行い、整形外科を受診します。

６　異物による事故

①目に異物が入る

こすると角膜を傷つけるので、こすらないように指導します。静かに目を閉じていると涙が出て、一緒に出ることもあります。取れない場合は水か目薬で洗眼し、無理なようなら眼科を受診しましょう。

②耳に異物が入る

耳に虫が入ったときは、部屋を暗くして懐中電灯などの光を耳に近づけると出てくることがあります。無理に取ろうとすると鼓膜を傷つけるので耳鼻科を受診しましょう。

③鼻に異物が入る

まずは大きく息を吸い込み、異物の入っていないほうの鼻を押さえ、口を閉じて「ふん」と勢いよく鼻をかんでもらいます。うまくできなければ実演して見せましょう。それでも出てこなければ耳鼻科を受診しましょう。

④気道に異物が入る（誤嚥・窒息）

気道にものが入ってしまうことを誤嚥（ごえん）といい、気道がふさがれてヒューヒューという音が聞こえたり、呼吸困難や窒息するおそれがあります。子どもが多く誤嚥してしまうものは、ボタン、ピーナッツ、もち、ゼリー、ガム、あめ、小さなおもちゃ、たばこ、がびょうなどです。

ただちに救急車を呼び、異物除去のために、乳児・幼児に背部叩打法（こうだ）を行います。背部叩打法で排出されない場合、幼児であれば、ハイムリック法（腹部突き上げ法）を行います（図表19-7）。

関節の変形を元に戻そうとしたり、引っ張ったり、回したりしてはいけません。曲がったままで固定しましょう。

✏️ **重要語句**

RICE

R（Rest）安静
　（悪化を防ぐ）
I（Iceing）冷やす
　（痛みの軽減）
C（Compression）
　包帯などで圧迫（出血や腫れを防ぐ）
E（Elevation）挙上
　（けがをしたところを高い位置に保つ）

反応がなくなった際は、胸骨圧迫から心肺蘇生法を開始します。

● 図表19-7　背部叩打法とハイムリック法

乳児の背部叩打法

頭が下向きになるように支えて、肩甲骨の間を手のひらのつけ根で繰り返し叩く

年長児のハイムリック法

子どもの胃の辺りに握りこぶしを当てて、上のほうにすばやく数回押し上げて圧迫する

ハイムリック法を行った際は、異物が除去できても臓器の損傷のおそれがあるので医療機関を受診します。

⑤ **胃に異物が入る（誤飲）**

　食べ物ではないものを飲み込んでしまうことを誤飲といいます。対応としては、「何を」飲んだのか、「どのくらい」飲んだのかを確認し、吐き出すことができるようならば吐き出させます。意識がないとき、深刻な症状が出ているときは、ただちに119番通報をし、同時に中毒110番に連絡し適切な対応を聞きましょう。中毒110番とは、子どもが毒性の高いもの（たばこ、医薬品など）を飲み込み対応に困った際に緊急情報を提供する電話窓口で、365日24時間体制です。

　また、嘱託医や保護者にも連絡したり、受診する際には飲んだものの容器や残りを持っていきましょう。

3　応急処置

　呼吸停止、心停止、もしくはこれに近い、生命の危機に陥っている子どもを救命するための処置を救急処置といい、心肺蘇生法（CPR、図表19-8)*と自動体外式除細動器（AED)*の使用を指します。

1　心肺蘇生法の手順

　心肺蘇生法の手順は次頁の通りです。

プラスワン

誤飲

ただし、灯油やボタン電池、漂白剤やトイレ用洗剤などは、吐かせてはいけない。

重要語句

心肺蘇生法（Cardio-Pulmonary Resuscitation：CPR）

→意識障害、呼吸停止、心停止もしくはこれに近い状態に陥ったとき、呼吸、循環を補助し、救命するための処置のこと。

自動体外式除細動器（AED）

→心臓の動きが不規則な状態に陥っているときに、電気的な刺激を与えて元の状態に戻す装置。

19 コマ目　子どもの応急処置・救急処置について理解しよう

乳児の胸骨圧迫

幼児の胸骨圧迫

回復体位

胸骨圧迫をすると
きは、ひじをまっす
ぐに伸ばし、子ど
もの真上から垂直
に押しましょう。

●図表19-8　心肺蘇生法

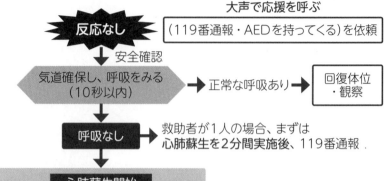

反応なし

大声で応援を呼ぶ

（119番通報・AEDを持ってくる）を依頼

安全確認

気道確保し、呼吸をみる
（10秒以内）　→　正常な呼吸あり　→　回復体位・観察

呼吸なし　→　救助者が1人の場合、まずは
心肺蘇生を2分間実施後、119番通報

心肺蘇生開始

ただちに**胸骨圧迫**
（心臓マッサージ）開始※

圧迫は、強く（胸の厚さが1/3くぼむ程度）、
速く（100〜120回/分）、絶え間なく
（AED装着まで、あるいは
専門家に引き継ぐまで継続する）

※圧迫後、胸の高さが元に戻るよう、
　気をつけながら、次の圧迫を行う

乳児には口と鼻の両方に
息を吹き込む

人工呼吸の準備ができたら
30:2で人工呼吸も加える※

1歳以上は鼻をつまんで
口から息を吹き込む

※1回の吹き込みに1秒かける

AED装着

心電図解析

電気ショックの必要性

必要あり　　　　　**必要なし**

電気ショック1回
その後ただちに
胸骨圧迫から再開

ただちに
胸骨圧迫から再開

①反応確認：鎖骨の上を叩いたり、足の裏を軽く叩いたりしながら、
　　「○○ちゃん！」と呼びかけ、反応を確認する。
②反応がなければ、ただちに大声で応援を呼び、そばにいる人を指名
　して、119番通報とAEDを依頼する。
③呼吸の確認：胸と腹部が上下するか、片手を胸に置いて動きを見る。
④呼吸をしていない（あるいは、はっきりわからない）ならば、ただ
　ちに胸骨圧迫を開始する。
　・乳児：両乳首を結ぶ中央すぐ下の胸骨上に指2本を置いて圧迫。
　・幼児：胸の真ん中、胸骨の下半分を片手または両手のつけ根で圧
　　迫。
　乳児も幼児も、胸の厚さの1/3程度沈むように押す。
　圧迫回数は1分間に100〜120回のテンポで、続けて30回圧迫する。

⑤気道確保と人工呼吸

　額に手を置き、もう片方の手の指であごを上げ、空気が通りやすくする。頭部後屈あご先挙上法と呼ぶ。胸骨圧迫30回に対して人工呼吸2回の組み合わせを繰り返す。

2 　AED操作の手順

AEDの操作の手順は以下の通りです。

①AEDの電源を入れる（準備ができるまで胸骨圧迫を続ける）。
②電極ケーブルをAED本体に差し込む。
③電極パッドを貼る
　・パッドに描かれている絵の通りに貼る。
　・子ども用がなければ大人用で代用する。
　・パッドが重なるときは、体の前後に貼る。
　・汗をかいていたらタオルで拭き取る。
④解析開始のボタンを押す（体にふれない）。
⑤電気ショック
⑥終了したら、ただちに胸骨圧迫30回で始まる心肺蘇生法を開始する。
●子どもが泣き出し、手足を普通に動かした場合か、救急隊に引き継ぐまでは、心肺蘇生法を中止したり、AEDのパッドをはがしてはいけない。

おさらいテスト

❶ 頭部打撲の場合、重症である場合はただちに［　　　　］を行う。
❷ 誤嚥のときは背部叩打法を行い、排出されない場合、幼児であれば
　［　　　　］を行う。
❸ 心肺蘇生法の胸骨圧迫は、胸の厚さの［　　　　］程度沈み、100～120
　回/分のテンポで行う。

19
コマ目

子どもの応急処置・救急処置について理解しよう

応急処置を理解しよう1

演習テーマ 1 シミュレーション学習をしてみよう

　次のような事故が発生したとき、どのように救急車を呼ぶのか、その場の保育者になりきり、消防センターに連絡をしてください。3人グループとなり、保育者役・消防センター役・記録評価役になります。事前に話すことをそれぞれ準備して練習しましょう。たとえば、「園庭で遊んでいて、ブランコから落ちて頭を打った」「トイレ用洗剤を飲んでしまった」「あめを持っていて、のどにつまってしまった」などです。

【手順】
① 119番を回す。
②「救急車をお願いします」
③住所、園名、目標物　「○○区　○○町　○○番地の△△保育園です。○○道路沿いの園庭にいますので、そこから入ってきてください」
④子どもの年齢、性別、名前　「○歳　男の子　○○○○ちゃん」
⑤子どもの状況（準備した内容で話してみましょう）
⑥行った応急処置（例）「呼吸も浅いので心肺蘇生を開始しています」
　　　　　　　　　　　「意識があり水を飲ませました」
　　　　　　　　　　　「背部叩打法とハイムリック法を行いましたが、出てきません」
⑦現在の状態（例）　　「意識もなくぐったりしています」
　　　　　　　　　　　「静かに横になっています」
　　　　　　　　　　　「呼吸が苦しそうです」
⑧指示を仰ぐ　　　　　「救急車が来るまで、どうしたらいいでしょうか」

演習テーマ 2 モデル人形を使って心肺蘇生法を理解しよう

　5人のグループで行いましょう。
A：発見者（心臓マッサージ・人工呼吸施行）
B：呼ばれて119番通報
C：呼ばれてAEDを持ってくる（操作）
D：Aとともに心臓マッサージ・人工呼吸施行
E：記録評価係（評価表を作成しておく）

Aは観察→大声で応援を呼ぶ→呼吸の観察→胸骨圧迫（100～120回／分）→人工呼吸（胸骨圧迫30回と人工呼吸2回）→CはAEDを開きパッドを装着し電気ショック→Dは胸骨圧迫再開→Bは救急車が来たことを告げる

演習課題

応急処置を理解しよう2

演習テーマ 1 救急箱の中身を考えてみよう

　子どもの突然の事故や病気のときにすばやく対応できるように、救急箱に必要なものを
そろえておく必要があります。何を入れておいたほうがいいか、グループに分かれて考え
てみましょう。

演習テーマ 2 絆創膏の貼り方と突き指の固定を実際に行ってみよう

①絆創膏の指先への貼り方を工夫してみましょう。
②絆創膏の指の間への貼り方を工夫してみましょう。
③絆創膏の指の関節への貼り方を工夫してみましょう。
（例）

指先にフィットする貼り方に必要な切り方

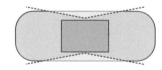

関節にフィットする貼り方に必要な切り方

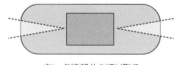

赤い点線部分を切り取る

絆創膏の貼り方

※きつく巻くのはNG

④突き指の固定を厚紙を使って行ってみましょう。

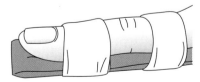

子どもの感染症とその予防について理解しよう1

今日のポイント

1 目に見えない病原微生物への対応はさまざまな対策を組み合わせる必要がある。

2 感染症の予防にあたっては、保育者と医師、看護師、保護者がしっかりと連携する。

3 感染症に罹患した子どもの登園再開にあたっては、必要に応じて「意見書」や「登園届」を医師に依頼する。

1 病原微生物

微生物には、真核生物である真菌・藻・原虫などから、原核生物である真正細菌や古細菌、さらに生物と無生物の間に位置づけられるウイルスなどがあります。微生物は、植物や動物とは別の界を形成していると考えられており、環境のどこにでも存在しているものです。

微生物のうち、人間の体内に侵入・増殖してさまざまな病変を引き起こすものを病原微生物と呼びます。人間の肉眼で見ることのできる大きさは0.1 ～ 0.2mm程度ですが、病原微生物はそれよりも小さいものがほとんどであり、その種類に応じて図表 20-1 のように分類します。目に見えないことから、どの病原微生物が、どのタイミングで、どのような経路で子どもの体に侵入するのかを把握することが困難であるため、保育所においてもさまざまな対策を組み合わせながらできるだけ子どもの感染リスクを低めていくことが必要です。

●図表 20-1 病原微生物の分類

微生物	大きさ	平均
原虫	10 ～ 50 μm	数十 μm
真菌	3 ～ 5 μm	数 μm
一般細菌	0.5 ～ 10 μm	1 μm
リケッチア、クラミジア	0.3 ～ 2 μm	0.5 μm
ウイルス	0.02 ～ 0.45 μm	0.1 μm

μmは100万分の1mの大きさのため、微生物に応じて光学顕微鏡、電子顕微鏡で観察します。

プラスワン

病原微生物の種類

感染症を引き起こす病原体はさまざまで、大きさの順に、寄生虫、原虫、真菌、細菌、クラミジア、リケッチア、マイコプラズマ、ウイルスなどがある。

2 感染経路と感染様式

　11コマ目で学んだように、病原微生物の感染経路には、飛沫核感染（空気感染）、飛沫感染、接触感染、経口感染があります。また感染の経過によって発症する場合もあれば発症しない場合や、抵抗力が弱ったときにだけ感染が起こる場合、一度治ったあとに同じ病原微生物に感染する場合などもあり、保育所においても感染源の人が感染の自覚がないままに、ほかの人に病原微生物を伝える可能性があることも、感染症対策の難しい点です。感染の様式として、主に以下のものがあります。

①不顕性（ふけんせい）感染

　潜在感染、無症状感染と呼ぶこともあり、病原微生物に感染しても症状が出ない状態です。

②潜伏感染

　宿主（しゅくしゅ）と病原微生物の平衡関係が成立し、体内に病原微生物が存在しつつも症状が表に出ない状態です。

③混合感染

　同時に2種類以上の病原微生物に感染することです。

④二次感染

　時間をおいて2種類以上の病原微生物に感染することです。

⑤重複感染（重感染）

　一度病原体に感染した宿主が、時間をおいてさらに同種病原体に感染することです。

⑥再感染

　一度感染症が治癒したあと、再度同じ病原体に感染することです。

⑦異所性感染（内因性感染）

　常在細菌等が本来定着していた場所と別な部位に感染することです。尿管の大腸菌感染や、血液のなかに病原体が現れ、ほかの場所に移動する菌血症があります。

⑧日和見（ひよりみ）感染

　宿主の抵抗力が下がったときに、通常では感染症とはならない病原体に感染することです。新生児・乳児や高齢者、大手術後などの人で、体内の常在菌から感染することがあります。

自覚症状がないからといって、自分が感染源にならないとは限りません。子どもを守るために、保育者には自己管理が大切ですね。

20コマ目　子どもの感染症とその予防について理解しよう①

3 保育所等における感染症対策の特徴

　保育所等は就学前の子どもが入所し、年齢や個人差に応じてさまざまな

発達・発育の段階をもっているという特徴があります。それは、感染症対策にとって有利な面もあれば不利な面もあるということです。有利な面として、①所属する園児や職員が基本的に健康であり、視診（➡ 7 コマ目を参照）などのチェックを日常的に行っている、②施設給付型の認可保育所においてはほとんどの職員が資格取得の過程で専門的な教育を受けている、③子どもが年単位の長期間で在籍することが多く、日常的な子どもの姿を把握できることからふだんとの違いを把握しやすく、病気の早期発見につなげやすい、④登園・降園等のタイミングや園だよりなどを通じて保護者との連携をとりやすい、という点があります。

　不利な側面として、①入所する子どもの年齢から感染症への抵抗力が低く、ほかの施設に比べて個人として病原微生物の感染リスクが高い、②同年齢の子どもが集団保育されることで、感染症の集団発生のリスクが高い、③子どもどうしが緊密な関係性をもっており、一次的接触（直接触ること）が多いことから、接触感染・経口感染のリスクが高い、④子どもが低年齢であることから、自分の体調について自分で訴えることや自己管理が困難な場合がある、⑤保護者をはじめとして人の出入りが多いことから、外部から病原微生物がもち込まれるリスクがあるなどの点があります。

　保育所等においては有利な点を活用しながら、不利な点から生じるリスクを職員間で共有し、日常的な感染症対策をしっかり行うとともに、対策の評価・改善プロセスを確保することが大切です。

4　保育所等における感染症対策の体制

　保育所等においてはさまざまな年齢や発達段階の子どもが長時間生活をともにし、給食などの提供も行っています。その際の感染症対策としても、①子ども一人ひとりの体調や予防接種の状況、②環境衛生、③食品管理、④物的環境構成、⑤病児対応、などのあらゆる要因が関係します。実際の感染症対策の立案・運用・評価・改善の流れにおいては、所長のもとに保育士、栄養士、調理員、看護師等が共通理解をもつとともに、それぞれの専門性を生かしながら保健計画に基づいた対応をすることが大切です（➡ 30 コマ目「保育所における保健計画の実例」を参照）。また、園内・園外研修を通じて職員の専門性向上をめざし、外部と連携しながら地域全体の感染症予防に関わっていく必要もあります。

1　医師との連携

　「児童福祉施設の設備及び運営に関する基準」第 33 条第 1 項に基づいて、保育所等には嘱託医がいます。嘱託医は健康診断や健康相談を行うばかりではなく、保健計画や衛生管理を助言したり、感染症発生時の対応を指導したりなど、感染症対策全体に関わることが求められます。保育所等は嘱託医と日常的に連携をとりながら、保健計画の立案・運用・評価・改

子どもたちが集団生活をする保育所等では、独自の感染症対策が必要なのですね。

善や、子どもの状態についての情報の共有をしっかりと行う必要があります。嘱託医は、必ずしも小児科領域の専門家ではない場合もあり、感染症対策は1つの保育所等だけではなく地域全体で考えることも重要なため、医師どうしの連携を確保することも大切です。

2　看護師との連携

　看護師は、「児童福祉法」上で配置が定められているわけではありませんが、「保育所保育指針」においては保育所に看護師等が配置されている場合には、その専門性を生かした対応を図ることとされています。嘱託医と違い常駐する看護師がいる場合は、保育補助等の業務を通じて日常の子どもの姿への理解を深めたうえで、より適切な対応をとることができると考えられます。また子どもが発症し、家庭で看護される場合の支援や、感染症発生時の嘱託医や保健所との連携など、専門性を生かした対応が求められます。

3　保護者との連携

　保育所等においては乳児をはじめ、体調の変化をきたしやすい年齢の子どもが多く入所しており、保護者との日常的な連携が欠かせません。感染が起こるのは保育所等だけではないため、園の内部での感染症対策だけではなく、家庭や地域の子どもを取り巻く環境全体での対策を考えていく必要があります。具体的には子どもの予防接種の状況の確認や助言、園の感染症対策や感染症発生時の対応の確認、家庭での病児看護のプレパレーション*や、かかりつけ医、保護者、保育所の連携など、感染症発生以前から「もしも」に備えておくことが大切です。

保育士、看護師、医師といった専門職はもちろん、地域全体で子どもを守っていくことが大切です。

5　保育所等における感染症発生時の対応

　保育所等の子どもや職員が感染症に罹患した場合には、嘱託医等と連携しながら「感染症法」で定められた様式で市区町村、保健所等に届け出をします。小児科定点医療機関が届け出をするものとして、①RSウイルス感染症、②咽頭結膜熱、③A群溶血性レンサ球菌咽頭炎、④感染性胃腸炎、⑤水痘、⑥手足口病、⑦伝染性紅斑、⑧突発性発しん、⑨ヘルパンギーナ、⑩流行性耳下腺炎（おたふくかぜ）があります。保護者に対しては嘱託医や看護師の指示を受け、個人情報等に配慮しながら、感染症の発生状況、保育所等の対応、家庭での予防方法等について情報を公開します。

　保育所等での感染拡大防止に向けて（➡21コマ目を参照）手洗いなどの徹底、嘔吐物や排泄物の適切な処理、環境の消毒等を行い、子どもや職員の健康状態をチェック・記録しながら備えていきます。

　「保育所における感染症対策ガイドライン（2018年改訂版）」において図表20-2のように示された、感染症発生時の具体的な対応を参考にしな

重要語句

プレパレーション

→病気に直面して混乱しがちな子どもや保護者に対して、十分な説明や配慮を行う対処能力を向上させること。

20コマ目

子どもの感染症とその予防について理解しよう1

●図表20-2 「保育所における感染症対策ガイドライン（2018年改訂版）」
　　　　　　における具体的な対応

・予防接種で予防可能な感染症が発生した場合には、子どもや職員の予防接種
　歴及び罹患歴を速やかに確認します。
・未罹患で予防接種を必要回数受けていない子どもについては、嘱託医、看護師
　等の指示を受けて、保護者に対して適切な予防方法を伝えるとともに、予防接
　種を受ける時期について、かかりつけ医に相談するよう説明します。
・麻しんや水痘のように、発生（接触）後速やかに（72時間以内に）予防接種を
　受けることで発症の予防が期待できる感染症も存在します。このため、これら
　の感染症に罹患したことがなく、かつ予防接種を受けていない、感受性が高い
　と予想される子どもについては、かかりつけ医と相談するよう保護者に促しま
　す。なお、麻しんや水痘の発生（接触）後72時間以上が経過していても、予
　防接種が実施されることがあります。また、保健所と連携した感染拡大防止策
　の一環として、感受性のある者については、本人の感染予防のために登園を控
　えるようお願いすることがあります。
・感染拡大防止のため、手洗いや排泄物・嘔吐物の適切な処理を徹底します。ま
　た、感染症の発生状況に対応して消毒の頻度を増やすなど、施設内を適切に消
　毒します。食中毒が発生した場合には、保健所の指示に従い適切に対応します。
・感染症の発生について、施設長の責任の下、しっかりと記録に留めることが重
　要です。この際には、①欠席している子どもの人数と欠席理由、②受診状況、
　診断名、検査結果及び治療内容、③回復し、登園した子どもの健康状態の把
　握と回復までの期間、④感染症終息までの推移等について、日時別、クラス（年
　齢）別に記録するようにします。また、入所している子どもに関する事項だけで
　なく、職員の健康状態についても記録することが求められます。

がら、保育所等や家庭・地域で感染症が広がらないように努めます。

保育所等の性質
上、感染症に罹患
した子どもが多い
場合も、臨時休園
するかどうかは判
断が難しいところ
です。
具体的には各家庭
での育児が可能な
場合は自主休園を
すすめたり、各市
区町村等が定めた
基準等に基づいて
慎重に判断します。

6 保育所等における登園停止と登園停止の解除

1 「学校保健安全法」における登校停止基準

　保育所等における保健学的な対応は、「学校保健安全法」関係法令に準
拠することが原則です。「学校保健安全法」（昭和33年法律第56号）関
係法令では、感染症の流行を予防するために、学校において予防すべき感
染症の種類（図表20-3）、出席停止（図表20-4）、臨時休業等について
定められています。保育所等では「学校保健安全法」関係法令を参照しな
がら、より低年齢の乳幼児が入所している点を踏まえた対応が必要になり
ます。

2 感染症に罹患した子どもの登園

　感染症に罹患した子どもについては、登園しない期間も保護者と連携し
ながら、できるだけ早く回復できるように努めます。集団保育が受けられ
る状態まで回復しているかの判断については、保護者にも保育者にも難

● 図表20-3　学校において予防すべき感染症の種類

<table>
<tr><th colspan="2">対象疾病</th><th>出席停止期間</th></tr>
<tr><td rowspan="1">第1種</td><td>エボラ出血熱　クリミア・コンゴ出血熱　痘そう　南米出血熱　ペスト　マールブルグ病　ラッサ熱　急性灰白髄炎（ポリオ）　ジフテリア　重症急性呼吸器症候群（病原体がベータコロナウイルス属SARSコロナウイルスであるものに限る）　中東呼吸器症候群（病原体がベータコロナウイルス属MERSコロナウイルスであるものに限る）コロナウイルス　特定鳥インフルエンザ</td><td>治癒するまで</td></tr>
<tr><td rowspan="9">第2種</td><td>インフルエンザ（特定鳥インフルエンザを除く）</td><td>発症後5日を経過し、かつ解熱後2日（幼児にあっては3日）を経過するまで</td></tr>
<tr><td>百日咳</td><td>特有の咳が消失するまで、または5日間の適正な抗菌性物質製剤による治療が終了するまで</td></tr>
<tr><td>麻疹（はしか）</td><td>解熱した後3日を経過するまで</td></tr>
<tr><td>流行性耳下腺炎（おたふくかぜ）</td><td>耳下腺、顎下腺または舌下腺の腫脹が発現したあと5日間を経過し、かつ全身状態が良好になるまで</td></tr>
<tr><td>風疹（3日ばしか）</td><td>発疹が消失するまで</td></tr>
<tr><td>水痘（みずぼうそう）</td><td>すべての発疹が痂皮化するまで</td></tr>
<tr><td>咽頭結膜熱</td><td>主要症状が消退したあと2日を経過するまで</td></tr>
<tr><td>結核</td><td rowspan="2">症状により学校医その他の医師が感染のおそれがないと認めるまで</td></tr>
<tr><td>侵襲性髄膜炎菌感染症（髄膜炎菌性髄膜炎）</td></tr>
<tr><td rowspan="2">第3種</td><td>コレラ　細菌性赤痢　腸管出血性大腸菌感染症　腸チフス　パラチフス　流行性角結膜炎　急性出血性結膜炎</td><td>症状により学校医その他の医師が感染のおそれがないと認めるまで</td></tr>
<tr><td>その他の感染症　【主な病名】マイコプラズマ肺炎　溶連菌感染症　B型肝炎　手足口病　伝染性紅斑（りんご病）　ヘルパンギーナ　感染性胃腸炎　など</td><td>主治医の指示による</td></tr>
</table>

● 図表20-4　出席停止の期間

「出席停止期間：解熱した後3日を経過するまで」の考え方

インフルエンザに関する出席停止期間の考え方

発熱等が出現　※幼児の場合、さらに解熱した後3日を経過している必要があります。

しい場合があるため、かかりつけ医や保育所の嘱託医等と連携しながら医学的に適切な判断を行うことが大切です。法令等で定められた対応ではありませんが、保護者に十分に説明をして理解を得たうえで、必要に応じて医師の記入する「意見書」（図表20-5）、保護者が記入する「登園届」（図表20-6）の作成・提出を依頼します。医師の意見書が必要になる可能が

● 図表20-5　意見書の例

※意見書は、一律に作成・提出する必要があるものではありません。

<table>
<tr><td colspan="2" align="center">意見書（医師記入）</td><td>参考様式</td></tr>
</table>

保育所施設長　殿
_____

入所児童氏名
_____

年　　　月　　　　日 生
_____

（病名）　　（該当疾患に☑をお願いします）

	麻しん（はしか）※
	インフルエンザ※
	風しん
	水痘（水ぼうそう）
	流行性耳下腺炎（おたふくかぜ）
	結核
	咽頭結膜熱（プール熱）※
	流行性角結膜炎
	百日咳
	腸管出血性大腸炎感染症（O157、O26、O111等）
	急性出血性結膜炎
	侵襲性髄膜炎菌感染症（髄膜炎菌性髄膜炎）

症状も回復し、集団生活に支障がない状態になりました。
　　年　　　月　　　日から登園可能と判断します。

年　　　月　　　　日
_____

医療機関名
_____

医師名
_____

※必ずしも治癒の確認は必要ありません。意見書は症状の改善が認められた段階で記入
することが可能です。

※かかりつけ医の皆さまへ
　　保育所は乳幼児が集団で長時間生活を共にする場です。感染症の集団発症や流行をできるだけ
防ぐことで、一人一人の子どもが一日快適に生活できるよう、上記の感染症について意見書の記
入をお願いします。
※保護者の皆さまへ
　　上記の感染症について、子どもの症状が回復し、かかりつけ医により集団生活に支障がないと
判断され、登園を再開する際には、この「意見書」を保育所に提出してください。

出典：厚生労働省「保育所における感染症対策ガイドライン（2018年改訂版）」2018年

●図表20-6　登園届の例

※登園届は、一律に作成・提出する必要があるものではありません。

意見書（保護者記入）　　参考様式

保育所施設長　殿

入所児童氏名

年　　　月　　　日 生

（病名）　　（該当疾患に☑をお願いします）

	溶連菌感染症
	マイコプラズマ肺炎
	手足口病
	伝染性紅斑（りんご病）
	ウイルス性胃腸炎 （ノロウイルス、ロタウイルス、アデノウイルス等）
	ヘルパンギーナ
	RSウイルス感染症
	帯状疱しん
	突発性発しん

（医療機関名）＿＿＿＿＿＿＿＿＿＿＿＿＿＿＿＿＿（　　年　月　日受診）において
症状が回復し、集団生活に支障がない状態と判断されましたので　　　年　　月　　日
より登園いたします。

年　　　月　　　日

保護者名＿＿＿＿＿＿＿＿＿＿＿＿＿＿＿＿＿

※保護者の皆さまへ
　　保育所は、乳幼児が集団で長時間生活を共にする場です。感染症の集団での発症や流行をできるだけ防ぐことで、一人一人の子どもが一日快適に生活できるよう、上記の感染症については、登園のめやすを参考に、かかりつけ医の診断に従い、登園届の記入及び提出をお願いします。

出典：厚生労働省「保育所における感染症対策ガイドライン（2018年改訂版）」2018年

20
コマ目

子どもの感染症とその予防について理解しよう1

● 図表20-7　医師が意見書を記入することが考えられる感染症

感染症名	感染しやすい期間（※）	登園のめやす
麻疹（はしか）	発症1日前から発疹出現後の4日後まで	解熱後3日を経過していること
インフルエンザ	症状が有る期間（発症前24時間から発病後3日程度までが最も感染力が強い）	発症した後5日経過し、かつ解熱した後2日経過していること（乳幼児にあっては、3日経過していること）
風疹	発疹出現の7日前から7日後くらい	発疹が消失していること
水痘（水ぼうそう）	発疹出現1〜2日前から痂皮（かさぶた）形成まで	すべての発疹が痂皮（かさぶた）化していること
流行性耳下腺炎（おたふくかぜ）	発症3日前から耳下腺腫脹後4日	耳下腺、顎下腺、舌下腺の腫脹が発現してから5日経過し、かつ全身状態が良好になっていること
結核	－	医師により感染のおそれがないと認められていること
咽頭結膜熱（プール熱）	発熱、充血等の症状が出現した数日間	発熱、充血等の主な症状が消失した後2日経過していること
流行性角結膜炎	充血、目やに等の症状が出現した数日間	結膜炎の症状が消失していること
百日咳	抗菌薬を服用しない場合、咳出現後3週間を経過するまで	特有の咳が消失していること又は適正な抗菌性物質製剤による5日間の治療が終了していること
腸管出血性大腸菌感染症（O157、O26、O111等）	－	医師により感染のおそれがないと認められていること（無症状病原体保有者の場合、トイレでの排泄習慣が確立している5歳以上の小児については出席停止の必要はなく、また、5歳未満の子どもについては、2回以上連続で便から菌が検出されなければ登園可能である）
急性出血性結膜炎	－	医師により感染の恐れがないと認められていること
侵襲性髄膜炎菌感染症（髄膜炎菌性髄膜炎）	－	医師により感染の恐れがないと認められていること

※感染しやすい期間を明確に提示できない感染症については（－）としている。

出典：厚生労働省「保育所における感染症対策ガイドライン（2018年改訂版）」2018年をもとに作成

ある感染症と登園の目安は、図表20-7を参考にします。また、集団防御の観点から、保育所等の職員や実習生においても感染症に罹患した場合は、勤務を停止し、嘱託医等と所長が協議したうえで再開時期を決めるようにしましょう。

おさらいテスト

❶ 目に見えない [　　　　] への対応はさまざまな対策を組み合わせる必要がある。

❷ 感染症の予防にあたっては、保育者と [　　　]、看護師、[　　　　] がしっかりと連携する。

❸ 感染症に罹患した子どもの登園再開にあたっては、必要に応じて「[　　　　]」や「[　　　　]」を医師に依頼する。

演習課題

保育所等における感染症予防について理解を深めよう

演習テーマ 1 保健計画をつくってみよう

保育所等の職員になったつもりで保健計画をつくってみましょう。できあがったらグループで見せ合い、どこがポイントかを話し合いましょう。

演習テーマ 2 確認してみよう

学校や自宅の近隣にある小児科の場所を確認してみましょう。気づいたことをまわりの人と話し合ってみましょう。

演習テーマ 3 まわりの人と話し合ってみよう

子どもを自宅で看護するとき、どのようなことが不安かまわりの人と話し合ってみましょう。

20 コマ目　子どもの感染症とその予防について理解しよう①

子どもの感染症とその予防について理解しよう2

1 家庭での感染症予防のため保護者との連携を密にする。

2 手洗いや咳エチケットは習慣化することを心がける。

3 環境の消毒には次亜塩素酸ナトリウムを用いる。

1 保育所等における感染症の予防

　乳幼児が集団で長時間にわたり保育を受ける保育所等では、家庭や学校とは異なり、子どもの年齢や発達段階に応じたより精緻(せいち)な感染症予防を行うことが大切です。

　感染症予防には感染源対策、感染経路対策、感受性者対策の3つの柱があり、病原体の増殖を阻むこと、子どもへ病原体が届く経路を遮断すること、子ども自身の感染症に対する抵抗力を高めることが必要となります。

　保育者は保育所等内での感染予防についての知識や技術に習熟するだけではなく、園内・園外の研修等を通じて感染症対策への理解を深め、保育所での具体的な対策について計画・運用・評価・改善することが求められます。また子どもが家庭や地域でも感染症から守られるように、保護者との連携を、登園・降園時の会話や保健だよりなどを通じてしっかり行っていくことが大切です。

2 保育所等における感染源・感染経路対策の具体的な方法

1 手洗い

　接触感染等の予防として、手に付着した病原体を目、鼻、口を触ってしまう前に除去することが重要です。手洗いの際には石けんをよく泡立て、流水下で30秒以上時間をかけながら、爪先から手首までしっかりと洗いましょう（図表 21-1）。布タオルの共有はけっして行わず、子ども一人ひとり専用のものを用意します。感染対策としては、可能であればペーパータオルが望ましいです。常用することが難しくとも、感染性胃腸炎の流行

期間等、リスクが高いと考えられる場合は、積極的にペーパータオルを用いるべきです。また固形の石けんは不衛生になりやすいため、できるだけ液体石けんを使用します。容器の中身をつめ替える場合は、残った石けんを捨てて容器をよく洗い、完全に乾燥させたあとに新しい石けんを入れましょう。

●図表21-1　手洗いの順序

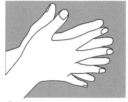
①手のひらを合わせ、よく洗う。

②手の甲を伸ばすように洗う。

③指先、爪の間をよく洗う。

④指の間を十分に洗う。

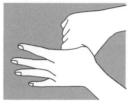
⑤親指と手のひらをねじり洗いする。

⑥手指も洗う。

⑦水道の栓を止めるときは、手首かひじで止める。できないときは、ペーパータオルを使用して止める。

出典：厚生労働省「高齢者介護施設における感染対策マニュアル改訂版（平成25年3月）」をもとに作成

2　咳・くしゃみ

　咳やくしゃみによる飛沫感染（➡ 11コマ目を参照）は、2m以上の距離を保ち、感染者がマスクを着用することで、ある程度防ぐことが可能です。一方で、保育所等では子どもはより近い距離で会話をしたり、食事をしたり、うたったりすることが多く、飛沫感染による感染症が保育所のなかで広がることも考えられます。

　咳やくしゃみをするときには、鼻や口をティッシュペーパーで覆い、使用後はすぐに捨てましょう。ティッシュペーパーがない場合や間に合わない場合には、手のひらで口を押さえるのではなく、ひじの内側で口を覆うようにして飛沫が飛ぶのを防ぎます。厚生労働省が感染予防の活動のキーワードとして推進している「咳エチケット」（図表21-2）を子どもと確認しましょう。

　咳エチケットは体調不良のとき、急に意識するのではなく、ふだんから

●図表21-2　咳エチケット

3つの咳エチケット　電車や職場、学校など人が集まるところでやろう

マスクがない時　　　　　　とっさの時

①マスクを着用する（口・鼻を覆う）

鼻から顎までを覆い、隙間がないようにつけましょう。

②ティッシュ・ハンカチで口・鼻を覆う

ティッシュ：使ったらすぐにゴミ箱に捨てましょう。
ハンカチ：使ったらなるべく早く洗いましょう。

③袖で口・鼻を覆う

マスクやティッシュ・ハンカチが使えない時は、袖や上着の内側で口・鼻を覆いましょう。

こまめに手を洗うことでも病原体が拡がらないようにすることができます。

出典：厚生労働省「保育所における感染症対策ガイドライン（2018年改訂版）」2018年

1回の咳で約10万個、くしゃみで約200万個のウイルスが飛散するといわれています。

習慣化しておくことが必要です。特に保育所等の集団で生活する場所では、自分では気がつかないうちに感染源となっていることもあり得るので、全員が咳エチケットを守ることが集団感染を防ぐことにつながります。

3　嘔吐物・下痢

　嘔吐物や下痢には、大量の病原微生物が含まれていることが考えられるため、慎重に処理することが求められます。嘔吐や下痢をした子ども自身への配慮や、ほかの子どもを感染から守ることはもちろん、処理する保育者自身の感染を守る点からも、マスクや使い捨て手袋の着用を徹底し、次亜塩素酸ナトリウムなどを用いた適切な処理を迅速に行いましょう。

　たとえば、保育室の床に広がった嘔吐物や下痢便は以下の手順で処理します。高さ1mからの嘔吐だった場合、嘔吐物は床の半径2.3m程度に広がることがあるといわれています。また嘔吐物や下痢便には大量の水分が含まれているため、それが飛沫核化して空気中に漂うことを防ぐため、できるだけすばやく処理を始めることが重要です。

　子どもが下痢をした場合のおむつ交換については、接触感染防止のために必ず使い捨て手袋を着用し、専用の場所で使い捨ての布やおしりふきを使って行います。交換したおむつや汚れた布、おしりふきなどは、ビニール袋に入れ、0.1%程度の次亜塩素酸ナトリウムを入れて消毒することが望ましいです（図表21-3）。

4　清掃

　感染症対策としての清掃は、目に見える汚れをなくすのではなく、目に見えない病原微生物を環境からできるだけ除去する目的で行うべきものです。保育所等では床に直接子どもが座ったり、おもちゃなどを置いて使用したりすることが避けられないため、保育室の床の清拭（せいしき）は感染防御におい

💬**プラスワン**

次亜塩素酸ナトリウム製品の種類

消毒液としての次亜塩素酸ナトリウムの希釈液は、より濃度の高い次亜塩素酸ナトリウムを水で薄めてつくることができる。たとえば0.1%の消毒液は、原液の濃度が1%の場合は10倍に、0.02%の消毒液は50倍にする。保育所等でよく使われている次亜塩素酸ナトリウム製品には、1%濃度のものとしてミルトンやミルクポン、約5%濃度のものとしてハイターやブリーチ、6%濃度のものとしてピューラックス（いずれも商品名）がある。

● 図表21-3　嘔吐物や下痢便の処理の手順

① 処理をする人は、マスク、エプロン、使い捨ての手袋を着用する。

② 嘔吐物は使い捨ての布、あるいはペーパータオルなどで外側から内側にむけ、拭き取り面を折り込みながら静かに拭き取る。

③ 使用した使い捨ての布やペーパータオル等はすぐにビニール袋に入れて処分する。

④ 嘔吐物が付着していた床とその周囲を、0.1％次亜塩素酸ナトリウムを染みこませた布やペーパータオル等で覆うか、浸すように拭く。

⑤ 処理後は手袋を外して手洗いする。手袋も処分する。

出典：東京都福祉保健局「ノロウイルス対応標準マニュアル（平成28年）」2016年をもとに作成

て重要な課題となっています。

　目に見えるごみやほこりを掃除するときは自在ぼうきを用いると、ごみやほこりが空気中に舞い上がり、ほうきの先端にほこりが付着し続けることになり、目に見えにくくはなっても環境的には汚れを薄く広く拡散させることになるため、原則としてダスターモップ*を用います（図表21-4）。

　目に見えない汚れや病原微生物に対しては、さらに湿式清拭を行うことが必要です。糸モップは糸に付着した病原微生物を広げてしまうおそれがあるため、原則湿式のフラットモップを用いて保育室の奥から入り口に向けてS字ストロークワンパス（一方向拭き）（図表21-5）で清拭するのが望ましい方法です。

　床の具体的な清掃の方法として、フラットモップで清拭したあと、その場でモップをすすいで作業を続けるオンロケーション方式ではなく、モッ

嘔吐物の処理後は、必ず室内の換気を行うようにしましょう。

21
コマ目

子どもの感染症とその予防について理解しよう2

プが汚れたら取り外し、常に新しいモップで床を清拭するオフロケーション方式があります。オフロケーション方式はモップ1枚当たりの許容清拭面積を把握し、十分な数のモップをあらかじめ用意しなければなりませんが、衛生的な管理が容易で運用コストも削減できるため、保育所等でも導入したい清掃方法です。

●図表21-4　ダスターモップ、フラットモップ

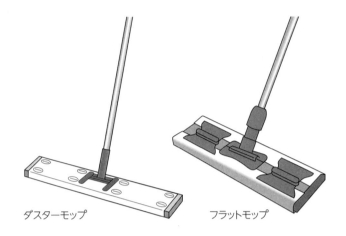

ダスターモップ　　　　　　　　フラットモップ

●図表21-5　S字ストロークワンパス（一方向拭き）

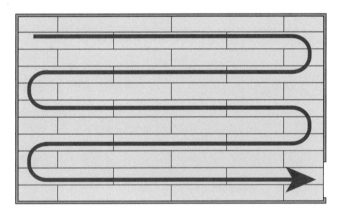

5　消毒

　消毒には熱や日光による理学的な消毒方法と、薬品を用いた化学的な消毒方法があります。感染源と考えられるものの材質・特性や汚染度を考慮して適切な消毒方法を選びましょう。「保育所における感染症対策ガイドライン（2018年改訂版）」では、遊具についての日常の取り扱いと消毒方法を以下のように定めています。

①使用する消毒薬

　子どもにとって感染リスクの高いロタウイルス、ノロウイルスなどは、ほかの細菌やウイルスに比べて消毒薬に対する耐性が高いため、保育所に

おける環境等の消毒には、次亜塩素酸ナトリウムを用いることが望ましいとされています（図表21-6）。一方で、次亜塩素酸ナトリウムは金属を腐食させるため金属製の物を消毒することができなかったり、色物のタオルは脱色することがあったり、手指等の消毒も可能なものの皮膚が荒れることがあるため、消毒する対象によって注意して用いる必要があります。

　実際の消毒では次亜塩素酸ナトリウムの原液を水で希釈して用いますが（図表21-7）、時間経過とともに効果が薄れる特徴があるため、数日で使い切るようにしましょう。

●図表21-6　主な消毒液の消毒効果

消毒液 （主な商品名）	ノロ ウイルス	ネコカリシ ウイルス	ロタ ウイルス	インフルエンザ ウイルス	細菌
両性界面活性剤 （ハイジール）	―	―	×	△	○
第四級アンモニウム塩 （オスバン）	―	×	×	△	○
グルコン酸クロルヘキシジン （マスキン液）	―	―	×	△	○
次亜塩素酸ナトリウム （ミルトン）	○	○	○	○	○
消毒用エタノール （各社）	―	△	△	○	○
ポピドンヨード （イソジン液）	―	○	○	○	○
クレゾール石けん液 （各社）	―	―	×	△	○

○：有効、△：十分な効果が得られないことがある、×：無効、―：データがない
出典：東京都感染症情報センターホームページ「ノロウイルス対策マニュアル」を一部改変

●図表21-7　次亜塩素酸ナトリウムの希釈方法

次亜塩素酸ナトリウム（市販の漂白剤、塩素濃度約6%の場合）の希釈方法		
消毒対象	調整する濃度 （希釈倍率）	希釈法
糞便や嘔吐物が付着した床 衣類等の浸け置き	0.1% （1000ppm）	1Lのペットボトル1本の水に20mL （ペットボトルのキャップ4杯）
食器等の浸け置き トイレの便座やドアノブ、 手すり、床等	0.02% （200ppm）	1Lのペットボトル1本の水に4mL （ペットボトルのキャップ1杯）

出典：厚生労働省「保育所における感染症対策ガイドライン（2018年改訂版）」2018年

②消毒の方法

　主な消毒方法としては、消毒したいものを次亜塩素酸ナトリウム希釈液に浸す浸漬法、次亜塩素酸ナトリウム希釈液を布にしみこませて拭く清拭法、次亜塩素酸ナトリウム希釈液を環境にまく散布法があります。近年、

市販されている次亜塩素酸ナトリウムにはさまざまな濃度のものがあり、一般的によく使われるものとして、ミルトンのほか、ピュリファン、ハイポライト、ピューラックスなどがあります。

市販のペットボトルのキャップは、1杯が約5mLということを覚えておくと希釈液がつくりやすいですね。

21
コマ目

子どもの感染症とその予防について理解しよう2

次亜塩素酸ナトリウム希釈液を環境中に噴霧することができる加湿器等もありますが、乳幼児が入所する保育所においては、導入を慎重に検討するべきです。また保育室で広範囲に清拭法を用いた場合には、換気にも十分に配慮しましょう。

不特定多数の人が触れるドアノブ、蛇口、手すりなどを消毒する場合は、0.02%次亜塩素酸ナトリウムに浸した布で拭き、10分後に水拭きをします。子どもが使うおもちゃなど、身のまわりのものについては、石けん水でよく洗ったあと水洗いし、0.02%次亜塩素酸ナトリウムで浸漬するか浸すように拭いて消毒します。

6 ゾーニング（区域区分）

保育所等のなかには、調理室や調乳室をはじめとして病原微生物を持ち込みたくない場所と、トイレ、ごみ置き場、汚物処理場などの病原微生物を持ち出したくない場所があります。保育室、職員室、それ以外の場所を含め、各場所を清浄度によって区分（ゾーニング）し、各区域の特性に応じた清掃・消毒等を行うことが大切です。

一般的には、一般区域は緑、より清潔に保っておきたい清潔区域は青、汚染のリスクが高い汚染区域は赤を用い、区域の入り口や出口にテープを貼ります。清潔区域に入るときには石けんや手指消毒薬で手を洗い、汚れたものは持ち込まないようにするとともに、なかにあるものをできるだけ外部に持ち出さないようにします。汚染区域から出るときには同じように手を洗い、汚染物以外を持ち込まないとともに、なかにあるものをできるだけ持ち出さないようにすることが必要です。

ゾーニングは保育所等にいるすべての人に守ってほしい対策なので、区域ごとの入り口に注意事項を貼ったり、口頭で説明したりするようにしましょう。子どもには動線の管理が難しく、文章での掲示等を理解することができない年齢の子どもも多いので、イラストなど、非言語的方法で掲示するとともに、日ごろから保育者がルールとして伝えておくことが大切です。

保育所等では3段階のゾーニングが適切ですが、病院等のより厳しい感染症対策が必要な施設では、白や黄色等を用いて5段階以上のゾーニングを行っています。

おさらいテスト

❶ 家庭での感染症予防のため保護者との［　　　］を密にする。
❷ 手洗いや［　　　　　］は習慣化することを心がける。
❸ 環境の消毒には［　　　　　　　］を用いる。

演習課題✏

保育所における感染症予防を理解しよう

演習テーマ 1　確かめてみよう

　いつもの手洗いのあとに、171 頁に示した手洗いの方法にしたがって手を洗い、違いがあるか確かめてみましょう。

演習テーマ 2　練習してみよう

　床に嘔吐物が広がっていると仮定して、173 頁に示した処理方法を練習してみましょう。

演習テーマ 3　ゾーニングをしてみよう

　自分の学校や職場の図面の上に、緑、青、赤の 3 色を使ってゾーニングをしてみましょう。特に配慮が必要なことがあれば同時に図面にメモをとりましょう。

21
コマ目

子どもの感染症とその予防について理解しよう2

子どもの保健的対応について理解しよう1

今日のポイント

1 保健管理とは、子どもの健康保持や健康増進を目的とした業務である。

2 保健管理は看護師または保育士が担当する。

3 病児・病後児保育は地域子ども・子育て支援事業に位置づけられている。

1 保育所等における保健管理とは何か

保健管理とは、保育所等に通う子どもの健康保持や健康増進のための業務を行うことです。たとえば、保健業務内容には以下のような項目が含まれています。

①保健日誌の作成
②保健年間計画の作成
③健康教育（たとえばプライベートゾーン、危険予知トレーニング、SIDSの対策など）

1 保健管理は誰がするのか

看護師がいるならば、担当者としては最適です。しかし、保育所に常勤の看護師のいる園は非常に少ないという状況があり、そのようなときには保育士が保健のリーダーになることもあります。

保健管理の担当者は保育所のなかの保健計画を策定し、園全体に周知させ、今年の保健目標と各月の保健行事を計画します。また、日々の出席状況や健康情報を把握し、感染症に対する防衛をします。重篤な感染症が起きたときは、地域の市町村保健センターと情報の共有を図り、対応を検討します。緊急の体制について組織図を構成し、役割分担しておくのも大切です。

2 保健管理はどこでするのか

保育所の多くには保健室（医務室）があります。保健室がない保育所では職員室の一角に子どものベッドが置かれ、休養室になっています。保健

室には衛生用品、消毒用品、薬剤を用意し、誰でも間違えずに使えるよう整理しておきます。計測の用具を置いて、月々の健康診断が行われる場所にします。医師の診断用品もそろえておきましょう。また、健康調査票など個人情報の管理に気を配ります。保健室は痛いことをされる場所ではなく、子どもが安心して休める場所であるような雰囲気を整えます。

3　保健委員会

　幼稚園・認定こども園では、保健主事が中心になり保健委員会を開き、保健目標や健康診断などの行事を共有します。保健委員会で決められた内容については職員も関わり園全体で合意しましょう。

　一方、保育所では、看護師を中心に会議で保健計画を発表し、消毒や安全管理について職員が学ぶ機会をつくります。子どもの体を守る保健について風通しをよくし、認識する機会となります。

4　何を準備するのか

　常備薬、衛生材料については、嘱託医と相談して決めていくのがいいでしょう。夏が近づいたら虫刺され薬を用意するなどのことです。季節ごとに薬の使用期限を確認し、廃棄を決めます。薬の収容はかぎのかかる棚にします。

　子どもの服用する薬の管理責任は保護者にあります。与薬については医師の処方したもので、1回分を薬の説明書とともに預かります。与薬の方法については保護者会で説明し、事前にお知らせしておきます。皮膚科で処方される保湿材などで1回分しか預かれないものもあります。保管には冷所保存もあるので、適切に対応しましょう。

　園外保育の際には、救急バッグをもっていきます。消毒用品、三角巾、ガーゼ、ハサミなどの衛生材料、体温計、ハザードマップ、虫よけスプレーなどを用意します。

　また、緊急時に備え、非常持ち出し袋を準備します。保健室と各保育室に非常持ち出し袋を配備します。薬や食品は期限があるので、非常持ち出し袋の内容は1年に1度点検します。

2　病児・病後児保育

　病児・病後児保育とは、子どもの体調がすぐれず、保護者が仕事の都合により家庭で養育できない場合に利用するものです。国の子ども・子育て支援新制度のなかの地域子ども・子育て支援事業（➡ 29コマ目を参照）に位置づけられています。

1　子どもの病気と保育

　子どもは保育所等に通い始めると、いろいろな感染症にかかりながら免

疫力を蓄えていきます（➡ 20 コマ目を参照）。実際に症状が出るかどうかは個人差がありますが、熱を出しやすいのは 0 歳児となります。1 年に 0 歳児は 19 〜 30 日、1 〜 2 歳児は 11 〜 17 日、3 歳以上児は 6 〜 9 日病欠するというデータがあります（園田正樹「病児保育の潜在ニーズの試算」『小児保健研究』2019 年、123 頁）。

　保育所等では子どもの熱がおおむね 38℃ 以上になると保護者を呼んで、自宅に帰すことになります。保護者が引き取りに来る間、子どもを看護する場が必要となります。そのようなときに利用するのが体調不良児対応型の病児保育です。

　前の日に保育所等で熱を出した子どもは、1 日で熱が下がるということはあまりありません。当然保育所等は休まなければならず、家庭で看護されます。保護者が仕事で休めないときには、小児科の診療所や病院、保育所のなかの区切られたスペースで病気の子どもの保育がされます。これが病児・病後児保育です。

　病児・病後児保育の存在はまだ十分に周知されているとはいえません。病気の子どもを抱えて困っている保護者がいたら、病児保育所があることを知らせてあげましょう。

2　病児保育のタイプ

　病児保育は病児対応型、病後児対応型、体調不良児対応型、非施設型（訪問型）に分けられます。病児対応型は小児科のクリニックや病院に併設されており、医師がいるので病気の急性期でも受け入れます。病後児対応型は保育所に併設されることが多く、病気の回復期で症状は治まったけれども、食欲不振などで集団の保育に適さないときに使われます。いずれも保育士と看護師が協力して、子どもの 1 日が安全で充実した日になるように努めます。また、地域の協力で病児保育所を立ち上げているところもあります。

　体調不良児対応型は、保育所等で具合の悪くなった子どもを一時的に預かります。入所児に対する保健的対応や、地域の子育て家庭の相談にのります。

　非施設型（訪問型）は、地域の病児や病後児に看護師を派遣して、一時的に保育します。

病児保育室のパンフレット
（島根県益田市病児保育
室　ぞうさんのせなか）

小児科の入院病棟で働く保育士もいます。調べてみましょう。

おさらいテスト

❶ 保健管理とは、子どもの ［　　　　　］や健康増進を目的とした業務である。
❷ 保健管理は ［　　　　　］または保育士が担当する。
❸ 病児・病後児保育は ［　　　　　　　　］に位置づけられている。

演習課題

調べて表にしてみよう

- -

病児保育のタイプを調べ、それぞれの特長を表にしてみましょう。

タイプ	どこにあるか	どのような子どもを受け入れているか

子どもの保健的対応に
ついて理解しよう2

今日のポイント

1 健康教育は、心身の健康の保持や増進を目的としている。

2 健康教育には子どもに対するものと、職員に対するものがある。

3 保護者への健康教育には保健だよりを活用する。

1 健康教育とは何か

　健康教育とは、心身の健康の保持や増進を図るために必要な知識、態度の習得に関する教育のことをいいます。健康教育には、子どもに対するものと、職員に対するものがあります。

2 子どもへの健康教育

　子どもへの健康教育では、手の洗い方、健康診断の受け方、歯の磨き方、性についてなどを教えます。保育所等では、月間の保健目標に合わせて健康教育をすすめます。子どもの発達や年齢に応じて、紙芝居、ペープサートにするなど、わかりやすくする工夫をします。

1 手洗い、うがい

　2歳児では保育者が実際に手洗いをやってみて、まねをさせます。その後、自分で手を洗わせて、できないところを助けます。3歳児以降になると、手洗いは自分でできます。保育者は洗い残しの多いところや、石けんの使い方、10秒以上流すことなど、ポイントを教えます。教える際には絵本やパネルシアターなどを使うとよいでしょう。手洗いとともに、うがいのしかたも教えます。

2 性指導

　プライベートゾーン*とは、下着や水着で隠れている部分です。そこは、他者に触らせないところであることを伝えましょう。性犯罪に巻き込まれ

重要語句

プライベートゾーン

プライベートゾーンとは、赤色の部分を指す。

水着でかくれる部分

ないための一歩です。

3　熱中症

　人の体はたくさんの水が入っていること、汗をかき、水が少なくなると
だるくなったり、くらくらしたり吐き気がしたりすることを子どもに話し
ます。帽子をかぶって外遊びをするようにし、おかしいと思ったら大人に
伝えることの大切さを教えます。

4　歯磨き

　3 歳児のぶくぶくうがいの指導から発展させていきます。紙芝居を使っ
て、むし歯予防の大切さを話します。

3　職員への健康教育

1　感染症対策

　感染症の予防で、子どもが嘔吐したときの対応をシミュレーションしま
す。嘔吐対応セットの中身を説明し、実際の処置と空気の入れ換え、患児
とほかの子どもへの対応、保育者どうしの連携を考えます。ロールプレイ
は大切で、誰もが救命救急できるように、1 年に 1 度講習会を受講するよ
うにしましょう。

2　食物アレルギー（➡ 28 コマ目を参照）

　調理担当者と話し合いをして、誤食を防ぐようにします。対策としては、
トレイやテーブルの色分けをしておくとよいでしょう。食物アレルギーの
症状を発見したら、すぐにまわりの職員に助けを呼び、呼ばれた職員はエ
ピペン®（➡ 28 コマ目を参照）をもってきます。
　また、実習については子どもがけいれんを起こしたときなどの救急場面
や、事故予防のための環境など、具体的にできるよう配慮します。加えて
事故などが起こったときの子どもの不安にも対応できるようにします。

3　乳幼児突然死症候群（SIDS）

　ブレスチェックについての方法を周知させます。呼吸チェックをする際
には、ふれて呼吸を確認し、呼吸の強弱、おなかでの呼吸の様子、体温や、
汗をかいていないかも確認します。また、温めすぎないように室温を管理
し、ふとんの周囲にものを置かないことを徹底する必要性を話します。

4　血液の取り扱い

　保育所等では子どもがすりむいて血が出たり、アトピー性皮膚炎でかき
壊して血が出たりなど、保育者が血液にふれる場面が多くあります。血液
をとおしての感染から保育者自身を守らなければなりません。

23
コマ目

子どもの保健的対応について理解しよう 2

最近では、目視で
のブレスチェック
に加え、呼吸セン
サーを導入する園
も増えてきました。

保育者は、直接子どもの血液や体液にふれないようにします。「保育所における感染症対策ガイドライン（2018年改訂版）」では、人の血液にふれるときには、必ず使い捨ての手袋をつけるように指示されています。血液のついたものはビニール袋に入れ、処理します。

5 保護者への健康教育

子どもの健康な生活には、生活リズムをつくることが大切です。保育所等に行く1時間前には起きること、朝食を食べ、活動しやすい衣服で登園することなど、保護者がイメージしやすいように伝えます。食事、睡眠、排泄、着衣、清潔の基本的生活習慣についてもポイントを伝えます。

入園前には子どもが感染症になったときに出席停止になることをよく説明し、集団生活のルールを理解してもらうようにしましょう。子どもに食物アレルギーのあるときには生活管理指導表（➡28コマ目を参照）があることを伝えます。

衣服は清潔で吸湿性、保温性、通気性があるもので、伸縮性があるものがよいこと、ひもや飾り、フードなどが事故の原因になることを伝えます。靴は大きめではなく足にぴったり合ったものにします。靴の中敷きを見ると、足に合っているかどうかがわかります。サンダルはかかとにひもがついているものを選びます。

紫外線対策では、帽子も大切です。紫外線は将来の健康に影響することを説明し、帽子のほか、夏の登園前には日焼け止めクリームを塗ることも効果があると伝えましょう。

6 保健だよりの活用

保健だより（➡30コマ目を参照）は、季節を考慮しながら月1回を目標に出すとよいでしょう。健康に関する情報や、保育での考え方や対応、健康に関するアドバイスを記載します。忙しい保護者が読みたいような内容にするため、日ごろの保育のなかから子どもの様子がわかるエピソードを盛り込みましょう。保護者は自分の子どものことに最も関心があります。

おさらいテスト

❶ 健康教育は、心身の健康の [　　] や [　　] を目的としている。
❷ 健康教育には子どもに対するものと、[　　] に対するものがある。
❸ 保護者への健康教育には [　　] を活用する。

演習課題

つくってみよう

- -

　4、5歳児への保健指導の実例をつくってみましょう。以下のテーマを参考にしてまず
は使用する材料と手順を考えてみましょう。

【テーマの例】

正しい手洗いのしかた、咳エチケットについて、むし歯にならないための口のケア、歯磨
きのしかた、夏の水分補給、プライベートゾーン、事故の予防、着がえのしかた　など

子どもの保健的対応について理解しよう3

今日のポイント

1 赤ちゃんは、原始反射によって乳を飲み込んでいる。

2 乳歯は生後4～7か月ごろに生え始め、6歳で最初の永久歯が生える。

3 子どもの睡眠は、生活リズムの基礎となる。

1 子どもの飲食

1 授乳

　生まれてすぐの赤ちゃんを観察すると、もぞもぞしながらお母さんの乳房を探し、みずから吸いつきます。生きることは食べる（この時期では飲む）ことで成り立っているのです。赤ちゃんが母乳や育児用ミルクを飲むときには、口を大きく開け、乳首を取り込み、上あごに固定させます。舌を前後に波のように動かして母乳や育児用ミルクを吸い出しています。赤ちゃんは、口を開けたまま鼻呼吸しています。母乳や育児用ミルクは、口を開けたまま飲んでいます。また生まれた直後からの原始反射*によって、口を開け、吸いつき、飲み込むのです。

2 離乳

　原始反射があると、スプーンを口に入れたときに舌が出てしまい口が閉まりません。原始反射がなくなると、スプーンを取り込み、口を閉じて飲み込めるようになります。生後5～6か月ごろが離乳の開始期となります。離乳とは、母乳や育児用ミルクなどの乳汁栄養から、幼児食に移行する過程のことをいいます。離乳の開始の手順は、以下のようになります。

①スプーンを口に入れましょう。

②ドロドロした食べ物を1さじ口に入れ、ごっくんと飲み込みを促しましょう。

③少しずつ量を増やしましょう。

④飲み込みが上手になり、もぐもぐできたら、プリン・ゼリーなど、舌でつぶせるものを与えましょう。

⑤離乳食が1日2回になったら、刻み食にします。そのときには乳歯が生えているでしょう。

重要語句

原始反射

→新生児にみられる、自分の意思ではなく特定の刺激に対して、自動的に生じる運動。およそ生後4～6か月には消失する（➡5コマ目を参照）。

プラスワン

授乳のコツ

授乳するときは、ゆったり抱いて、声をかけながらする。子どもが休んだら、話しかけるようにすると、会話のようなリズムになる。あごの下にガーゼのハンカチを置くとよい。

⑥おにぎりなど手づかみで食べるものを用意します。一口で食べる量を決められるようになります。スティックのきゅうりなどもよいでしょう。

⑦離乳食のすすめ方はかなり個人差があります。赤ちゃんにも好き嫌いがあります。あせらず、ゆったりとすすめましょう。

3　水分のとり方

哺乳瓶でミルクを飲んでいた子どもは、やがてコップで水分をとることになります。移行期にはストローや、ふたつきのコップや両手持ちのコップを試すことがあります。

コップは適度に傾けないと、水が口に入りません。傾けすぎると顔に水がかかってしまいます。飲むうちにどんどん角度をつけていきます。この微妙なコントロールは難しく、ふだん何気なく行っているしぐさですが、口と手の共同作業であることがわかります。

4　離乳食

離乳食の食材は、なるべく農薬などを使っていないものを選びます。季節のものを使うのが一番です。自然の素材を味わってもらいたいので、薄味で調味します。塩味を控えめにすると、自然の甘さを感じます。赤ちゃんは母乳の甘みを好みます。甘さには敏感なのです。

うまく飲み下せない赤ちゃんには、自然の素材（オクラやモロヘイヤなど）を使い、とろみをつけます。衛生面に努めながら、楽しい雰囲気で離乳食を保育者とともに、楽しみましょう。だんだん一人で食べられるようになるのが、保育者にとっても喜びです（図表24-1）。

コップを使って飲むのは難しそうですが、すぐにできるようになりますね。

24 コマ目　子どもの保健的対応について理解しよう3

●図表24-1　離乳食の進め方の目安

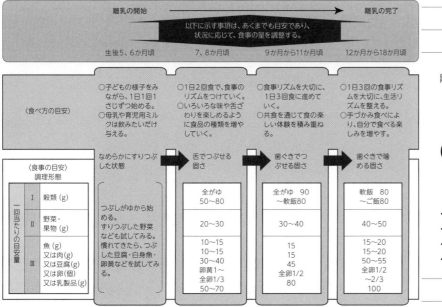

離乳食の例

・具だくさんおじや
・かぼちゃマッシュ
・トマト
・すまし汁

	生後5、6か月頃	7、8か月頃	9か月から11か月頃	12か月から18か月頃
〈食べ方の目安〉	○子どもの様子をみながら、1日1回1さじずつ始める。○母乳や育児用ミルクは飲みたいだけ与える。	○1日2回食で、食事のリズムをつけていく。○いろいろな味や舌ざわりを楽しめるように食品の種類を増やしていく。	○食事リズムを大切に、1日3回食に進めていく。○共食を通じて食の楽しい体験を積み重ねる。	○1日3回の食事リズムを大切に、生活リズムを整える。○手づかみ食べにより、自分で食べる楽しみを増やす。
〈食事の目安〉調理形態	なめらかにすりつぶした状態	舌でつぶせる固さ	歯ぐきでつぶせる固さ	歯ぐきで噛める固さ
一回当たりの目安量　I　穀類（g）	つぶしがゆから始める。すりつぶした野菜なども試してみる。慣れてきたら、つぶした豆腐・白身魚・卵黄などを試してみる。	全がゆ 50〜80	全がゆ 90〜軟飯80	軟飯 80〜ご飯80
II　野菜・果物（g）		20〜30	30〜40	40〜50
III　魚（g）又は肉（g）又は豆腐（g）又は卵（個）又は乳製品（g）		10〜15 10〜15 30〜40 卵黄1〜全卵1/3 50〜70	15 15 45 全卵1/2 80	15〜20 15〜20 50〜55 全卵1/2〜2/3 100

以下に示す事項は、あくまでも目安であり、状況に応じて、食事の量を調整する。

離乳の開始　→　離乳の完了

出典：厚生労働省「授乳・離乳の支援ガイド（2019年改訂版）」

2　乳歯と永久歯

1　乳歯

　赤ちゃんは、生まれたときには歯は生えていません。生後４〜７か月ごろ、下の歯茎に真珠色のポツンとした歯が見えてきます。これが乳歯です。そのころの子どもはよだれが多くなり、かたいものを好んでかむようになります。

　乳歯が生えるころ、歯肉のなかでは永久歯の核ができ始めます。乳歯が生えるということは、将来の永久歯が保障されているということです（図表24-2）。

　乳歯は１歳ごろには上下４本になり、その後臼歯が生え、３歳ごろ20本生えそろいます。５歳ごろから乳歯が抜け、６歳になると最初の永久歯である６歳臼歯が生えてきます。15歳の義務教育が終わるころ、28本のかみ合わせが完成します。最後の永久歯である親しらずが、20歳代に生

図表24-2を見ると、乳歯が生えているときからすでに、永久歯のもとが後ろに生えてきていることがわかりますね。

●図表24-2　胎生期からの歯の発育

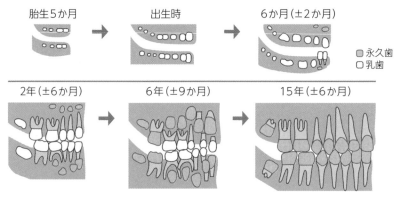

胎生5か月　→　出生時　→　6か月（±2か月）

■永久歯
□乳歯

2年（±6か月）　→　6年（±9か月）　→　15年（±6か月）

●図表24-3　乳歯と永久歯

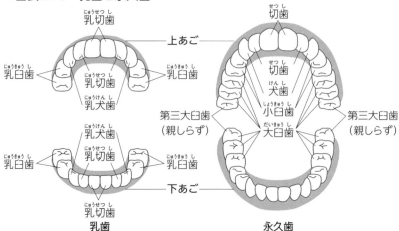

乳切歯
上あご
乳臼歯　乳切歯　乳臼歯
乳犬歯
乳犬歯
乳切歯
乳臼歯　乳臼歯
乳切歯
乳歯

切歯
切歯
犬歯
小臼歯
第三大臼歯（親しらず）　大臼歯　第三大臼歯（親しらず）
下あご
永久歯

📣 プラスワン

歯の数
乳歯20本
永久歯32本
（28本＋親しらず4本）

188

えそろうと32本になります（図表24-3）。

　6歳臼歯が生えてくるときは乳歯の奥になるため、たけの低い6歳臼歯に食物がたまりやすく、むし歯になりやすくなります。

2　口の中の清潔

　歯に残った食物にミュータンス菌がつくと歯垢（しこう）ができます。この歯垢が歯の表面を溶かすとむし歯になります。食べ物が歯に残っていないことが大切で、口腔のケアは、歯が生えたときから必要となります。

　乳歯はどうせ抜けるからむし歯になってもいいと思っていませんか？健康な永久歯が生えるためには、乳歯の時期にしっかりむし歯を予防して、よくかんで食べることが大切です。歯と歯の間、奥歯のかみ合わせ、歯と歯肉の境目がむし歯になりやすいところなので注意しましょう。

3　歯科健診

　歯が生えたら、ケアが必要になります。乳児のうちは、清潔なガーゼでぬぐってあげましょう。乳児用のいろいろな歯ブラシがありますので、口に合うものを使うとよいでしょう。

　2歳ごろには、自分で歯ブラシを口に入れられるようになりますが、まだ歯ブラシに慣れるというだけです。一人で磨けるようになるのは、4〜5歳ごろです。まずは、歯磨きをする習慣つくりが大切です。大人は子どもを寝かせて、仕上げ磨きを心がけましょう。

　歯科健診*時には、むし歯のほか、歯並びやかみ合わせもチェックします。歯質強化のためフッ素塗布の相談をしましょう。

3　子どもの睡眠

1　子どもの睡眠の特徴

　睡眠は、生活リズムを整えるのに最も役立ちます。皆さんも休みの日に朝寝坊をすると、朝食抜きの2食になり、1日が短く感じたことがありませんか？

　新生児は、昼夜寝たり起きたりを繰り返しています。3〜4時間おきに起きるこのリズムは、授乳に都合よくできています。新生児は合わせて1日に約18時間ほど眠りますが、夜はまとめて寝ません。生後3か月ごろから、朝の光で目を覚まし、夜少しまとめて寝るようになります。すると、日中の活動のリズムがでてきます。授乳、沐浴、遊び、午睡など保育者とのやりとりのなか、大人の生活に合わせられるようになります（図表24-4）。

📝**プラスワン**

歯ブラシの管理
薬液に歯ブラシをつけて消毒したあとよく乾燥させる。

仕上げ磨き

✏️**重要語句**

歯科健診
→母子保健対策事業として1歳6か月児健診と3歳児健診に無料の歯科の診察がある（➡8コマ目を参照）。

24
コマ目

子どもの保健的対応について理解しよう3

新生児は寝たり起きたりを繰り返します。1歳児は、まとめて夜眠るようになりますが、午前寝、午後寝をします。3歳ごろになると昼寝をすれば、日中活動ができます。

● 図表24-4　睡眠リズム

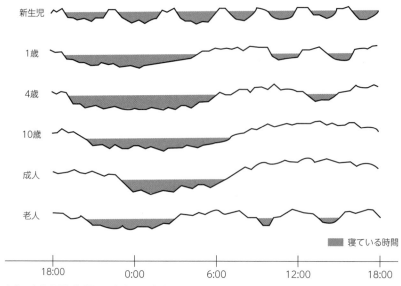

新生児

1歳

4歳

10歳

成人

老人

■ 寝ている時間

18:00　　0:00　　6:00　　12:00　　18:00

出典：大熊輝雄『睡眠の臨床』医学書院、1977年をもとに作成

　最近では、子どもの寝る時間は、夜22時以降の遅寝が多くなっています。保護者の生活が夜型になっている影響でしょう。子どもの成長に欠かせない成長ホルモンは夜22時ごろから出ます。早寝は、子どもの昼の活動時間を確保するためにも大切です。

2　子どもの寝かせ方

　寝るときには、お気に入りのぬいぐるみやシーツがあると安心して入眠できる子どももいます。
　また、乳幼児突然死症候群（➡ 12コマ目を参照）の予防のために、かためのふとんを使用し、あおむけに寝かせます。呼吸数や体の位置を寝ている間もチェックします。快眠が得られるように、室内の照明や音に気をつけ、室温や寝具も調整し、質のよい環境をつくりましょう。

おさらいテスト

❶ 赤ちゃんは、[　　　　　]によって乳を飲み込んでいる。
❷ 乳歯は生後[　　　　]か月ごろに生え始め、[　　　　]歳で最初の永久歯が生える。
❸ 子どもの睡眠は、[　　　　]の基礎となる。

演習課題

子どもの食事と睡眠について理解しよう

- -

演習テーマ 1　いろいろなものを食べて、口のなかの感覚を知り、鍛えてみよう

①水を飲むとき、舌の先の位置を確かめましょう。

②少し口を開けたまま水を飲めるかやってみましょう。

③子どもがよくするスプーンの持ち方でプリンかゼリーを食べてみましょう。

④プリン、ゼリーを食べるときの舌の動きを感じましょう。

⑤2人組になって、お互いに、食べさせ合いましょう。

⑥長い棒のお菓子を一口かんでみましょう。

⑦お菓子を食べるとき、舌の動きを感じましょう。

演習テーマ 2　午睡について自分で調べてみよう

　午睡（昼寝）の意味について調べてみましょう。またどのような保育環境をつくっているか、保育室の図をかいてみましょう。

例：ホールで寝るか、保育室で寝るか、カーテンを閉めるか閉めないか、ふとんかベッドか、空調はどうするかなど。

子どもの保健的対応について理解しよう4

今日のポイント

1 首がすわらない赤ちゃんを抱くときには、背中が平らになるようにする。

2 生後1か月までの乳児には、大人より1枚多く着せる。

3 育児用品には、ベビーカー、ベビーベッド、チャイルドシート、ハイローチェア、モビールなどがある。

1 抱っことおんぶ

1 抱っこ

赤ちゃんは抱かれるのが大好きです。できるだけ抱き、スキンシップを楽しみましょう。お互いに顔を合わせることが大切です。

現在では、いろいろな種類の抱っこひもがあります。抱いていると足もとが見えず、つまずきやすくなります。段差に気をつけましょう。転ぶと赤ちゃんを押しつぶすことになり、大変危険です。

①横抱き

首がすわる前の赤ちゃんは、背中が平らになるように抱きましょう。赤ちゃんの首のところと足の間に手を入れ、そっと抱き上げます。頭から先に起こします。それからひじを軽く曲げて、赤ちゃんの頭を乗せます。赤ちゃんのおしりのほうからそっとベッドに寝かせます。このとき、声かけを忘れずにしましょう。

②縦抱き

首がすわると、赤ちゃんは体をまっすぐにしていられるようになります。そうすると、縦に抱くことができます。

プラスワン

揺さぶられっ子症候群

乳児を激しく揺さぶることにより、脳内に出血を起こし、後遺症を生ずる外傷のこと。

横抱き

縦抱き

2 おんぶ

おんぶは、保育者の両手があくという利点があります。子どもの首がすわると、おんぶすることができます。保育者と子どもが同じ視線でものを見ることができます。

おんぶができると、緊急の際に、1人を背負い、1人を抱き、1人の手を引いて3人の子どもと避難することができます。乳児保育の場合、1人の保育者は、子ども3人をみることになります。ひもが1本あれば子どもを背負えます。ぜひ練習しておきましょう。

・おんぶはひもをきつくして、締めつけないようにする。
・授乳後すぐは、胃を圧迫し子どもへの負担が増すので避ける。

2　お風呂の入れ方

赤ちゃんをしっかり抱いて、サポートできるようになったら、お風呂に入れましょう。このときに、洋服の着せかえ、おむつかえも体験できます。

1 沐浴

赤ちゃんがベビーバスを使い、お風呂に入ることを沐浴（もくよく）といいます。沐浴には沐浴槽を使います。沐浴の留意点は図表25-1、方法は図表25-2の通りです。

【沐浴の目的】
①体の清潔を保つ。
②裸にするので全身観察の機会になる。
③血液循環をよくし、新陳代謝を促す。
④気持ちよくさせ、リラックス効果を高める。
⑤安眠を保障する。
⑥スキンシップの機会になる。

●図表25-1　沐浴の留意点

時間	昼間10〜14時（慣れれば夜間でもよい） 授乳後1時間以上経過したとき
環境	熱がなく、機嫌よく体調のよいとき 室温20〜23℃　すき間風がないこと 湯の温度　夏38〜39℃、冬40℃
所要時間	10〜15分　手早くする
沐浴後のケア	綿棒で鼻、耳の清拭（せいしき）をする。特に耳の後ろの汚れを取る。爪を切る（原則家庭で行う） 白湯などで水分補給する ベビーマッサージ*などをするのもよい

25
コマ目

子どもの保健的対応について理解しよう4

📝 プラスワン

二面の合ったところ

皮膚と皮膚がふれ合っているところが乳児にはたくさんある。たとえば手首、足のつけ根などである。汚れがたまりやすいのでしっかり洗う。しかしこすってはいけない。

反射の予防

乳児は反射があり、お湯に入ると、びくっとする。1枚布をかけ反射を予防する。

✏️ 重要語句

ベビーマッサージ

→赤ちゃんの肌に優しくふれる。いろいろタッチするやり方がある。お互いに気持ちよくふれあえればよい。

●図表25-2　沐浴の方法

①衣服を着せたままバスタオルの上に寝かせ、ガーゼハンカチで目頭から目尻にかけて拭く。

②赤ちゃんを抱いて、石けんで頭を洗う。 顔を拭くときに使った洗面器の湯を使用する。バスタオルの頭の部分を広げて寝かせ、頭の水分を押さえるようにして拭く。

③衣服を脱がせ、石けんを体につける。 背中を洗うときには片方の手で赤ちゃんの体を支えながら引き起こし、もう片方の手で石けんをつける。

④入浴布を体にかけ、足から静かに湯に入れる。

⑤ガーゼハンカチで石けんをよく洗い落とす。 赤ちゃんのおしりをベビーバスの底に落ち着けて、背中についた石けんもよく洗い落とす。

⑥湯から上げて、バスタオルの上に寝かせ、押さえるようにして水分を拭き取る。

⑦衣服を着せる。

⑧綿棒で耳や鼻の入り口を拭き、髪の毛を整える。

⑨母乳、育児用ミルクなどを与える。

2 清拭

病気や体調が悪いときは、体を拭いてあげます。これを清拭（せいしき）といいます。熱めのお湯にやわらかいタオルを浸し、絞って体を拭きます。拭き終わったらすぐバスタオルで水分を取ります。

おむつかえのとき、おしりだけ拭くこともあります。

3 衣服の着せかえ

1 子どもの衣服とは

適切な子どもの衣服の条件には次のようなものがあります。
①その子の年齢ではなくサイズに合ったもの。
②衛生的で、保温性、吸湿性、通気性のあるもの。

子どもの服は、身長がサイズになっています。

③柔軟で子どもの動きを阻害せず、着脱しやすいもの。

④肌触りがよく、皮膚に刺激を与えないもの。

⑤洗濯に耐える、丈夫な素材であるもの。

⑥絡まるひもや飾りボタンなど、装飾品に気を配ったデザインのもの。

乳児の衣服

カバーオール

ベビードレスと短肌着

おくるみ

２　乳児の衣服の着せかえ

　生後１か月までの乳児は、動きが少ないので大人より１枚多く着せましょう。生後３か月ごろになると動きが活発になり、体温調整ができるようになるので、大人と同じでよいでしょう。足が動かせるように、ズボンタイプにします。生後６か月ごろからは、上下が分かれた服にすると、着せかえが簡単です。体を活発に動かすようになったら、大人より１枚少なめに着せましょう。着がえの手順は、図表25-3の通りです。

【着がえの手順】

①上着と肌着は袖を合わせて、通しておきましょう。

②着がえる衣服を準備し、その上に子どもに声かけして寝かせます。

③袖口をたくしながら、子どもの手首を持って袖を通しましょう。

④両手が入ったら、前身ごろを合わせましょう。

●図表25-3　着がえの手順

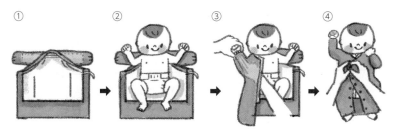

４　排泄

１　子どもの排泄のしくみ

　尿は、背中側に２個ある腎臓でつくられます。乳児の腎機能は未熟で、濃縮できないため薄い尿を何回も出します。尿は２つの腎臓から１つの膀胱に集められます。乳児は膀胱に尿がたまると、反射で排尿します。

　乳児期後期になると、膀胱に尿がたまった刺激が大脳にいくようになります。これは、たくさん膀胱に尿をためられるようになったからです。

　便も直腸にたまると、反射で排便します。母乳を飲んでいる子どもの便は軟らかいので、排尿したり、泣いたりするとき出てしまいます。そのため、排便回数が多くなります。

25
コマ目

子どもの保健的対応について理解しよう4

2　おむつかえのしかた

　おむつは、布か紙かだけでなく、パンツ式のものや、男女別々のものがあります。サイズも新生児用からS、M、L、LLとあり、子どもの体重を目安に選びましょう。おむつかえの手順は、図表25-4、25-5の通りです。

【おむつかえの手順】

①清潔なおむつ、おしり拭き、テッシュペーパー、汚物入れを用意します。

②清潔なおむつを敷き、子どもに声かけして寝かせます。

③汚れたおむつを取り、おしり拭きなどで外陰部を清潔にします。

④新しいおむつを引き出し当てます。

⑤布おむつは股関節脱臼*を防ぐために、股おむつにします。男の子は前を厚く、女の子は後ろを厚くします。

⑥手洗いをして、排泄物の状態や量など記録を書きます。

● 図表25-4　布おむつのおむつかえの手順

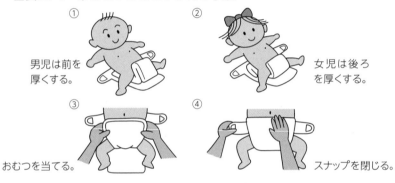

①　男児は前を厚くする。

②　女児は後ろを厚くする。

③　おむつを当てる。

④　スナップを閉じる。

⑤　ずり下がらないようにフィットしているか確認する。

⑥　腹部を圧迫していないか確認する（指2本分すき間をあける）。

● 図表25-5　紙おむつのおむつかえの手順

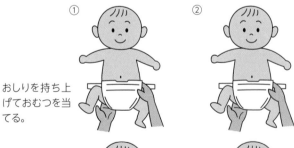

①　おしりを持ち上げておむつを当てる。

②　左右対称になるようにしっかり当てる。

③　テープが腹部を圧迫していないか確認する（指2本分すき間をあける）。

④　ギャザーが内側に折れないように整える。

> **重要語句**
>
> 股関節脱臼
>
> →太ももの骨が股関節から抜けている状態。女児に多い。

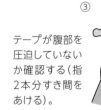

> 紙おむつと布おむつの長所・短所を調べてみましょう。ちなみに、2歳半まで紙おむつを使うと、25万3,160円（メーカー平均）かかります。布おむつの場合にはおむつカバー、光熱費など含めて7万3,716円（日本製の場合）かかります。

5　育児用品

　育児用品には、ベビーカー、ベビーベッド、チャイルドシート、ハイローチェア、モビールなどがあり、さまざまなメーカーでつくられています。育児用品はいずれも、取扱説明書をよく読み、安全に使用することが大切です。

　外出時に使用するのがベビーカーです。必ずシートベルトをし、長時間の使用は避けましょう。チャイルドシートは、2000（平成12）年から利用が義務づけられました。新生児タイプ、首がすわってからのもの、ジュニアシートがあり、子どもの体重を基準として選びます（図表25-6）。ベビーベッドは柵を必ず上げ、マットレスはかたいものを選びます。ベッドのなかにものを置かないようにしましょう。

● 図表25-6　ベビーカーの種類（コンビ㈱）

1か月児から使用できるもの

7か月児から使用できるもの

おさらいテスト

❶ 首がすわらない赤ちゃんを抱くときには、[　　　　]になるようにする。

❷ 生後1か月までの乳児には、大人より[　　　　]多く着せる。

❸ 育児用品には、[　　　　]、[　　　　]、[　　　　]、ハイローチェア、モビールなどがある。

ベビーカーで散歩に行きましょう。天気のよいときの外出は、赤ちゃんにとっても気持ちのよいものです。紫外線対策を忘れないようにしましょう。

チャイルドシート（コンビ㈱）

ハイローチェア（コンビ㈱）

25コマ目　子どもの保健的対応について理解しよう4

沐浴を体験してみよう

沐浴人形で実際に沐浴させ、人形の背中を洗ってみましょう。

入浴の際用意するもの

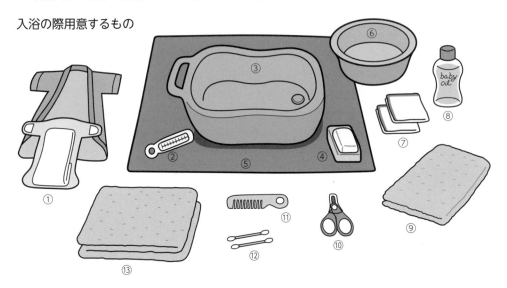

①おむつと着替え　　⑥洗面器　　　　　　　　　　　　⑪ヘアブラシ

②湯温計　　　　　　⑦ガーゼハンカチ2枚（入浴用と顔ふき用）　⑫綿棒

③ベビーバス　　　　⑧ベビーオイル　　　　　　　　　⑬バスタオル

④石けん　　　　　　⑨入浴布

⑤バスシート　　　　⑩爪切り

①首がすわっている乳児を想定して沐浴をさせてみましょう。

②顔の拭き方を調べましょう。

③顔拭き歌を集めましょう。

④おしりの部分浴のしかたを考えましょう。

⑤ベビーマッサージのやり方を調べてみましょう。

演習課題

おむつかえを体験してみよう

おむつかえを紙おむつ、布おむつを使ってやってみましょう。

【手順の復習】

①布おむつ

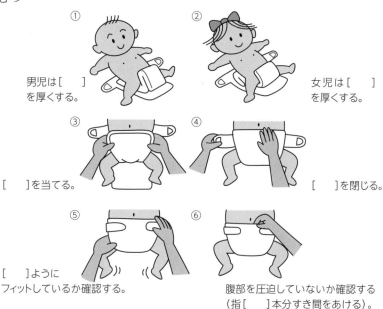

男児は [　] を厚くする。

女児は [　] を厚くする。

[　] を当てる。

[　] を閉じる。

[　] ように
フィットしているか確認する。

腹部を圧迫していないか確認する
（指 [　] 本分すき間をあける）。

②紙おむつ

[　] を持ち
上げておむつ
を当てる。

[　] になる
ようにしっか
り当てる。

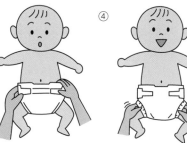

テープが腹部を
圧迫していない
か確認する（指
[　] 本分す
き間をあける）。

[　] が内側
に折れないよ
うに整える。

※ 246 頁の解答例を確認してみましょう。

慢性疾患のある子どもへの対応を理解しよう

今日のポイント

1 慢性疾患とは、徐々に発病し、病気の経過が長引くとともに治療期間も長期にわたる疾患の総称である。

2 てんかん発作には、部分発作と全般発作がある。

3 糖尿病には1型糖尿病と2型糖尿病がある。

1 子どもの慢性疾患とは

　慢性疾患とは、徐々に発病し、病気の経過が長引くとともに治療期間も長期にわたる疾患の総称です。具体的には慢性心疾患、慢性呼吸器疾患、慢性消化器疾患、内分泌疾患、糖尿病、膠原病、先天性代謝異常、悪性新生物などがあり、保育所等においても、慢性疾患のある子どもへの特別な配慮が必要になっています。通園や入院によって保育所を休みがちになったり、友だちと同じように遊べなかったり、ほかの子どもにはない投薬などの処置が必要だったりすることによって、「皆とは違う」ことが子どもの心理的な負担になることもあります。保育者が病気やその対応についてよく知ることはもちろん、まわりの子どもや保護者への理解を促し、慢性疾患の子どもにとって保育所が安心して過ごせる場所であるように配慮しましょう。

　2015（平成27）年1月には「児童福祉法」の一部改正が行われ、それまでの「小児慢性特定疾患」は「小児慢性特定疾病」へと改められ、「児童又は児童以外の満20歳に満たない者が当該疾病にかかつていることにより、長期にわたり療養を必要とし、及びその生命に危険が及ぶおそれがあるものであつて、療養のために多額の費用を要するものとして厚生労働大臣が社会保障審議会の意見を聴いて定める疾病をいう」として法定化されました。小児慢性特定疾病の対象疾病拡大や、医療費助成の義務的経費化、自立支援事業の実施、治療方法等に関する研究の推進など、慢性疾病を抱える子どもへの支援はますます広がっています。学校や保育所等においても、医療と連携しながら、保護者に対する支援も含めた適切な対応が求められています。

2015年の「児童福祉法」の一部改正によって、小児慢性特定疾病の対象は11疾病群514疾病から14疾病群704疾病まで広がっています。

2 神経・筋疾患（てんかん）

　てんかん発作は、「てんかん」により突然意識を失い、反応がなくなるなどの症状がある疾患です。WHO（世界保健機関）は、「種々の病因によってもたらされる慢性の脳疾患であり、大脳ニューロンの過剰な放電から由来する反復性の発作（てんかん発作）を主徴とし、それに変異に富んだ臨床ならびに検査所見の表出がともなう」と定義しています。てんかんの原因はさまざまで、原因不明の場合も多いものの、小児期では出生前の胎内感染や脳形成異常、出産時の低酸素脳症、出生後の脳炎や髄膜炎が主な原因となります。遺伝が原因となることはまれで、人口1,000人当たり5〜8人の患者がいる比較的よくみられる疾患です。

　てんかんの発作には、脳の一部から始まる「部分発作」と脳の左右全体から始まる「全般発作」があります（図表26-1）。部分発作のなかで発作

●図表26-1　てんかんの発作の種類

部分発作	意識障害なし（単純部分発作）	運動発作…体の一部分がけいれん。
		感覚発作…視野の一部分がチカチカ見えたり、体の一部分がピリピリしびれる感じ。
		精神発作…錯覚や幻覚、デジャブなど。
		自律神経発作…めまいや吐き気など。
	意識障害あり（複雑部分発作）	単純部分発作で始まるもの…自分の意思とは関係なく、手を動かしたり口をもぐもぐさせたりする（自動症）などとともに意識減損をきたす。
		最初から意識が低いもの（意識減損）…意識はなくなっていないものの、気がついたら時間が過ぎていたなど。
	両側性けいれん性発作へ進行する（二次性全般化）。	
全般発作	欠神発作（けっしんほっさ）…意識が突然になくなり、話しかけても反応がなかったり、動きが止まるなど。	
	ミオクロニー発作…自分の意思とは関係なく、筋肉がピクンと動いたりふるえたりして、物を落としたりする。	
	強直間代発作（きょうちょくかんたい） ・強直発作…突然意識を失い、筋肉がぶるぶるふるえて体がかたくなる。チアノーゼ、呼吸停止を起こす場合もある。 ・間代発作…筋肉けいれんと筋肉のゆるみが繰り返し起こり、ガタガタ体がふるえる。意識がもうろうとして失禁などを起こす場合もある。	
	脱力発作…全身または体の一部の筋力が低下して転倒したりふらっと倒れたり、ひざが折れて崩れる、首が折れるように頭を下げるなどが突然起こる。	

出典：公益財団法人日本医療機能評価機構ホームページ「Mindsガイドラインライブラリ」をもとに作成（https://minds.jcqhc.or.jp　2020年2月5日アクセス）

26
コマ目

慢性疾患のある子どもへの対応を理解しよう

抗てんかん薬や外科治療でも効果がない場合、脳神経の1つである迷走神経に電気刺激を繰り返す「迷走神経刺激法」を行うこともあります。

💬 プラスワン

血糖とインスリン

炭水化物（糖質）は、消化・分解されるとグルコース（ブドウ糖）となり、血液を通じて全身に送られ、主なエネルギー源として使われる。血液中のブドウ糖のことを「血糖」というが、血糖を臓器や筋肉に取り込む（血糖を下げる）働きをする唯一のホルモンである「インスリン」が不足すると、血糖が多く血液中にとどまり続けることになり、糖尿病の原因となってしまう。

✏️ 重要語句

75gOGTT

→早朝空腹時血糖値を調べたあと、75gのブドウ糖溶液を飲み、30分、1時間、2時間後の血糖値を測定するもの。糖尿病の診断には主に2時間後の血糖値が用いられる。

の間に意識が保たれるものを「単純部分発作」、だんだん意識が遠のくものを「複雑部分発作」とよびます。全般発作の場合は、瞬間的に起こるミオクロニー発作をのぞいて、原則的には意識が障害された状態となります。治療には長期の服薬をともなうことが多く、なかには外科的治療で根治や緩和をめざす場合もあります。

　保育所等で発作が起きた場合、まわりの子どもが驚いたり怖いと感じることがあります。保育者が落ち着いた対応をしながら、「大丈夫だよ」などと声かけを行うことが大切です。治療には決められた間隔での服薬が欠かせないため、薬の管理は厳重にし、医師の投薬指示に従って対応します。運動などを大きく制限する必要はありませんが、発作時にけがをすることがないようによく配慮する必要があります。てんかんのある子どもは、発作が起きる不安や、投薬や規則正しい生活を求められることでストレスを抱えがちです。受け入れ体制をしっかりしながら、心理的なケアにも留意しましょう。

3　内分泌疾患（糖尿病）

　糖尿病とは、インスリンが分泌されなかったり、分泌量が少なかったり十分に作用しなかったりすることを原因として、血糖値が高くなる疾患です。長期にわたると微小血管の破壊が進み、目や腎臓をはじめとしたさまざまな臓器に重大な障害をもたらします。診断には早朝空腹時血糖値や75gOGTT*（75g経口ブドウ糖負荷試験）などの指標が用いられ、その他の検査と合わせて糖尿病と判断されます（図表26-2）。糖尿病には、インスリンがつくられる膵臓のβ細胞が何らかの理由で壊れてしまう1型糖尿病と、肥満や運動不足、ストレスなどによってインスリンの働きが悪くなる2型糖尿病があり、子どもでは1型糖尿病のほうが多くみられます（図表26-3）。

　1型糖尿病ではインスリン注射による治療が必須となります。保育所等に通う未就学児は自分で注射を打つことができないため、保護者や看護師が対応します。インスリン注射は子どもには大きな負担になるため、近年ではそのつど注射をする必要のない持続皮下インスリン注入療法を行うことも増えています。

　インスリン療法の間は、血糖値が下がりすぎることがあり、特別な配慮が必要です。低血糖は空腹感やイライラ感などから始まり、症状がすすむと発汗や顔面蒼白などがみられ、重度の場合は意識を失うこともあります。早く症状に気づき、ブドウ糖補給用の錠剤やゼリーを摂取させることが重要です。特に運動会や遠足など、子どもの心身の状態がいつもと違うことが考えられる場合にはよく注意して見守りましょう。そのほか、食事療法、運動療法と合わせて、保護者や医師と連携しながら、子どもがよりよい形で成長・発達していけるように援助していくことが必要です。

●図表26-2　糖尿病の診断基準

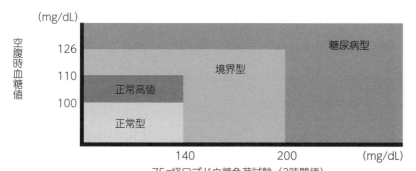

出典：日本糖尿病学会「糖尿病治療ガイド2018-2019」2018年をもとに作成

●図表26-3　1型糖尿病と2型糖尿病の違い

	1型糖尿病	2型糖尿病
発症年齢	子どもや若い人に多い	中高年に多い
体形	やせ形に多い	やや太り気味～肥満に多い
発症	急激に発症し、症状の悪化も急速	ゆるやかに発症し、進行もゆっくり
発症の原因	膵臓のβ細胞が破壊されたため	遺伝的資質に肥満へとつながりやすい生活習慣が影響して発症
治療方法	インスリン注射	食事・運動療法。場合によっては投薬とインスリン注射

4　先天性心疾患

　ヒトの心臓は発生初期に「原始心筒」とよばれる単純な筒状のものが、屈曲してループ状になり、やがて中隔膜が形成されて、2対の心房と心室を備えた形状へと変化します。発生過程がとても複雑で、形成には多くの遺伝子が関わるために異常が起こりやすく、正常な構造とならない「先天性心疾患」が新生児の100人に1人程度の頻度でみられるとされています。

　先天性心疾患には「非チアノーゼ*性心疾患」と「チアノーゼ性心疾患」があり、前者が全体の約60～70％を占めています。非チアノーゼ性心疾患はチアノーゼをともなわない比較的軽い症状のもので、心房中隔欠損症、心室中隔欠損症、房室中隔欠損症、動脈管開存症などがあります（図表26-4）。これらは共通して左右の心房や心室、あるいはその両方に穴が開いていたり、大動脈と肺動脈がつながっていて、血液の流れにシャントとよばれる横道があることが特徴です。これによって肺に流れる血液が増え、肺高血圧や心不全を引き起こします。

　チアノーゼ性心疾患は先天性心疾患全体の30～40％ですが、ファロー四徴症、完全大血管転位症、両大血管右室起始症など、20以上の種類が

26
コマ目

慢性疾患のある子どもへの対応を理解しよう

重要語句

チアノーゼ

→血中の酸素の不足から、皮膚の色が悪く、特に指先や唇が青紫色になる状態。

あります。チアノーゼ性心疾患は、チアノーゼがあることや、心臓の形状が正常とかなり違うこと、疾患自体が珍しく治療の方針が立てにくいことなどから、より難しい病気といえます。

　心疾患で手術を受けた場合、入院が長期化し、成長・発達が遅れがちになることもあります。また術後は体の抵抗力が落ちるので、感染症などには留意します。

　病状が落ち着き、保育所等に通えるようになった場合は、子どもの不安や特別扱いすることでの甘えなど、心理的発達に関しても配慮が必要です。日常の運動遊びなどは可能なことが多いものの、あまり無理をしすぎない範囲にとどめます。肥満は心臓に負担をかけるので、運動に一定の制限がある場合には特に、医師や保護者と連携しながら、適切な食生活や規則正しい生活、適度の運動に配慮します。

●図表26-4　主な先天性心疾患

非チアノーゼ性心疾患	心房中隔欠損症
	心室中隔欠損症
	房室中隔欠損症
	動脈管開存症
チアノーゼ性心疾患	ファロー四徴症
	完全大血管転位症
	両大血管右室起始症
	総肺静脈還流異常症
	単心室症
	三尖弁閉鎖不全症　など

おさらいテスト

❶ 慢性疾患とは、徐々に発病し、病気の［　　　　］とともに治療期間も長期にわたる疾患の総称である。

❷ てんかん発作には、［　　　］発作と［　　　］発作がある。

❸ 糖尿病には［　　］型糖尿病と［　　］型糖尿病がある。

演習課題

慢性疾患のある子どもへの理解を深めよう

演習テーマ 1 小グループで話し合おう

　慢性疾患のある子どもについて、日常の保育のなかでどのような配慮が必要であるか、まわりの人と話し合ってみましょう。

演習テーマ 2 保育室でてんかん発作を起こした子どもがいた場合の対応について考えよう

発作が起きたときに確認すべきこと

発作時の注意点

発作後の注意点

演習テーマ 3 保育者としての配慮を考えてみよう

　長期入院などで不在だった子どもが保育所等に戻ってきたとき、自分が担当の保育者だったらどのような配慮が必要か考えてみましょう。

障害のある子どもへの対応を理解しよう

1 日本の障害児保育は1970年代以降、急速に広がってきた。

2 個別のニーズに合わせた支援が必要である。

3 障害そのものだけではなく、子どもの心理的発達にも配慮する。

1 保育所における障害児保育（統合保育）

1 統合保育とは

　保育所等において障害のある子どもを健常な子どもと同じ場で保育することを統合保育といいます。統合保育の目的は、ノーマライゼーション*の概念に基づき、障害の有無にかかわらず同じ環境のなかで、互恵的な関係のもとに子どもたちがともに成長・発達を遂げていくことです。

　障害の種類や程度は子どもによって多様であり、障害と健常の境目も明確に定義できるものばかりではありません。多くの保育所等においては障害が認定された子どもだけではなく、認定がされていなくても対象と考えられる子どもや、対象とはいいきれなくても気になる点のある子どもについて、「特別な支援が必要な子ども」として配慮・援助を行っています。

　統合保育には、以下のメリットと課題が考えられます。

【統合保育のメリット】

①障害のある子どもの養護・教育の機会を保障するとともに、保護者以外の大人や健常な子どもとふれあうことで成長・発達の促進を期待することができる。

②健常な子どもが障害のある子どもとともに保育を受けることで、障害への理解や多様性の受容など、心理的発達へよりよい影響が期待できる。

③障害のある子どもの保護者が保育者やほかの保護者と関わることで、孤立することなく育児不安を軽減する機会をもつことができる。

　しかし一方で、今後に向けて以下のような課題も存在します。

【統合保育の課題】

①障害のある子どもの予想しがたい行動から安全面での配慮が必要である。

②障害のある子どもに合わせることで、活動によっては教育的効果が低下する可能性がある。

重要語句

ノーマライゼーション

→主に障害者と健常者が区別されることなく、社会のなかで同じ条件で生活できるようにすべきという考え方や、それに基づく環境整備、運動、施策などのこと。

プラスワン

インクルーシブ保育

統合保育と似た言葉にインクルーシブ保育がある。はっきりとした定義がないが、障害、国籍、疾病など、子どもの多様性について、すべての子どもに同じように、一人ひとりのニーズに合わせた配慮をする保育のことである。すばらしい理念である一方で、現実的には区別を行わないことで、必要な援助・配慮が障害をもった子どもに十分届かないことが懸念される側面もある。

③保育者が十分な専門性を確保することが難しかったり、保育者の十分な
加配が行えなかったりする場合がある。

　障害児保育の現状を見ていきましょう（図表 27-1 ～ 27-3）。現在で
は、多くの保育所で障害児保育が実施されています。障害のある子ども 2
人あるいは 3 人に 1 人を基準に保育士を加配する市町村が多く、障害児
保育は保育士のキャリアアップ研修の専門分野の一つとしても取り上げら
れており、特別な配慮が必要な子どもに対する対応は、保育士としての本
来業務になっています。社会全体がノーマライゼーションを目指すうえで、
統合保育や、障害のある子どものいる家庭への子育て支援を行うことので
きる保育士の役割が、これからますます期待されています。

はっきりと障害児
保育の対象と認定
できなくても、保育
者が特別な配慮を
必要とすると感じ
る子どもはたくさん
いるのですね。

● 図表27-1　運営主体別障害児保育実施の有無

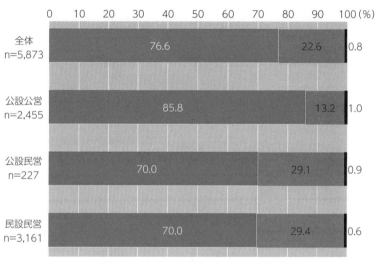

■実施している　■実施していない　■無回答

出典：全国保育協議会「会員の実態調査報告書2016」2016年

● 図表27-2　障害児保育対象児童数：数値回答

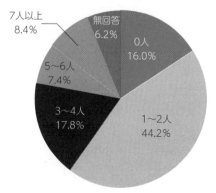

● 図表27-3　障害児保育対象以外の特別な支援が
必要な児童の有無：単数回答

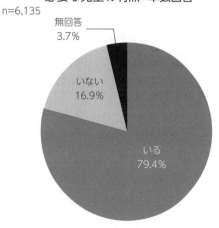

出典：全国保育協議会「会員の実態調査報告書2016」2016年

27
コマ目

障害のある子どもへの対応を理解しよう

2 統合保育の歴史と現状

1947（昭和22）年に制定された「児童福祉法」においては、保育所の入所基準に障害児が含まれていませんでした。1974（昭和49）年、厚生省（現：厚生労働省）が「障害児保育事業実施要綱」を策定し、対象を「おおむね4歳以上」、「原則として障害の程度が軽く集団の保育が可能」な者とした障害児保育が始まりました。その後、1978（昭和53）年には対象について年齢制限がなくなり、「一般的に中程度までの障害児」、「保育所で行う保育になじむもの」とされ、受け入れ範囲が広がりました。

1989（昭和64）年度には国の「障害児保育事業」として位置づけられ、1998（平成10）年度から2002（平成14）年度までは「障害児保育対策事業実施要綱」に基づいて実施されてきました。2003（平成15）年には障害児保育対策事業は一般財源化され、2007（平成19）年からは地方交付税の算定対象が特別児童扶養手当の対象児童から軽度の障害児に広げられています。このように統合保育は受け入れ対象の条件緩和や国からの助成の拡大などを通じて推進されてきましたが、現在においても保育所等における受け入れ枠は十分ではなく、入所できない障害児も多いのが実状です（図表27-4）。質的な面では、厚生労働省は障害児保育を行う保育士の専門性向上のための研修を行ってきたほか、2014（平成26）年には「保育所等訪問支援」が創設されました。これは児童発達支援センター*などの指定を受けた事業所が保育所等を訪問し、障害児本人や保育士に指導を行うものですが、2014年時点では、事業を行っているのは247か所（利用者約1,200人）にとどまっており、今後の拡大が望まれています。

保育所等においては、障害児保育における専門性の確保にばらつきがあり、ニーズに合わせて十分な体制がないままに受け入れるケースも考えられることから、量的な拡充とともに質的な向上を図ることが必要です。

> 統合保育が始まった1974年当時は、18の保育所に在籍する159名の子どもだけが対象でした。

✏ 重要語句

児童発達支援センター

→障害のある子どもに対して、日常生活における基本的動作や自立にむけた知識・技能のための指導、集団生活へ適応するための訓練などをするための施設。かつては障害の種別で施設が分かれていたが、2012（平成24）年から複数の障害に対応できるよう一元化されており、福祉サービスのみを提供する「福祉型」と、福祉サービスにプラスして治療も行う「医療型」がある。

●図表27-4　障害児保育の実施状況推移

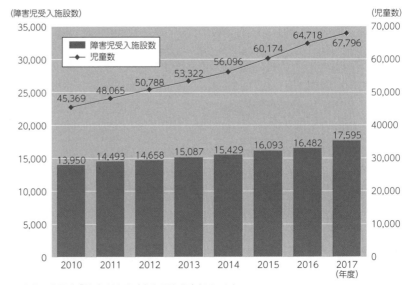

出典：内閣府「障害者白書（令和元年版）」2019年

2　障害のある子どもへの具体的な対応

1　肢体不自由児

①肢体不自由とは

　肢体不自由とは、手足や体幹に永続的な障害があることをいいます。その定義はさまざまですが、文部科学省は「身体の動きに関する器官が、病気やけがで損なわれ、歩行や筆記などの日常生活動作が困難な状態」（教育支援資料、文部科学省初等中等教育局特別支援教育課、平成 25 年 10 月）としています。形態的に大きな障害がなく、中枢神経系や筋肉の機能に障害がある場合と、事故などによって手足に形態的な障害が生じることで運動障害が起こる場合があります。原因として最も多いのは脳性まひ*をはじめとした脳性疾患で、筋ジストロフィーなどの筋原性疾患、脊椎脊髄疾患（きんげんせい）（せきついせきずい）、骨・関節系疾患、骨系統疾患などがあります。

②肢体不自由児への対応

　肢体不自由児は、起立や歩行、ハサミの扱いや文字を書くこと、運動遊び、用便など、保育所等で行う活動にさまざまな困難があります。一人ひとりの障害の程度や、それぞれの活動における困難さが異なるため、まずはその子どもの状態を的確に把握することが大切です。保育所等での生活や活動にどの程度の困難さがあるのか、また補助的な手段を活用していくことでどの程度困難さが軽減されるのかをしっかり把握しましょう。

　運動や動作については、姿勢保持を工夫したり、補助的な用具（図表27-5）を使ったりすることで軽減できる場合があります。具体的には、

●図表27-5　さまざまな補助用具

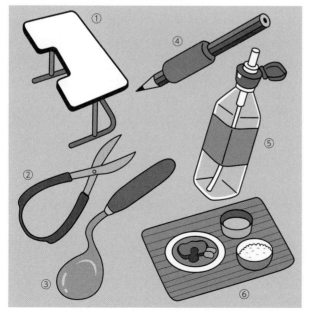

①車いすに乗ったまま使いやすく、物が落ちにくいテーブル

②握っただけで切れ、離すと自然に刃が開くハサミ

③使いやすい角度に調整することができるスプーン

④握りやすく滑りにくいグリップ付きの鉛筆

⑤ペットボトルに装着でき、中身をこぼしにくく飲みやすいストロー

⑥力を加えても置いたものが移動しにくい滑り止めマット

27コマ目

障害のある子どもへの対応を理解しよう

姿勢保持のためのいすや効率的に作業できる机、もちやすいように握りを太くしたりベルトで手に固定することができる鉛筆やスプーン、着脱しやすいようにデザインされたボタンやファスナーを用いた衣服などです。もちろん、トイレに手すりをつけたり、屋内外の段差をなくしたり少なくしたりするバリアフリーの環境構成も望まれます。

　肢体不自由児は、できることとできないことの差が大きく、同じクラスのほかの子どもと比べて活動がうまくいかずにくやしい思いをすることも多くなりがちです。その子なりの成果を保育者がしっかりと認めたり、その子が得意なことを指導計画に取り入れたりしながら、心理的発達における援助・配慮が、動作に対する支援以上に重要なことを忘れないようにしましょう。

2　知的障害

①知的障害とは

　知的障害は明確な定義があるわけではなく、福祉関連の各法令において個々に対象を定義されているのが現状です。医学用語の「精神遅滞」とほぼ同じ意味ですが、「児童福祉法」や「教育基本法」においては「知的障害」が使われており、教育・福祉の分野では原則として「精神遅滞」を用いることはありません。一般的には「精神遅滞」の診断基準に準じて、以下のような条件から判断されます。

子どもの発達段階をよく知る保育者は、保護者よりも早く子どもの障害に気づくことがあります。

---

①明らかに平均以下の知的機能であること（おおむねIQ〔知能指数〕70以下）。
②意思伝達や家庭生活、社会生活、学習能力、安全、仕事、余暇利用などについての適応能力などにおいて、同年齢の子どもと同程度の発達が認められないこと。
③発症が18歳未満であること。

　知的障害は、認知や言語、コミュニケーション能力や社会的技能に関する発達の遅れとして現れるため、保育にあたっては特別な配慮が必要となります。しかし、知的障害の状態は環境や社会的条件で変わる可能性があるものと考えられており、発達の遅れも持続する傾向があるものの、必ずしも固定的なものではありません。適切な環境で保育・教育を受けることで、障害が改善されたり、発達の遅れが目立たなくなる場合があります。

　また、知的障害は、早期に発見して適切な対応をとることが望ましいのですが、特に軽度の場合には保護者は障害を認めることに心理的なハードルがあったり、発達の個人差と障害の見分けがつきにくかったりもします。保育者は、障害の早期発見や家庭における障害の受容について、専門職と連携しながら適切に支援することが望まれます。

②知的障害児への対応

　保育所等では特に年長の子どもについては、個別の指導計画に基づいた対応が難しい場合もあります。その子どもの障害の状態を把握することを

前提に、無理のない内容を通じてその子なりのねらいを達成することを考えましょう。

　ほかの子どもと同じ活動内容であっても、わかりやすい声かけを工夫したり、言葉だけではなく動作やイラストを加えた伝達（図表27-6）をしたり、落ち着いて活動に取り組めるように余裕をもった時間設定を行うことが大切です。クラス全体の教育的な効果を考え、障害に合わせた**スモールステップ***を設定することが難しい場合は、保育者の介入や援助の程度を工夫しましょう。生活習慣や社会的ルールなど、基礎的なことについても、定着させるためには時間をかけて反復しなければならない場合もあるので、保護者と連携しながら、家庭での子どもの姿を把握することも必要です。ほかの子どもとの関わりや友人関係の維持が難しいこともあるので、集団での無理のない活動をしたり、その子が興味をもっていることや、得意なことを保育に取り入れることも考えましょう。

　保育者自身が障害について理解することはもちろん、ほかの専門職や専門機関と連携しながら保護者に情報を提供し、就学以降の長期的な見通しをもって支援することが望まれます。

重要語句

スモールステップ

→子どもの発達や能力、障害などに合わせて、無理のないがんばりで実現できそうな目標を設定する指導・支援の方法。

● 図表27-6　イラストを加えた伝達の例

おはよう

こんばんは

おやすみなさい

どうぞ

いってきます

さようなら

3　視覚障害児

①視覚障害とは

　視覚障害は、眼球や視神経、大脳視覚中枢などの病気や機能低下などによって、見ることができなかったり、見え方が十分ではない状態です。眼の機能には、視力のほかにも視野や色覚、光覚、コントラスト感度、調節・屈折などがありますが、「身体障害者福祉法施行規則」に規定されている視覚障害は、視機能のうちの矯正視力、視野の程度によるもので、1級から6級に区分されています。そのほか保育・教育の場で配慮が必要な視覚

27
コマ目

障害のある子どもへの対応を理解しよう

障害には、色覚異常があります。視覚障害の原因は、先天的なもののほかに、出生時の損傷、病気、事故などがあります。

視覚障害は全盲から弱視（ロービジョン）まで一人ひとりさまざまな段階があります。重度の弱視であっても、将来の視力低下や学習効率を考えて点字を使う人もいます。白杖についても日常的に使う人もいれば、混雑する場所や慣れていない場所などに行くときだけ使う人もいます。一人ひとりの障害の程度や将来への見通しに基づいた支援が必要です。

②視覚障害児への対応

保育者が障害の程度を把握し、適切な援助・配慮につなげるため、保護者や療育機関と連携することが重要です。環境構成として、安全面での配慮はもちろん、よく使うおもちゃなどの位置は固定し、「どこに何があるのか」を子どもが把握できるようにします。視覚障害児は「見て、まねをして、できるようになる」ことが難しく、1つのことを繰り返し反復することが必要です。子どもが一人でやろうとするときには、保育者もあせることなく見守り、できたときにはしっかりと褒めて、自信ややる気を高めることが大切です。

ほかの子どもなどへの自発的な関わりが困難な場合には、保育者が安全面に配慮しながら、集団への参加を促しましょう。活動においては、保有する視覚や聴覚、触覚を生かしながら、「ものや動き」と「言葉」を結びつける援助を欠かさず、子どもが基礎的な概念を取得できるように配慮します。特に触覚や聴覚を有効に利用することで、小学校等へ就学する場合の空間認知や点字学習への準備とすることができます。

色覚異常については、日常生活において大きな問題になることはありませんが、壁面構成や絵本の読み聞かせ、製作活動などにおいては、色の組み合わせによって十分なねらいを達成できないことも考えられるので、一定の配慮が必要です。たとえば「灰色」、「緑」、「赤」の3色の区別について、1型色覚の場合は緑は区別できますが、灰色と赤の判別が難しくなります。逆に2型色覚の場合は緑と灰色の区別が困難です（図表27-7）。また色の面積が小さい、彩度や明度が低い、「リンゴは赤い」などの色に対する先入観、短時間での色の判別なども色を誤認しやすくなる状況です。

● 図表27-7　色覚異常のある子どもの見分けにくい色

先天赤緑色覚異常の見分けにくい色

①	赤	ー	緑
②	オレンジ	ー	黄緑
③	緑	ー	茶
④	青	ー	紫
⑤	ピンク	ー	白・灰色
⑥	緑	ー	灰色・黒
⑦	赤	ー	黒
⑧	ピンク	ー	水色

後天青黄色覚異常の間違えやすい色

①	黄	→	白
②	緑	→	青・黒
③	茶	→	紫・黒
④	紫	→	青・茶・黒
⑤	青	→	黒

4 聴覚障害児

①聴覚障害とは

　音を聞いたり感じたりする機能を支えているのは、耳介、鼓膜、耳小骨、蝸牛などのさまざまな器官です（図表27-8）。聴覚障害とは、それらの末梢器官と脳を結ぶ経路のどこかに問題があり、周囲の音や声が聞きにくかったり聞こえなかったりすることです。子どもは、言葉をはじめとした音によるやりとりを通じて保護者と愛着を深めたり、周囲の世界とのコミュニケーションをとったりしながら成長・発達していきます。聴覚障害の場合、特に音声言語を取得するための音の入力が困難になることから、言葉を理解したり、言葉によって自分の気持ちや考えを表現したりする能力の発達が遅れるおそれがあります。

●図表27-8　耳の構造

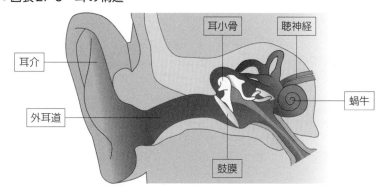

難聴の子どもの言語発達は、いかに早期に障害を発見して対応するかによって、言語獲得の程度に大きな差があるといわれています。現在は新生児聴覚検査によって、かなり早い段階で聴覚の異常を発見することができます。

　聴覚障害は、補聴器などを用いることで聞くことができる場合とまったく聞くことができない場合など、一人ひとりで障害の程度は異なります（図表27-9）。また先天的な障害か、中途障害かによっても対応や配慮には違いがあります。

②聴覚障害児への対応

　聴覚障害は見た目からは障害があることがわかりにくく、特に保育所等に通うようになって間もない時期や、聾学校幼稚部に通いながら保育所等で週に１日程度過ごす場合は、保育者はもちろんまわりの子どもや保護者の障害に対する理解を得ることが大切です。ほかの子どもが「○○ちゃんにお話ししてもお返事がない」と言って傷ついたり、友だち関係が築きにくくなったりすることがないように、聞こえないということがどういうことかをしっかり伝えるようにしましょう。

　言葉と表情はつながりをもっています。子どもが聞こえにくいからといって声かけや語りかけを怠ると、表情に欠けたまま保育することになるので、健常な子ども以上に声をかけるようにしましょう。遊びも言葉で説明することが難しいため、聴覚障害の子どもも安心して遊べるように保育者が一緒に豊かな表情で楽しむようにすることが大切です。

　補聴器を使う子どもの聞こえの発達は、健常な子どもの発達とは異なる点があり、保護者やほかの専門職と連携しながら援助する必要があります。

27 コマ目

障害のある子どもへの対応を理解しよう

1側耳とは聴こえづらい方の耳のことを表し、他側耳とは聴こえやすい方の耳のことを表します。

●図表 27-9　聴力レベルと聞こえの目安

聴力レベル	両耳	1側耳	他側耳	実際の声や音にたとえれば	
50 デシベル				●普通の会話	普通の会話がやっと聞き取れる
60					
70				●大声の会話	大声での会話がどうにかできる
80	6級				
	4級				
90	3級			●叫び声	かなり大きな音ならどうにか感じることができる
100					
110			6級	●30cmの近さで大きな声	
120	2級			●上空通過の飛行機	
130				●30cmの近さのサイレン（痛みを感じる）	
140					

出典：彩の国リオネットセンターグループホームページ「公的給付について」をもとに作成
(http://www.sainokuni-rionet.jp/kyuufu/toukyuu/index.html　2020年2月5日アクセス)

対人的な技能の発達においても、保育者は音声だけでなく、手話を含め、文字やイラスト、動作などの視覚情報を活用しながらコミュニケーションをとりましょう。小学校等への接続を見通し、文字などを通じた活動を楽しむことも大切です。

お さ ら い テ ス ト

❶ 日本の障害児保育は [　　　　　] 年以降、急速に広がってきた。

❷ 個別の [　　　　] に合わせた支援が必要である。

❸ 障害そのものだけではなく、子どもの [　　　　] にも配慮する。

演習課題

かいてみよう、つくってみよう

演習テーマ 1 色覚異常の場合でも色の区別ができるように3つの○を塗り分けてみよう

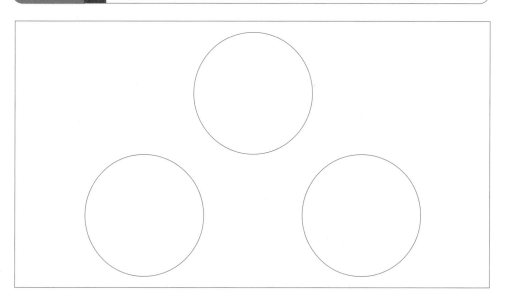

演習テーマ 2 絵カードをつくってみよう

　知的障害の子どもの語彙を増やすことを目的に「動物」をテーマにした絵カードをつくってみましょう。

【作成例】

アレルギーのある子どもへの対応を理解しよう

今日のポイント

1 保育所等の生活場面と各アレルギー疾患には関連がある。

2 アナフィラキシーショックには即時的に対応する。

3 アレルギーの対応には生活管理指導表を活用する。

1 アレルギー疾患の概要と種類

1 アレルギー疾患とは

ウイルスや細菌をはじめとした病原微生物から体を守ってくれる「免疫」が、本来無害であるはずの物質に過剰に反応し、症状を引き起こすのがアレルギー疾患です。

乳幼児にみられる代表的なアレルギー疾患には、食物アレルギー、アナフィラキシー、気管支ぜん息、アトピー性皮膚炎、アレルギー性結膜炎、アレルギー性鼻炎等がありますが、一つだけではなく複数の疾患を合併することも少なくありません。保育所等では日常の生活場面において、アレルギーの原因となる物質に接触しやすい場所や活動を把握しながら、対象となる子どもへの援助・配慮を行うことが必要です（図表 28-1）。

プラスワン

アレルギーマーチ

アレルギーになりやすい子どもが、乳幼児期のアレルギー性皮膚炎等を始まりとして、次々に別のアレルギーを発症していくこと。

●図表 28-1　各アレルギー疾患と関連の深い保育所等での生活場面

生活の場面	食物アレルギー・アナフィラキシー	気管支ぜん息	アトピー性皮膚炎	アレルギー性結膜炎	アレルギー性鼻炎
給食	○		△		
食物等を扱う活動	○		△		
午睡		○	△	△	△
花粉・ほこりの舞う環境		○	○	○	○
長時間の野外活動	△	○	○	○	○
プール	△	△	○	△	
動物との接触		○	○	○	○

○：注意を要する生活場面　　△：状況によって注意を要する生活場面
出典：厚生労働省「保育所におけるアレルギー対応ガイドライン（2019年版）」2019年

2　アレルギー疾患の種類

①食物アレルギー、アナフィラキシー

　食物アレルギーは特定の食べ物を摂取したことによって、皮膚や粘膜、呼吸器、消化器、あるいは全身性の症状を引き起こすものです。特に多臓器にわたったアレルギー症状が急に激しく起こるものをアナフィラキシーと呼びます。また頻脈、血圧低下、虚脱状態（ぐったりすること）、意識障害などをきたすものをアナフィラキシーショックと呼び、命に関わることもあるため、適切な対応を即時に行う必要があります。近年ではキウイやももなどの野菜や果物を摂取したあとに口腔内がヒリヒリする、イガイガするなどの症状を示す口腔アレルギー症候群や、アレルギーの原因となる食物摂取後2時間以内の運動によってアナフィラキシー症状を起こす食物依存性運動誘発アナフィラキシーといった新たな食物アレルギーの存在も知られてきており、保育所等においても今までにはない配慮が求められています。

②気管支ぜん息

　気管支ぜん息は、空気の通り道である気管支が急に狭くなってしまうことで、ゼーゼーまたはヒューヒューといった音（喘鳴）をともないながら呼吸が苦しくなることを繰り返します。ノミ、ダニ、動物の毛などに対するアレルギーによる気道の炎症が原因ですが、炎症が長く続きすぎると気道自体が硬くなり、治療が難しくなるため、適切な対応を行うことが大切です。

③アトピー性皮膚炎

　アトピー性皮膚炎は、慢性的にかゆみのある湿疹がよくなったり悪くなったりを繰り返す疾患です。皮膚の潤いを保つ皮膚バリア機能が低下することで、外部からの抗原（免疫反応を引き起こす物質）や刺激が入りやすくなり、アレルギーを引き起こします。多くの場合は適切なスキンケアで症状をコントロールすることが可能ですが、日ざしが強い日の外遊び、動物とのふれあい、プール等の皮膚への影響が考えられる保育場面においては一定の配慮が必要です。

④アレルギー性結膜炎

　アレルギー性結膜炎は、まぶたの内側と白目の部分を覆っている結膜にアレルギー性の炎症が起こる疾患です。目のかゆみや異物感、涙目等の症状があり、ダニ、ノミ、動物の毛、ハウスダストなどのほかに、季節性のアレルギー性結膜炎では花粉も原因になるため、花粉の飛散量の多い季節では外遊びや散歩の際、配慮が必要となります。

⑤アレルギー性鼻炎

　アレルギー性鼻炎は、鼻の粘膜に侵入した抗原を排除しようとする働きが過剰になることで、反復的にくしゃみ、鼻水、鼻づまりなどを引き起こす疾患です。原因となるものはアレルギー性結膜炎と共通するため、保育においても同様の配慮が必要となります。

アレルギー疾患の対応には専門的な知識・技能が必要な場合が多いので、園外研修などで積極的に学ぶ機会をもちましょう。

28
コマ目

アレルギーのある子どもへの対応を理解しよう

2 アレルギーへの対応

1 アレルギーへの対応の基本

　保育所等におけるアレルギー疾患への対応は、子どもの最善の利益を考慮しつつ、①各職員がアレルギー疾患への対応について園内・園外研修等を通じて十分な理解をもつ、②医師や保護者等との緊密な連携を行う、③地域の医療機関、消防機関、自治体等との連携を行う、④保育所内の食物アレルギー対応について給食等での除去食をはじめとした専門的対応を行うなどが求められます。「アレルギー疾患対策基本法*」を遵守しながら、「保育所におけるアレルギー対応ガイドライン（2019 年改訂版)」などを参照し、国や公的機関が発表するアレルギー疾患対策について最新の情報を共有する必要があります。

2 保育所におけるアレルギー疾患生活管理指導表の活用

　保育者は保護者や医師とアレルギー疾患児の情報を共有しながら、適切に対応をすすめる必要があります。そのために、保護者の依頼を受けて医師が記入するのが「保育所におけるアレルギー疾患生活管理指導表」(以下、生活管理指導表、図表 28-2、220 ～ 221 頁参照)です。

　生活管理指導表は、アレルギー疾患について特別な管理や配慮が必要な子どもについてのみ作成されるものであり、入園面接時に保護者からの申し出に応じて保育所が配布し、保護者がかかりつけ医に記入を依頼します。保育所では、園長、担当保育士、調理員等が生活管理指導表に基づいて保護者と協議し、保育所において必要な生活管理や除去食等の具体的な食事対応について同意・決定をします。生活管理指導表は、子どものアレルギーの状態に応じて 1 年に 1 回以上の再提出を行う必要があります。

3 各アレルギー疾患への具体的な対応

①食物アレルギー

　保育所等は 0 ～ 6 歳までの幅広い年齢の子どもが在籍し、年間給食提供数が 300 回程度あります。また、保育所等では調理体験などのさまざまな食育活動を行っています。そのため、保育所等において新たに食物アレルギーを発症したり、除去食生活の経過中に子どもが耐性を獲得することも考えられますので、保護者と適切に状況を共有しながら、長期にわたった視点で対応することが求められます。

　給食の献立を作成するにあたっては、原因食品の除去を徹底するとともに、魚卵、果物、ナッツ類、甲殻類など、幼児期に新規に発症しやすいアレルギーの原因食品（図表 28-3、28-4）を利用しない予防策を考えることも重要です。調理過程での混入や配膳ミスによって子どもが原因食品を摂取することがないように、職員全員で対応方法を共有しながら食事提供の状況をチェックしていくことが必要です。

ナッツ類のなかでも、特にピーナッツがアレルギーの原因食品として割合が高いことが知られています。

　また保育所等で新規の食物アレルギー発症を避けるためには、保育所等で「はじめて食べる」という体験をできるだけなくしていくことが大切です。全入所児について、家庭における個々の食べ物の摂取状況を保護者から情報を得るとともに、事前に給食の献立等を共有し、子どもがはじめて食べるものが出ないようにチェックし、必要があれば家庭で食べる経験をもってもらうことが重要です。

●図表28-3　食物アレルギーの原因食品の内訳

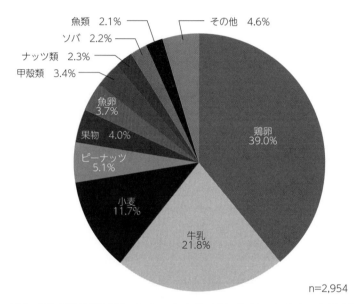

魚類　2.1%
ソバ　2.2%
ナッツ類　2.3%
甲殻類　3.4%
魚卵 3.7%
果物　4.0%
ピーナッツ 5.1%
小麦 11.7%
牛乳 21.8%
鶏卵 39.0%
その他　4.6%

n=2,954

出典：厚生労働省「保育所におけるアレルギー対応ガイドライン（2019年改訂版）」2019年

●図表28-4　食物アレルギーの原因食品の内訳（年齢別）

n=1,706

	0歳 (884)	1歳 (317)	2,3歳 (173)	4-6歳 (109)	7-19歳 (123)	≧20歳 (100)
1	鶏卵 57.6%	鶏卵 39.1%	魚卵 20.2%	果物 16.5%	甲殻類 17.1%	小麦 38.0%
2	牛乳 24.3%	魚卵 12.9%	鶏卵 13.9%	鶏卵 15.6%	果物 13.0%	魚類 13.0%
3	小麦 12.7%	牛乳 10.1%	ピーナッツ 11.6%	ピーナッツ 11.0%	鶏卵 小麦 9.8%	甲殻類 10.0%
4		ピーナッツ 7.9%	ナッツ類 11.0%	ソバ 魚卵 9.2%		果物 7.0%
5		果物 6.0%	果物 8.7%		ソバ 8.9%	

各年齢群ごとに5%以上を占めるものを上位5位表記
出典：食物アレルギー研究会「食物アレルギーの診療の手引き2017」2017年

[生活管理指導表]（表面）

（参考様式）　※［保育所におけるアレルギー対応ガイドライン］（2019年改訂版）

保育所におけるアレルギー疾患生活管理指導表（食物アレルギー・アナフィラキシー・気管支ぜん息）　提出日　　年　月　日

名前＿＿＿＿＿　男・女　＿＿年＿月＿日生（＿歳＿ヶ月）　＿＿組

※この生活管理指導表は、保育所の生活において特別な配慮や管理が必要となった子どもに限って、医師が作成するものです。

	病型・治療	保育所での生活上の留意点
食物アレルギー（あり・なし）	**A. 食物アレルギー病型** 1. 食物アレルギーの関与する乳児アトピー性皮膚炎 2. 即時型 3. その他（新生児・乳児消化管アレルギー・口腔アレルギー症候群・ 食物依存性運動誘発アナフィラキシー・その他：　　　） **B. アナフィラキシー病型** 1. 食物（原因：　　　　　） 2. その他（医薬品・食物依存性運動誘発アナフィラキシー・ラテックスアレルギー・ 昆虫・動物のフケや毛） **C. 原因食品・除去根拠**　該当する食品の番号に○をし、かつ（　）内に除去根拠を記載 1. 鶏卵　　　　（　） 2. 牛乳・乳製品（　） 3. 小麦　　　　（　） 4. ソバ　　　　（　） 5. ピーナッツ　（　） 6. 大豆　　　　（　） 7. ゴマ　　　　（　） 8. ナッツ類＊　（　）〔すべて・クルミ・カシューナッツ・アーモンド・　　　〕 9. 甲殻類＊　　（　）〔すべて・エビ・カニ・　　　　　〕 10. 軟体類＊　　（　）〔すべて・イカ・タコ・ホタテ・アサリ・　　　〕 11. 魚卵類＊　　（　）〔すべて・イクラ・タラコ・　　　　〕 12. 魚類＊　　　（　）〔すべて・サバ・サケ・　　　　〕 13. 肉類＊　　　（　）〔鶏肉・牛肉・豚肉・　　　　〕 14. 果物類＊　　（　）〔キウイ・バナナ・　　　　〕 15. その他　　　（　） 〔＊は（　　）の中の該当する項目に○をするか具体的に記載すること〕 **D. 緊急時に備えた処方薬** 1. 内服薬（抗ヒスタミン薬、ステロイド薬） 2. アドレナリン自己注射薬「エピペン®」 3. その他（　　　）	**A. 給食・離乳食** 1. 管理不要 2. 管理必要（管理内容については、病型・治療のC. 欄及び下記C. E欄を参照） **B. アレルギー用調整粉乳** 　不要　下記該当ミルクに○、又は（　）内に記入 　必要　ミルフィーHP・ニューMA-1・MA-mi・ペプディエット・エレメンタルフォーミュラ 　　　　その他（　　　　　） **C. 除去食品においてより厳しい除去が必要なもの** 病型・治療のC. 欄で除去の際に、より厳しい除去が必要となるもののみに○をつける ※本欄に○がついた場合、該当する食品を使用した料理については、給食対応が困難となる場合があります。 1. 鶏卵：　卵殻カルシウム 2. 牛乳・乳製品：　乳糖 3. 小麦：　醤油・酢・麦茶 6. 大豆：　大豆油・醤油・味噌 7. ゴマ：　ゴマ油 12. 魚類：　かつおだし・いりこだし 13. 肉類：　エキス **D. 食物・食材を扱う活動** 1. 管理不要 2. 原因食材を教材とする活動の制限（　　　） 3. 調理活動時の制限（　　　） 4. その他（　　　） **E. 特記事項** （その他に特別な配慮や管理が必要な事項がある場合には、医師が保護者と相談のうえ記載。対応内容は保育所が保護者と相談のうえ決定） **【緊急連絡先】** ★保護者 電話： ★連絡医療機関 医療機関名： 電話： 記載日　　年　月　日 医師名 医療機関名 電話
気管支ぜん息（あり・なし）	**A. 症状のコントロール状態** 1. 良好 2. 比較的良好 3. 不良 **B. 長期管理薬（短期追加治療薬を含む）** 剤形： 1. ステロイド吸入薬　投与量（日）： 2. ロイコトリエン受容体拮抗薬 3. DSCG吸入薬 4. ベータ刺激薬（内服・貼付薬） 5. その他（　　　） **C. 急性増悪（発作）治療薬** 1. ベータ刺激薬吸入 2. ベータ刺激薬内服 3. その他（　　　） **D. 急性増悪（発作）時の対応（自由記載）**	**A. 寝具に関して** 1. 管理不要 2. 防ダニシーツ等の使用 3. その他の管理が必要（　　　） **B. 動物との接触** 1. 管理不要 2. 動物への反応が強いため不可　動物名（　　　） 3. 飼育活動等の制限（　　　） **C. 外遊び、運動に対する配慮** 1. 管理不要 2. 管理必要（管理内容：　　　） **D. 特記事項** （その他に特別な配慮や管理が必要な事項がある場合には、医師が保護者と相談のうえ記載。対応内容は保育所が保護者と相談のうえ決定） 記載日　　年　月　日 医師名 医療機関名 電話

● 保育所における日常の取り組み及び緊急時の対応に活用するため、本表に記載された内容を保育所の職員及び消防機関等と共有することに同意しますか。　・同意する　・同意しない

保護者氏名＿＿＿＿＿＿＿＿＿

[生活管理指導表] （裏面）

（参考様式）　※[保育所におけるアレルギー対応ガイドライン]（2019年改訂版）

保育所におけるアレルギー疾患生活管理指導表　（アトピー性皮膚炎・アレルギー性結膜炎・アレルギー性鼻炎）

提出日　　　年　　月　　日

名前　　　　　　　　　　男・女　　　　年　　月　　日生（　歳　　ヶ月）　　　組

※この生活管理指導表は、保育所の生活において特別な配慮や管理が必要となった子どもに限って、医師が作成するものです。

アトピー性皮膚炎（あり・なし）

病型・治療	保育所での生活上の留意点
A. 重症度のめやす（厚生労働科学研究班） 1. 軽症：面積に関わらず、軽度の皮疹のみられる。 2. 中等症：強い炎症を伴う皮疹が体表面積の10%未満にみられる。 3. 重症：強い炎症を伴う皮疹が体表面積の10%以上、30%未満にみられる。 4. 最重症：強い炎症を伴う皮疹が体表面積の30%以上にみられる。 ※軽度の皮疹：軽度の紅斑、乾燥、落屑主体の病変 ※強い炎症を伴う皮疹：紅斑、丘疹、びらん、浸潤、苔癬化などを伴う病変 B-1. 常用する外用薬　　B-2. 常用する内服薬　　B-3. 食物アレルギーの合併 1. ステロイド軟膏　　1. 抗ヒスタミン薬　　1. あり 2. タクロリムス軟膏　2. その他（　　）　　2. なし 　（プロトピック®） 3. 保湿剤 4. その他（　　）	A. プール・水遊び及び長時間の紫外線下での活動 1. 管理不要 2. 管理必要（　　） B. 動物との接触 1. 管理不要 2. 動物への反応が強いため不可 　　動物名（　　） 3. 飼育活動等の制限（　　） 4. その他（　　） C. 発汗後 1. 管理不要 2. 管理必要（管理内容：　　） 3. 夏季シャワー浴（施設で可能な場合） D. 特記事項 （その他に特別な配慮や管理が必要な事項がある場合には、医師が保護者と相談のうえ記載。対応内容は保育所が保護者と相談のうえ決定）	記載日　　年　　月　　日 医師名 医療機関名 電話

アレルギー性結膜炎（あり・なし）

病型・治療	保育所での生活上の留意点
A. 病型 1. 通年性アレルギー性結膜炎 2. 季節性アレルギー性結膜炎（花粉症） 3. 春季カタル 4. アトピー性角結膜炎 5. その他（　　） B. 治療 1. 抗アレルギー点眼薬 2. ステロイド点眼薬 3. 免疫抑制点眼薬 4. その他（　　）	A. プール指導 1. 管理不要 2. 管理必要（管理内容：　　） 3. プールへの入水不可 C. 特記事項 （その他に特別な配慮や管理が必要な事項がある場合には、医師が保護者と相談のうえ記載。対応内容は保育所が保護者と相談のうえ決定）	記載日　　年　　月　　日 医師名 医療機関名 電話

アレルギー性鼻炎（あり・なし）

病型・治療	保育所での生活上の留意点
A. 病型 1. 通年性アレルギー性鼻炎 2. 季節性アレルギー性鼻炎（花粉症） 　　主な症状の時期：春・夏・秋・冬 B. 治療 1. 抗ヒスタミン薬・抗アレルギー薬（内服） 2. 鼻噴霧用ステロイド薬 3. 舌下免疫療法 4. その他（　　）	A. 屋外活動 1. 管理不要 2. 管理必要（管理内容：　　） B. 特記事項 （その他に特別な配慮や管理が必要な事項がある場合には、医師が保護者と相談のうえ記載。対応内容は保育所が保護者と相談のうえ決定）	記載日　　年　　月　　日 医師名 医療機関名 電話

● 保育所における日常の取り組み及び緊急時の対応に活用するため、本表に記載された内容を保育所の職員及び消防機関・医療機関等と共有することに同意しますか。

・同意する
・同意しない

保護者氏名

※[緊急連絡先]欄の連絡医療機関には、発作が発生した場合等の緊急時の最寄りの救急医療機関等を記入することが考えられます。
※生活管理指導表（特に食物アレルギー欄）に医師が記載した内容について、保育所から保護者に対し、関連する検査結果を求める必要はありません（医師の判断により血液検査等を行った場合を含む）。

出典：厚生労働省［保育所におけるアレルギー対応ガイドライン（2019年改訂版）］2019年

食物アレルギーの子ども一人ひとりで必要とされる除去のレベルはさまざまであり、たとえば牛乳でも「混入程度ならよい」「1回に25mLまでならよい」「1回に100mLまでならよい」などの違いがあります。しかし体調によってはふだん問題がないとされる量でも症状が誘発されることがあることから、保育所における除去食は「完全除去」か「除去解除」の単純化した対応が望ましいとされています。

アナフィラキシーショックの緊急時の対応では、アドレナリン自己注射薬の「エピペン®」（図表28-5）を用います。食物アレルギーによる重篤なアナフィラキシーショックにおいては、すぐにアドレナリンを投与できるかが生死を分けるといわれており、救急搬送に必要な時間を考慮すると、保育所等のなかで投与する必要がある場合もあります。

保育所等に入所する子どもの多くは自己注射が難しい年齢にあり、必要な場合は保育士が本人に代わって注射しても構いません。これは子どもの命を守るために必要な緊急的な措置であり、「医師でなければ、医業をなしてはならない」とした「医師法」第17条に抵触することはありません。

●図表28-5　エピペン®の概要と使い方

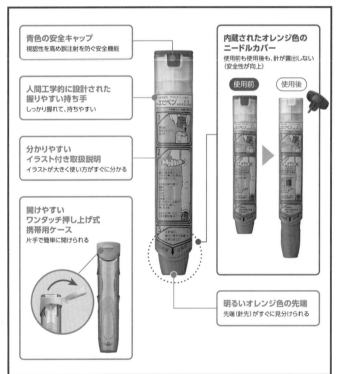

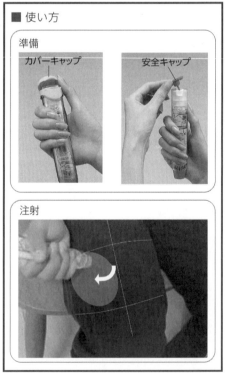

出典：マイランEPD合同会社『エピペンガイドブック』2019年

②気管支ぜん息

　気管支ぜん息の子どもについては、「小児気管支ぜん息治療・管理ガイドライン2017」を参照に、軽微な症状・明らかな急性増悪（発作）・日常生活の制限・短時間作用型β2刺激薬*の使用の有無等から、症状のコントロールの状態を把握します。保育者も保護者や医師と連携しながら日々の情報を記録し、相互に情報を共有することが大切です。

　気管支ぜん息の原因である慢性的な気道の炎症を抑える目的で使用される長期管理薬（コントローラー）は、原則として保育所における与薬の対象とはなりません。一方で、発作時の気道拡張を目的とした急性増悪（発作）治療薬（リリーバー）を使用することが保育所等における保育場面でもありうるため、用いられる薬の種類や吸入補助具（スペーサー）などの使い方をふだんから保育所等の職員が理解しておく必要があります（図表28-6）。

　日常の保育においても、症状を誘引する可能性のある活動については配慮が必要です。動物の飼育や動物園への遠足などでは接触回避の程度について、医師や保護者と連携しながら個別に対応します。また運動誘発ぜん息*は、外遊びなどで一定の運動量を急に超えた場合に起こることがあります。保育所等に入所する子どもは家庭よりも運動量が多い傾向があることから、特に注意が必要です。子どもは症状を自分で訴えることが難しく、遊びの中で呼吸困難があっても意識せずに遊びを続けることがあるので、ふだんの様子との違いをよく観察しながら、保育所等での様子を保護者と共有することが大切です。

③アトピー性皮膚炎

　アトピー性皮膚炎は、症状の程度と範囲の2つの指標で重症度が分類され、強い炎症を伴う症状が体の表面積の30%以上だった場合を最重症、10%以上30%未満を重症、10%未満のものを中等症、軽い皮疹（ひしん）程度の症状のものを軽症とします。重症であるほどかゆみが広範囲にわたり、活動への集中力がとぎれたり、機嫌が悪くなったりすることがあるので、保育所等においても対応が必要な場合があります。

　抗ヒスタミン薬、抗アレルギー薬等の内服薬は1日に1～2回の内服が主で、家庭で対応するため保育所等で与薬することは原則としてありません。一方でステロイド軟膏等の外用薬はプールや水遊び、食事のあとなどに保護者の要望に応じて塗り直す場合もあるので、塗り方を事前に準備しておくことが必要です。

　アトピー性皮膚炎の子どもは刺激に敏感なため、紫外線やプールに入ったときの塩素の刺激等でかゆみが増し、症状が悪化することがあります。長時間の外遊びや散歩、プールなどの活動では、長そでの服や帽子等で皮膚の露出を少なくしたり、露出部分には日焼け止めクリームを塗布したりする対応をとることがあります。また、運動後は体温の上昇にともなってかゆみが強くなることがあるので、皮膚を冷やしたり、涼しい室内で休んだり、必要に応じて保護者から預かった外用薬を塗布するなどの対応をとります。

重要語句

短時間作用型β2刺激薬

→炎症によって狭くなってしまった気管支を広げ、呼吸を楽にすることで、咳やぜん息発作を和らげる目的の薬。

重要語句

運動誘発ぜん息

→運動をしたときに一時的に気管支が収縮し、呼吸が苦しくなる症状。呼吸を整え、安静にすることで、ほとんどの場合は5～10分程度で症状が収まるとされている。

28コマ目

アレルギーのある子どもへの対応を理解しよう

●図表28-6　吸入補助具の使い方

マスクタイプの使い方

①吸入器を付ける。
吸入器をよく振ってからキャップを外しスペーサーに取り付ける。

・吸入器を逆さに付けない。
・スペーサーにこすったりしない。

②薬を出す。
吸入器、スペーサー、マスクの向きを合わせてセットし、ボンベの底を1回押す。

・1プッシュごとの吸入を行なっているか。

③薬を吸う。
マスクを口にあて、ゆっくりと息を吸い込む。5呼吸くらいでスペーサーの中の薬を吸い込む。

・マスクが顔に密着しているか。
・マスクを強く押し付けない。

④息を吐き出す。
スペーサー内の薬を吸い込んだら、息を吐き出す。

⑤うがいをする。
うがいをして、口の中を洗う。

出典：独立行政法人環境再生保全機構「セルフケアのための小児ぜん息治療薬吸入実践テキスト」2012年をもとに作成

④アレルギー性結膜炎

　アレルギー性結膜炎には、ハウスダストなどを原因とした通年性アレルギー性結膜炎、花粉などを原因とした季節性アレルギー性結膜炎、多様なアレルゲンを原因とした重症なアレルギー性結膜炎である春季カタル、アトピー性皮膚炎の子どもが併発するアトピー性角結膜炎があります。どのアレルギーも慢性・再発性であり、継続して点眼薬等による治療を行うことが必要になります。保育所等での点眼が必要な場合もあり、薬の種類や回数等の変更もあり得るため、生活管理指導表で保護者と情報を共有しながら適切に対応する必要があります。

　春季カタルやアトピー性皮膚炎の場合は、プールの水を消毒するための塩素が刺激となって症状が悪化するため、プール等の活動については保護者を通じて子どものかかりつけの医師等と相談しながら、ゴーグルを着用するなどして参加するのか、活動を控えるのかなどを検討します。活動に参加した場合は、人工涙液での洗眼が望ましいと考えられています。

　季節性アレルギー性結膜炎では、花粉が飛散する時期に症状が悪化します。天気予報も参考にしながら、症状が重くなくとも飛散量が多いと見込まれる日の外遊びではゴーグル型メガネを着用し、ときどき人工涙液での洗眼をします。

⑤アレルギー性鼻炎

　通年性アレルギー性鼻炎と季節性アレルギー鼻炎があり、それぞれハウスダスト、ダニと花粉が主たる原因になります。内服薬、点眼薬で症状を抑えますが、抗ヒスタミン薬や抗アレルギー薬等の内服薬は1日に1～2回服用するものが多く、保育所等では原則対応しません。第一世代抗ヒスタミン薬は口が渇いたり眠気を催したりすることもありますが、現在はそのような副作用が出にくい第二世代抗ヒスタミン薬が主流になりつつあります。

おさらいテスト

❶ 保育所等の［　　　　　］と各アレルギー疾患には関連がある。

❷ アナフィラキシーショックには［　　　］に対応する。

❸ アレルギーの対応には［　　　　　　　］を活用する。

鼻噴霧用ステロイド薬は、小児用のものもありますが、使用可能な年齢は5歳からのため、入所している子どもの多くの年齢では使うことができません。

28
コマ目

アレルギーのある子どもへの対応を理解しよう

アレルギーについて理解を深めよう 1

- -

①季節や保育所での活動場面ごとに、どのようなアレルギーのリスクが高いかをまわりの
　人と話し合ってみましょう。

①食物アレルギーの原因食品（➡図表 28-3 を参照）が含まれない給食のメニューを考え
　てみましょう。

③アレルギーのある子どもについて、家庭とどのような連携をとるべきかをまわりの人と
　話し合ってみましょう。

アレルギーについて理解を深めよう2

①まわりの人とアレルギー疾患の有無と症状について話し合ってみましょう。

②アレルギー除去食について、食材の調理から配膳までの間に、どんなときに混入が起こる可能性があるのかを洗い出してみましょう。

③エピペン®の使い方について、マイラン社ホームページの公開動画で確認してみましょう。

④アレルギー疾患があると仮定して子どもの生活管理指導表を作成し、援助・配慮すべき事項を検討してみましょう。

28
コマ目

アレルギーのある子どもへの対応を理解しよう

地域保健活動と保育との関係を理解しよう

今日のポイント

1 地域子ども・子育て支援事業は13項目ある。

2 子育て世代包括支援センターは、「母子保健サービス」と「子育て支援サービス」を一体化させている。

3 障害や発達上の課題がある場合は、市町村保健センター、保健所、子育て支援センター、児童相談所に相談する。

1 地域における子ども・子育て支援

1 健やか親子21

未婚率の上昇、晩婚化・晩産化の伸展、少子化、核家族化、さらには育児の孤立化や負担感の増加など、子どもや子育て世代を取り巻く環境は複雑に変化しています。子どもが健やかに育つためには、家族が安心して妊娠・出産・子育てができるように、妊娠期から子育て期を通して一貫した支援が必要といえます。

「健やか親子21（第2次）」（2015年）は、10年後の2024年までに母子保健ビジョンである「すべての子どもが健やかに育つ社会」を実現するための国民運動計画です。取り組むべき課題として、3つの基盤課題と2つの重点課題が提示されています（図表29-1）。

2 子ども・子育て支援新制度

子ども・子育て支援として、2012（平成24）年に子ども・子育て関連3法が成立し、子ども・子育て支援新制度が2015（平成27）年4月から施行されています（図表29-2）。

3 地域子ども・子育て支援事業

保育所、認定こども園、幼稚園における質の高い保育・教育の提供とともに、すべての家庭を支えるための地域の実情に応じた支援として「地域子ども・子育て支援事業」が実施されています（図表29-3）。

プラスワン

「健やか親子21（第2次）」

「健やか親子21（第2次）」は、第1次計画（2001～2014年）の達成状況と考察から導き出されている。

国民運動計画とは、私たちの主体的な取り組みとすべての関係機関が力を合わせていきます。

● 図表29-1　健やか親子21（第2次）の概要

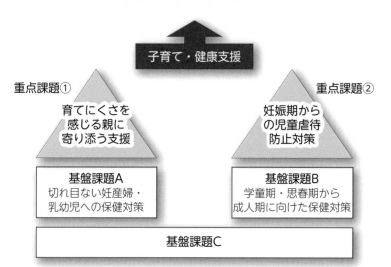

出典：厚生労働統計協会編「国民衛生の動向2018/2019」2018年、110頁をもとに作成

● 図表29-2　子ども・子育て支援新制度

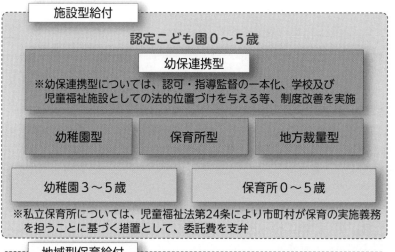

出典：内閣府「平成29年版少子化社会対策白書」2017年を一部改変

プラスワン

子ども・子育て関連3法

①子ども・子育て支援法
②認定こども園法の一部を改正する法律
③子ども・子育て支援法及び認定こども園法の一部を改正する法律の施行に伴う関係法律の整備等に関する法律

プラスワン

地域子育て支援拠点

地域子育て支援拠点には、一般型（常設の場を設ける)と、連携型（児童館等の児童福祉施設を利用する）がある。

●図表29-3 地域子ども・子育て支援事業

①利用者支援事業	子育て支援の情報提供や、相談・助言を行う事業。
②地域子育て支援拠点事業	地域の身近なところで、親子が気楽に交流したり子育て相談ができる場を提供する事業。
③一時預かり事業	急な用事やパートタイム就労等の時、保育所、地域子育て支援拠点、幼稚園で昼間一時的に預かる事業。
④乳児家庭全戸訪問事業	生後4か月までの乳児のいるすべての家庭を訪問し、養育環境の把握や情報提供を行う事業。
⑤養育支援訪問事業等	養育支援が特に必要な家庭を訪問し、指導・助言を行う事業。
⑥子育て短期支援事業	保護者の疾病等の理由で家庭での保育が一時的に困難となった児童を児童養護施設等に入所させる事業。
⑦子育て援助活動支援事業 （ファミリー・サポート・センター事業）	子育て中の保護者を会員として、児童の預かりのための連絡、調整を行う事業（ファミリー・サポート・センター）。
⑧延長保育事業	保育認定を受けた子どもの時間外保育を実施する事業。
⑨病児保育事業	病児について、看護師等が一時的に保育する事業。
⑩放課後児童クラブ	保護者が昼間いない児童の放課後の生活を支援する事業。
⑪妊婦健診	妊婦の健康診査、医学的検査を行う事業。
⑫実費徴収に係る補足給付を行う事業	保護者の世帯所得の状況で、教育・保育に必要な物品の購入に要する費用等を助成する事業。
⑬多様な事業者の参入促進・能力活用事業	多様な事業者の能力を活用した特定教育・保育施設等の設置または運営を促進する事業。

出典：内閣府子ども・子育て本部「子ども・子育て支援新制度について」2019年をもとに作成

プラスワン

子育て短期支援事業

子育て短期支援事業には、短期入所生活援助事業（ショートステイ）と、夜間養護等（トワイライトステイ事業）がある。

子育て世代包括支援センターは、支援のための連絡調整の中枢です。ネットワークがつながります。

2 子育て世代包括支援センター

1 子育て世代包括支援センターの特徴

「母子保健法」の改正により、子育て世代包括支援センター（法律上は母子健康包括支援センター）を市区町村に設置することが2017（平成29）年に努力義務となりました。そして2020（令和2）年度末までに包括支援センターの全国展開がめざされています（図表29-4）。

2 各時期における切れ目のない支援

妊娠期から出産前後、子育て期にわたって、保健・医療・福祉・教育などの重層的で切れ目のない支援がめざされています（図表29-5）。

①妊娠期（産前・産後サポート事業）

・母子健康手帳交付時の面接

妊婦が地域と関わる最初の接点が、「妊娠届の提出・母子健康手帳交付」時です。妊娠した者は区市町村に届け出ることが「母子保健法」で定められています。

母子健康手帳交付時に、妊婦健康診査の説明や母親学級などの紹介を行ったり、妊娠中の生活の送り方や子育てサービスの紹介を行います。このとき、妊婦の状況を把握し、支援が必要と判断した場合には保健師など

●図表29-4　子育て世代包括支援センターの全国展開

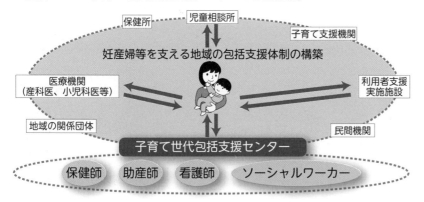

子育て世代包括支援センターのポイント

①妊娠期から子育て期にわたる切れ目のない支援
②メンバーは、保健師・助産師・看護師・ソーシャルワーカー
③「母子保健サービス」と「子育て支援サービス」を一体的に提供

子育て世代包括支援センターの必須業務

①妊産婦・乳幼児の実情把握
②妊娠・出産・育児の相談を受け、情報提供・助言・保健指導
③保健医療・福祉の関係機関における連絡調整
④支援プランの策定

子育て世代包括支援センターの支援対象

①すべての妊産婦（産婦：産後1年以内）
②就学前の乳幼児
③その保護者

出典：厚生労働省子ども家庭局「国における母子保健対策〜特に子育て世代包括支援センターについて〜」2018年、11頁をもとに作成

の面接や訪問につなげていきます。

・妊婦健診

　妊婦の健康状態、疾病の有無を診査し、日常生活習慣や出産・育児の心得などを指導しています。市町村が実施主体となり公費負担で、妊娠期間中に14回程度の健診が望ましいと提示しています。

②産後（産後ケア事業）

　産婦健診、新生児訪問、乳児家庭全戸訪問事業（こんにちは赤ちゃん事業）などがあります。

③子育て期

　4か月児健診、1歳6か月児健診、3歳児健診では、病気や精神運動発達状況の確認を行います。保護者の育児支援を強化する目的で心理相談員や保育士も配置されています。

子育て世代包括支援センターは情報の一元化が可能なので、リスクの早期発見ができます！

📝**プラスワン**

虐待に至るおそれのあるリスク要因

①未婚、②若年妊娠、高年妊娠、③妊娠届の時期が遅い、④望まない妊娠など。

最近は、職業をもつ妊婦や高年齢の妊婦が増えているので、健診はとても大切です。

29
コマ目

地域保健活動と保育との関係を理解しよう

●図表29-5　子育て世代包括支援センターにおける「継続的な状況の把握」のイメージ

妊娠期	出産前後	子育て期（乳幼児期）

								市町村保健センター 医療機関

産後ケア事業

産前・産後サポート事業

認定こども園
幼稚園
保育所

地域子育て支援拠点事業所

子育て援助活動支援事業

一時預かり事業

母子健康手帳交付時面接

妊婦健診

妊婦訪問・面談

産婦健康診査

新生児訪問

乳児家庭全戸訪問事業

4か月健診・1歳半健診・3歳児健診等

子育て世代包括支援センターへの情報の一元化

妊娠期から子育て期にわたる切れ目のない支援の実現
リスクの早期発見・予防的関わり

市区町村子ども家庭総合支援拠点　　児童相談所

出典：厚生労働省「子育て世代包括支援センター業務ガイドライン」2017年をもとに作成

育児に対する不安を解消するため、母親学級だけでなく、新婚学級、父親学級、育児学級など、いろいろあります。

3　地域における社会資源との連携

1　専門機関との連携

　生活上のさまざまな課題や病気、障害を抱えている子ども、またその家族に対しての支援は、地域における多様な専門機関との連携が必要になります。子どもや家族が孤立しないよう、支援をつなげながら支えていくことが大切です（図表29-6）。

2　保育施設との連携
①地域に開かれた子育て支援

　保育所、認定こども園、幼稚園に在籍していない子どもに対しても、子育て支援を積極的に（通常の保育に支障がない限り）行うことが、2017（平成29）年の「保育所保育指針」で提示されました。たとえば、子育て

●図表29-6　専門機関の連携（障害や発達上の課題がみられる場合）

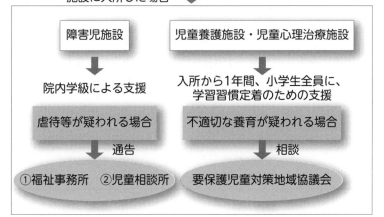

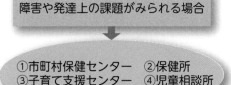

障害や発達上の課題がみられる場合

①市町村保健センター　②保健所
③子育て支援センター　④児童相談所

さらに　　専門的な支援が必要なら

・医療機関
・児童家庭支援センター
・児童発達支援センター

施設に入所した場合

障害児施設	児童養護施設・児童心理治療施設
院内学級による支援	入所から1年間、小学生全員に、学習習慣定着のための支援
虐待等が疑われる場合	不適切な養育が疑われる場合
通告	相談
①福祉事務所　②児童相談所	要保護児童対策地域協議会

支援をつなげていくことで、継続的、包括的、重層的な支援となります。

29コマ目

地域保健活動と保育との関係を理解しよう

プラスワン

児童相談所・市町村保健センターへの相談

児童相談所・保健センターへの相談は、発達上の課題や虐待以外にも、いじめ、しつけ、保護者の死亡や病気といった家庭環境に関する相談もできる。

重要語句

NICU

→NICUとは新生児特定集中治療室のことで、何らかの疾患がある新生児に対して集中的な高度医療を行う治療室のこと。

医療的ケア児

→NICU等に長期入院した後、引き続き人工呼吸器や胃ろう等を使用し、痰の吸引や経管栄養などの医療的ケアが日常的に必要な障害児のこと（出典：厚生労働省社会・援護局「平成30年度医療的ケア児等の地域支援体制構築に係る担当者合同会議」2018年）。

に関する相談を受け付け、情報提供を行ったり、保護者どうしの交流の場を提供したりするなど、施設を開放する取り組みが始まっています。

②病児保育事業（➡ 22コマ目を参照）

　2017（平成29）年に一部改正されている「病児保育事業実施要綱」（厚生労働省雇用均等・児童家庭局長通知）では、子どもが病気になった際に、保護者が就労していて自宅での保育が困難な場合には、病院や保育所等で一時的に保育することと定められています。さらにまた、地域の病児・病後児に対しても看護師等が保護者の自宅を訪問し一時的に保育することも定められています。

4　医療的ケア児への支援

1　医療的ケア児の増加

　医療技術の目ざましい進歩により、NICU＊等に長期間入院した子どもが、引き続き医療的ケアが必要なまま退院する医療的ケア児＊となるケー

医療的ケアの中の
特定行為

①口腔内の喀痰吸引
②鼻腔内の喀痰吸引
③気管カニューレ内の
　喀痰吸引
④胃ろうまたは腸ろう
　による経管栄養
⑤経鼻経管栄養

重要語句

気管切開

→口や鼻から十分に
呼吸ができない場合、
気管（のど）に穴をあ
け、カニューレという
管を差し込み呼吸を
楽にする方法。

吸引

→自力で、唾液や痰と
いった分泌物を飲み込
み排出できない場合、
口腔、鼻腔、気管から
それらを吸引器で吸
い込み、取り除くこと。

人工呼吸器

→呼吸機能が低下し、
自発呼吸が困難な場
合、人工的に空気を
肺に送り込む機械。

在宅酸素療法

→酸素濃縮器を使っ
て、自宅で酸素吸入
による治療（室内空気
よりも濃度の高い酸
素を吸う）を行うこと。

経管栄養法

→摂食・嚥下の機能
に障害があり、口から
食事を摂れない場合、
胃や腸、鼻腔にチュー
ブを挿入して、そこか
ら流動食や栄養剤を
注入する方法。

スが増えています。

　2016（平成28）年の「障害者の日常生活及び社会生活を総合的に支援
するための法律及び児童福祉法の一部を改正する法律」において、「医療
的ケア」を要する障害児が適切な支援を受けられるよう、自治体におい
て保健・医療・福祉等の連携促進に努めることが明記され、2018（平成
30）年から施行されています。

2　医療的ケアを必要とする状態

　医療的ケアを必要とする状態は、以下の通りです。

①気管切開*を行っている。	②痰の吸引*が必要である。
③人工呼吸器*を装着している。	④在宅酸素療法*を行っている。
⑤経管栄養法*を行っている。	

3　医療的ケア児に対する支援の連携

　医療的ケア児の在宅生活を実現させるためには、医療・福祉だけでなく、
介護・保健・教育領域との連携も必要になってきます（図表29-7）。

●図表29-7　関係機関による連携イメージ図

出典：厚生労働省「障害者の日常生活及び社会生活を総合的に支援するための法律及び
児童福祉法の一部を改正する法律」について（経過）」2016年をもとに作成

おさらいテスト

❶ 地域子ども・子育て支援事業は［　　］項目ある。
❷ 子育て世代包括支援センターは、「［　　　　　　　　］」と「子育て支援サー
　ビス」を一体化させている。
❸ 障害や発達上の課題がある場合は、市町村保健センター、保健所、子育
　て支援センター、［　　　　　　］に相談する。

地域保健活動について理解を深めよう

演習テーマ 1　新しい「親子健康手帳」をつくってみよう

【方法】

①6人でグループをつくります。

②各自、自分の母子健康手帳を持参し、友だちの母子健康手帳との違いを発見してみましょう。

③友だちどうしで比較した結果や、さらに使いやすく、楽しく利用できる工夫をグループで話し合い、新しいアイデアを盛り込みながら、新しい「親子健康手帳」を作成しましょう。

④母親の視点だけでなく、父親の視点で、どのような項目を追加したらよいのか、追加して作成しましょう。

⑤育児の不安を減らし、喜びを増やすアイデアを考えてみましょう。

⑥表紙などのデザインも考えてみてください。

演習テーマ 2　子育て支援制度について調べよう

　自分の住んでいる地域には、どのような子育て支援制度があるのかをくわしく調べて書き出してみましょう。その後、4人グループになり、それぞれの子育て支援について発表し合い、比較してみましょう。

【例】

①保育所、幼稚園、認定こども園の数やそこでのサービス、待機児童数など

②児童手当、児童育成手当、保育料や幼稚園に関わる保護者補助金

③医療費助成制度、ファミリーサポート事業など

④フォーマル・インフォーマル・営利的サービスなど

保健活動の計画と評価について理解しよう

1 保健計画は保育課程に基づき保健活動のねらいと内容を定める。

2 保育士および保育所は保育の改善にむけた自己評価が努力義務とされている。

3 保健活動については連絡帳、保健だより、育児相談等を通じて、保護者と連携をとる。

1 保育所における保健活動

1 「保育所保育指針」における保健活動

　「保育所保育指針」においては、保育の目標として「生命の保持及び情緒の安定を図ること」、「心身の健康の基礎を培うこと」が定められており、これらの具体的な方法としての保健活動は、保育において最も重要な本来業務の一つといえます。「保育所保育指針」第3章「健康及び安全」においては、①子どもの健康支援、②食育の推進、③環境及び衛生管理並びに安全管理、④災害への備えの4つを大項目とし、それぞれのなかに具体的な内容が小項目として定められています。

2 保健活動の内容

　保育所における保健活動は、一定の専門性が求められるものであっても、一部を除いて保育士が主体的に担うものです。看護師や栄養士の配置状況や勤務形態、嘱託医との連携の緊密さは保育所に応じて異なりますが、どのような人的環境であっても、保育士と各専門職が相互に連携しながら「保育所保育指針」等におけるねらいを達成していくことが重要です。

　具体的な保健活動は、以下の内容が考えられます。

①子どもの発育発達の把握

　・身長、体重、頭囲、胸囲等の測定および評価

　・身体的発達、精神的発達等の評価

　・栄養状態の把握および肥満や発育不良等の評価・改善

②子どもの健康管理

　・予防接種や罹患歴(りかん)の把握

　・登所時等の視診や検温

　・保育を通じての一般状態、食事、睡眠、排泄(はいせつ)等の把握と記録

③嘱託医との連携
- 「学校保健安全法」に準じた健康診断
- 体調不良児への対応
- 保護者からの健康相談

④子どもへの生活習慣指導や健康教育
- 生活のリズムの確立
- 手洗い、うがい、歯磨き等の衛生習慣の確立
- 食育活動

⑤子どもへの安全教育
- 生活や遊びのなかでの危険の予測や危機回避能力の涵養（かんよう）
- 地域における交通安全への意識の涵養

⑥感染症等の早期発見と対応

⑦けがや体調不良の子どもへの対応

⑧障害児や気になる子どもへの対応と支援

⑨環境の安全および衛生の点検
- 施設、設備、遊具等の安全点検
- 通園や散歩の経路のリスク評価
- 清掃や消毒等の環境の衛生管理

⑩保護者への健康相談および保健指導
- 保健だよりの作成
- 家庭での子どもの様子の相談や把握

⑪健康増進にむけた職員の指導や研修

⑫災害等の緊急時への備え
- 防災管理計画の作成
- 防災訓練の実施

⑬地域の子育て支援
- 保健講座、健康相談

2 保育所における保健計画

1 「保育所保育指針」における保健計画

「保育所保育指針」は、第３章「健康及び安全」において「子どもの健康に関する保健計画を全体的な計画に基づいて作成し、全職員がそのねらいや内容を踏まえ、一人一人の子どもの健康の保持及び増進に努めていくこと」とし、保健計画の作成を本来業務として定めています。

また、「保育所保育において、子どもの健康及び安全の確保は、子どもの生命の保持と健やかな生活の基本であり、一人一人の子どもの健康の保持及び増進並びに安全の確保とともに、保育所全体における健康及び安全の確保に努めることが重要となる」とされ、保育計画に位置づけられる保健活動が、個人差の大きい乳幼児のそれぞれの成長・発達や健康増進とと

もに、集団の健康や安全に関わる環境構成などの視点が求められています。

このように、保育所における保健活動は多岐にわたるため、全職員が園全体の業務をしっかりと把握し、看護師や栄養士等の専門職と連携したうえで、年間の総合的な計画を作成する必要があります。

▎2▎ 全体的な計画と保健計画、指導計画の関連

全体的な計画とは、保育所全体の保育方針や保育目標として編成されるものです。全職員は全体的な計画を共通認識し、指導計画を立ち上げ、保育を実践し、事後の振り返りや評価を行い、さらに改善していくプロセスをもたなければなりません（図表30-1）。

保健計画は、全体的な計画を踏まえ、年間・月間の保健活動のねらいや内容をまとめたものです。「保育所保育指針」やその解説のなかでは、保育計画の具体的な書式が定められてはいませんが、活動のねらいや内容がそれぞれの園の環境や子どもの姿に沿ったものでなければならず、科学的根拠に基づき、事後の評価・改善を図ることのできる計画であることが望まれます。

指導計画は年間指導計画、月間指導計画、週案、日案など、長期のものから短期のものまで存在します。全体的な計画に基づき、それぞれが一貫性を保ちながら計画・実践されなければなりません。保健活動に関わる内容は、指導計画との関連を意識しながら作成し、指導計画の評価や改善の積み上げを、さらに保健計画に生かす視点をもちましょう。

●図表30-1　保健計画と全体的な計画、その他の保育の計画との関連

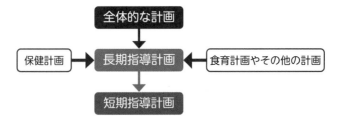

3　保健活動を含めた保育の評価

「保育所保育指針」では、保育士および保育所の自己評価について、次のような規定がなされています。「保育士等は、保育の計画や保育の記録を通して、自らの保育実践を振り返り、自己評価することを通して、その専門性の向上や保育実践の改善に努めなければならない」（第1章「総則」3「保育の計画及び評価」(4)「保育内容等の評価」ア「保育士等の自己評価」（ア））、「保育所は、保育の質の向上を図るため、保育の計画の展開や保育士等の自己評価を踏まえ、当該保育所の保育の内容等について、自ら評価を行い、その結果を公表するよう努めなければならない」（第1章

「総則」3「保育の計画及び評価」(4)「保育内容等の評価」イ「保育所の
自己評価」（ア））。

　さらに2009（平成21）年には、「保育所における自己評価ガイドライン」
が通知され、PDCAサイクル*に基づいた自己評価の理念モデルによる自
己評価のあり方が提示されています（図表30-2）。

　保育はその場限りの実践ではなく、保育者個人の知識・技術・経験のみ
によって行われてはなりません。計画と記録を通して、自分自身と子ども
との相互作用のなかで保育がどう展開し、どのような課題があったのかを

重要語句

PDCAサイクル

Plan（計画）→ Do（実行）→ Check（評価）→ Action（改善）の4段階を繰り返すことにより、保育等の業務を継続的に改善するための方法。
➡16コマ目を参照

30コマ目

保健活動の計画と評価について理解しよう

● 図表30-2　自己評価の理念モデル

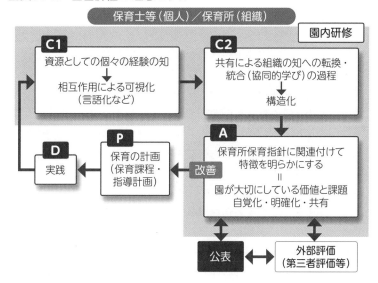

● 図表30-3　自己評価の進め方

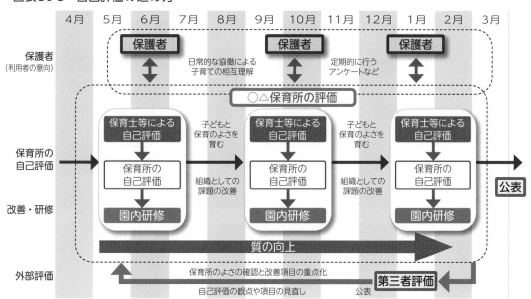

出典：厚生労働省「保育所における自己評価ガイドライン」

明確にし、その後のよりよい計画につなげる必要があります。そのためには、個々の保育士の専門性を高めると同時に、保育所全体で組織的かつ継続的に保育の評価を行う必要があるのです（図表30-3）。

4 地域や保護者との連携

1 健康診断

　保育所等の児童福祉施設では、「児童福祉施設の設備及び運営に関する基準」第12条により、入所時および1年に最低2回の健康診断が義務づけられています。健康診断は嘱託医が主体となって行いますが、日々の保育で気になることや、保護者からの相談など、保育者と医師が連携をとりながらすすめることが大切です。

　入園時の健康診断では、生まれてから保育所等に入るまでの予防接種の受け方や、どのような病気にかかってきたのかなどを事前に把握し、抜けている予防接種があれば指導します。特に発育や発達の状況を確認し、保育にあたって一人ひとりの子どもの姿をとらえることにつなげていきます。

　年度初回の健康診断は主に5〜6月、2回目の健康診断は主に9〜10月に行われます。医師の的確な診断のために、日々の保育で気になる点を伝えることが大切です。また保健活動をすすめるにあたって相談すべきことがあれば、専門的な助言を受ける機会にもなります。

　子どもは、「母子保健法」第12条および第13条に基づく乳幼児健康診査をはじめとして、保育所以外の場所でもさまざまな機会に健康状態の評価を受けます。また慢性疾患などで定期的に病院に通う子どももいます。それらの結果や医師からの助言を保育所等でも確認し、保育所等における健康診断の結果も保護者を通じてかかりつけの医療機関に届くようにしましょう。

2 保健活動における保護者との連携

　子どもの健康を増進し、健やかな成長・発達を促すためには、保育所等と家庭が子どもの状況を共通認識し、必要に応じて連携することが不可欠です。同じ子どもであっても、保育所等と家庭における姿は異なっていることも多く、情報を共有することはそれぞれにおけるよりよい養護と教育への助けになります。健康診断時の子どもの成長・発達の状況や健康状態の伝達、保育中に体調不良となった場合の対応、育児相談等、保健活動に限っても保護者と協働する機会は多くあります。

　日ごろから登園・降園時の会話や連絡帳、保健だよりなどを通じて、相互の細やかな情報伝達を心がけましょう。

　図表30-4に保健計画、図表30-5に保健だよりの実例を掲載します。参考にしましょう。

●図表30-4　保育所における保健計画の実例（光が丘保育園）

・保健計画

月	保健目標	保健行事	留意すること	保健活動
4月	新しい環境に慣れる戸外で元気に遊ぶ	蟯虫卵検査	健康観察を丁寧に行い、無理なく園生活に慣れるよう、受け入れていく。情緒の安定に配慮する。健康観察を行い、異常の早期発見、早期治療を促していく。衣服の調節に努める。清潔で安全な環境づくりをし、事故防止に努める。予防接種についてのアドバイスを行う。★手洗い・爪の点検・事故防止への配慮	**1.園内における子どもの健康管理** ＊日常の健康管理（健康観察・衛生面の点検・保健指導） ＊病気の予防と早期発見・体調不良時含む（病児の養護と看護、応急手当） ＊アレルギー児や与薬が必要な児への対応 ＊身体的発達の助長（身体計測・身体を動かす遊び・皮膚刺激） ＊健康の保持増進に向けて 外遊びをたくさんしていく 薄着・散歩などの体力づくり、リズム遊び ＊環境衛生と安全対策 清潔で安全な保育環境を整える 点検が出来る限りの補修などを随時行う **2.職員の健康に関して** ＊個人の健康には、十分気をつけ、気になる症状のある時は、早めの対応を行う。 ＊保育の中に保健的根拠を取り入れる。 ＊健康診断を定期的に受け、体調を管理＊毎月の細菌検査は必ず提出する。 **3.親と子の保健指導** ＊流行性疾患などの掲示 ＊「けんこうのきろく」を介しての家庭連絡 ＊健康面に関する個別相談 ＊疾病、傷病児を通しての対応 ＊気になる子へのケアとアドバイスなど **4.地域、親子との交流** ＊ぴっぽクラブにて身体計測を行う ＊子育てに関する不安や悩みにおける相談
5月		春の健康診断	環境変化に伴う体調の崩れに注意する。保護者とのコミュニケーションを大切にし、健康面の相談に応じる。外気に積極的に触れていく。手洗い、爪を上きれいにする…など身の回りの清潔の習慣化を図る。	
6月	清潔に過ごす歯の健康を考える	虫歯予防集会歯科健診	衣服や皮膚の清潔（薄着・発汗時の更衣）に気を配る。清潔の習慣化（手洗い・頭髪の清潔・洗顔・汗の始末…）虫歯予防を目指し、歯への関心を高める。年齢別歯磨きのポイント、歯ブラシの取り扱いを確認。	
7月	夏を元気に過ごす		暑さに負けない生活の工夫をする。冷房を上手に使う。食事、睡眠、遊びへの配慮をしていく。外遊びでは着帽。プールや水遊び時の健康管理（プールカードの利用）を適切に行う。★水遊び、プール前の注意	
8月			皮膚のトラブル予防（汗疹、おむつかぶれ、とびひ、虫刺されなど）夏季熱予防（水分補給をこまめに）暑い日の戸外遊びの注意（光化学スモッグ発生時の注意）・熱中症に注意する。	
9月	体力の回復に努める		生活の基本を再確認。夏の疲れからくる初秋の健康管理。災害発生時の避難および引き取りについて確認。また、救急法や日常のけがの手当てについて学んでおく。	
10月	体力増進に図る	秋の健康診断蟯虫卵検査	身体を十分動かす（運動会への参加）衣服の調節を家庭と連絡をとりながら、上手に行っていく。目の健康について考えていく（5歳児は、視力検査をやってみる）	
11月	風邪をひかない丈夫な身体	歯科健診歯磨き指導	風邪の予防…生活の留意点を確認、実施していく。（手洗い、ガラガラうがいなど…）歯磨き指導を通して歯への関心、家庭での歯磨きの大切さを伝えていく。	
12月	冬の健康に注意しよう		室内の環境を整え、事故防止に努める。冬季の嘔吐、下痢に注意（手洗い、水分補給、食事への配慮、保温、保護者指導）★嘔吐、下痢発生時の対応	
1月	生活のリズムを整える		暖房使用時の注意、換気を行う。冬の皮膚のトラブルの予防とその対応（肌荒れ、しもやけなど…）（手洗い後の拭き取り、温足浴の実施）。	
2月	寒さに負けずに過ごす		寒さに負けずに、外気に触れる。室内での事故に注意。★姿勢に注意→事故に注意。風邪予防と風邪を長引かせない。	
3月	成長の喜びを知る	新入園児健康診断	年間の身体計測をまとめ、成長を確認する。戸外遊びを楽しむ。耳の話、風邪からの中耳炎に注意！正しい鼻のかみ方を知らせていく。	

・保健指導計画

区分　月		4月	5月	6月	7月	8月	9月	10月	11月	12月	1月	2月	3月
保健目標		新しい環境に慣れる	戸外で元気に遊ぶ	清潔の大切さを知る歯の健康を考える	夏を元気に過ごす		体力の回復に努める	体力増進を図る	風邪をひかない丈夫な身体作り	冬の健康に注意	生活リズムを整える	寒さに負けずに過ごす	成長の喜びを知る
園児に向けて	0歳	生活リズム	外気浴	水分補給	沐浴→シャワー→		室内環境整備			温足浴→			→
	1歳	個別タオルの使用食事用・トイレ用の区別			シャワー→水遊び					トイレットトレーニング開始→			
	2歳	手洗いの仕方	手洗いの仕方（石鹸も使う）	ブクブクうがいできるかな？プール	プール前の準備→				鼻をかめるかな？→				
	3歳	新しい環境に慣れる	手洗いの仕方（上手かな？）	ブクブクうがいで虫歯予防！プール	プール前の準備→	身体の拭き方		排泄の後始末トイレットペーパーの長さ	手洗い、うがいできるかな？			歯磨き実施	
	4歳		手洗いの仕方（出来るかな？）	虫歯予防（自分でシャカ、シャカ磨こうね）プール	プール前の準備→	身体の拭き方			手洗い、うがいの習慣	身体の名称		姿勢を正しく上手な歯磨き	思いやり心
	5歳		手洗いの仕方（ちゃんと出来た！）	虫歯予防（自分でシャカ、シャカ磨こうね）				視力測定	手洗い、うがいの習慣	身体の名称と仕組み		姿勢を正しく上手な歯磨き	成長を喜ぶ
保健行事		健康診断蟯虫卵検査身体計測0歳児回診		歯科健診虫歯予防集会	プール指導	防災の日怪我の手当て						歯科保健指導（カラーテスト）	
保護者に向けてほけんだより等		健康観察生活リズム予防接種	衣類の調節爪の清潔アタマジラミ怪我のこと	梅雨時の健康管理歯の健康光化学スモッグ食中毒に注意	夏風邪の予防夏季健康管理冷房の上手な使い方、水分補給の大切さ	夏季熱に注意	怪我の手当て生活リズム	衣類の調節眼の健康	嘔吐や下痢の対応	インフルエンザと風邪の違い年末・年始の怪我に注意	しもやけに注意	姿勢に注意冬のスキンケア	成長の喜びを確かめる耳の話
使用教材等		0歳タッチケア事故防止パネル健康観察チェックポイント	手洗い用ペープサート紙芝居・パネルなど	歯型虫歯カルタパネルシアター	プール遊び用紙芝居		怪我の手当てパネル	ランドルト項目の検査説明表	手洗い用ペープサート紙芝居・パネルなど	風邪予防紙芝居	エプロンシアター	からだパネル元気なからだ5つの約束・紙芝居	脳の中パネル

出典：荒木田美香子「保育園・こども園　保健計画事例集」2009年

●図表30-5　保健だよりの実例（みつわ台保育園〔千葉県〕より提供）

 # 保健だより

●●年8月28日発行　みつわ台保育園　担当：●●

暑い日が続いていますね。保育園ではプール、水、泥んこ遊びにセミ探しと夏を満喫する子どもたちの姿がみられます。夏の疲れが出るこの時期、子どもも大人ももう一度生活リズムを見直し、しっかり体調管理を行い元気に過ごしていきたいですね。

尿検査のお知らせ

<対象児>平成21年4月2日生まれ～平成23年9月30日生まれの児童
<配布日>9月3日（木）（9月9日の朝、一番最初の尿を採取して下さい。）
<提出日>9月9日（水）
　※ 尿を回収の都合上、朝9：30までに提出をお願いします。登園が遅くなるお子さんや欠席のお子さんは、お手数ですが時間までにお持ち頂きますようお願い致します。
<採取方法>
①検査の前の晩には必ず排尿し、当日は起きたら真っ先にトイレに行きましょう。
②配布された紙コップを組み立てます。
③まず少し排尿し、その後の尿（中間尿）を採取します。
④容器の腹を指で押さえ、その口を尿に浸し、指を離して吸い上げます。（線の所まで取ってください。）
⑤尿が漏れないように、しっかりフタを閉めて、尿検査用袋に入れて提出して下さい。
※本日お配りしました幼児尿検査票は、9/1（火）までに担任までご提出下さい。

<なぜ尿検査をするの？>

尿は腎臓で作られています。腎臓は体の中のいらないものを受け取って、血液をきれいにし、余分な水分を尿として体の外に出しています。もし、腎臓や膀胱に異常があると、尿の中にたんぱく・糖・血液が混じったりします。そして、尿の量・にごり・においなどの異常があらわれます。尿を検査することによって自分では気付かない病気を発見することができます。

※ 再検査の必要なご家庭のみ、直接ご連絡させて頂きます。
※ 何かご質問などございましたら、担任もしくは事務所のほうへお尋ね下さい。

・・・ 内科健診のお知らせ ・・・

下記の日程で内科健診が行われます。大切な検査になりますので、休まずに受診するようにしましょう。ご協力お願いいたします。

<日時>
9月25日（金）PM1：00～　もも組、ゆり組、すみれ組
　　　　　　　　　　　　　年少（オレンジさん）、年中（黄緑さん）
9月30日（水）PM1：00～　年長さん（水色さん）

＊ 内科健診当日は、着脱しやすい服装でお願いいたします。
＊ 嘱託医に相談や聞きたいことがある方は、担任を通して嘱託医にお伺いしますので、事前に担任へお伝え下さい。
＊ 再検査の必要なお子さんは、保護者に直接ご連絡します。

★お願い★

予防接種をされた方は、予防接種連絡票を記入し、担任までご提出下さい。
※予防接種連絡票は、4月にお配りしたクラス懇談会資料に入っていますので、コピーしてお使い下さい。無くなってしまった方は担任までお申し出下さい。

・・・アタマジラミについて・・

後頭部や側頭部に多くフケと間違えやすいです。
髪の毛に付着しているので簡単には取れません。
気付くまでに1ヶ月くらいかかることが多いです。
接触するとうつってしまうのでご家庭で気付いたら受診をお願いします。
また、園までお知らせください。

爪切り
爪が伸びると爪と指の間にばい菌が繁殖します。できれば1週間に1回は切るようにしましょう。

《7月の感染状況》
　流行性耳下腺炎（おたふくかぜ）…3名　水ぼうそう…7名
　ヘルパンギーナ…2名

お さ ら い テ ス ト

❶ 保健計画は保育課程に基づき保健活動の［　　　　］と［　　　　］を定める。

❷ 保育士および保育所は保育の改善にむけた［　　　　］が努力義務とされている。

❸ 保健活動については連絡帳、［　　　　］、［　　　　］等を通じて、保護者と連携をとる。

演習課題 ✏

保健活動の計画・評価を実践しよう

演習テーマ 1 　さまざまな保育所の保育課程と保育計画を集めよう

関連性について調べてまとめてみましょう。

演習テーマ 2 　PDCA サイクルに従って改善してみよう

自分の授業への取り組みを改善してみましょう。

演習テーマ 3 　話し合ってみよう

　保育中に子どもが体調不良となった場合、自分が保護者だった場合と保育者だった場合に、望ましいと考える保育所等の対応に違いがあるか話し合ってみましょう。違いがあった場合にどうすれば違いを少なくできるかを考えましょう。

ほけんだよりをつくってみよう！

自分の誕生月の保健だよりをつくり、まわりの人の内容と比べてみましょう。

ほけんだより　○月

○○○○○保育園

◆ ○月のテーマ ◆

① ＿＿＿＿＿＿＿＿＿＿＿＿＿＿＿

② ＿＿＿＿＿＿＿＿＿＿＿＿＿＿＿

③ ＿＿＿＿＿＿＿＿＿＿＿＿＿＿＿

イラストを貼ってみよう！	○月感染状況
	…… 名
	…… 名

季節のあいさつ
↓
保護者への
メッセージ
【字数の目安】
25字×6行・
150字

今月のテーマ
▶例
・歯みがき
・手洗い
・アレルギー
・感染症
・かぜ
【字数の目安】
25字×3行
ポイント3つ

演習課題の解答例

体験型・自主学習型以外の演習課題の解答例を提示します。
自分で考える際の参考にしましょう。

演習課題 の 解答例

2コマ目の解答例

●27ページ「大泉門、小泉門を理解しよう」
①水頭症、髄膜炎、脳腫瘍などが疑われるとき。
②脱水が疑われるとき。
③1歳半ごろ。
④後頭部（後頭結節の少し上）。

3コマ目の解答例

●31ページ「循環器と呼吸器について理解しよう」
❶全身　❷肺　❸静脈管　❹卵円孔　❺動脈管

7コマ目の解答例

●58ページ「体温と脈拍の変化をみよう」
①早朝は低く、夕方は高くなる、食後すぐは体温が上がる、など。
②体温が高くなると、脈が上がる。同じ傾きで推移する。

●59ページ「ディスカッション」
①これから体温が上がるかもしれない。全身状態をみながら、保護者には、朝の排泄、排尿の状況、家族に風邪をひいた人はいないかを尋ねる。朝食の内容を聞いて、昼食について調理担当と相談する。
②全身状態を確かめ、痛い所を確認する。朝食べたものを確認する。下痢をする可能性があるので、嘔吐下痢症片付けセットを用意する。保護者に電話などで状況を説明する。
③ぶるっとけいれんする場合は、熱が上がる前である。あたためる方がよい（頭だけ冷やす場合もある）。
④6か月なので、尿量は一日400〜500mLが適切である。3時間なのでおよそ60mLが適切な尿量である。全身状態をみながら60mLの果汁ジュースなどを与えてみる。

25コマ目の解答例

●199ページ「おむつかえを体験してみよう」
①布おむつ
❶前　❷後ろ　❸おむつ　❹スナップ　❺ずり下がらない　❻2
②紙おむつ
❶おしり　❷左右対称　❸2　❹ギャザー

参考文献

今井七重編　『新時代の保育双書　演習・子どもの保健Ⅱ[第2版]』　みらい　2018年

上野一彦監修　『発達障害の子の保育　さいしょの一冊』　ユーキャン学び出版　2013年

厚生労働省　「児童福祉施設における食事の提供ガイド」　2010年

厚生労働省　「平成30年人口動態統計」　2019年

厚生労働省　「平成30年版厚生労働白書」　2019年

厚生労働省　「保育所における自己評価ガイドライン」　2009年

厚生労働省　「保育所におけるアレルギー対応ガイドライン（2019年改訂版）」　2019年

厚生労働省　「保育所における感染症対策ガイドライン（2018年改訂版）」　2018年

厚生労働省　「保育所保育指針」　2017年

国立感染症研究所感染症情報センターホームページ
　　http://www.nih.go.jp/niid/ja/from-idsc.html　（2020年2月4日確認）

国立特別支援教育総合研究所ホームページ
　　https://www.nise.go.jp/nc/　（2020年2月4日確認）

国立保健医療科学院「子どもに安全をプレゼント　事故防止支援サイト」
　　http://www.niph.go.jp/soshiki/shogai/jikoboshi/　（2020年2月4日確認）

小山正編　『乳幼児臨床発達学の基礎　子どもと親への心理的サポート』　培風館　2006年

榊原洋一監修　『これならわかる! 子どもの保健演習ノート（改訂第3版）』　診断と治療社　2019年

榊原洋一編　『小児保健──保育に活かす病気と発達の理解』　建帛社　2009年

佐藤益子編　『子どもの保健Ⅱ（新版）』　ななみ書房　2019年

Shirley, M. M. 1933. The first two years, a study of twenty-five babies. Vol. Ⅱ. Minneapolis : The University of Minnesota Press.

Stratz, C. H. 1909. Wachstum und Proportionen des Menschen vor und nach der Geburt. Archiv für Anthropologie, 8, 287-297.

健やか親子21（第2次）ホームページ　http://sukoyaka21.jp/　（2020年2月4日確認）

竹内義博・大矢紀昭編　『よくわかる子どもの保健[第3版]』　ミネルヴァ書房　2015年

田中哲郎　『新子どもの事故防止マニュアル』　診断と治療社　2007年

中央労働災害防止協会ホームページ　http://www.jisha.or.jp/zerosai/index.html　（2020年2月4日確認）

日本救急医療財団、日本蘇生協議会　「JRC（日本版）ガイドライン（確定版）」　2015年
　　https://www.japanresuscitationcouncil.org　（2020年2月4日確認）

保育士養成講座編纂委員会編　『新保育士養成講座　第7巻　子どもの保健　[改訂3版]』　全国社会福祉協議会　2018年

無藤隆・子安増生編　『発達心理学I』　東京大学出版会　2011年

文部科学省　「学校環境衛生管理マニュアル（平成30年改訂版）」　2018年

文部科学省　「共生社会の形成に向けたインクルーシブ教育システム構築のための特別支援教育の推進（報告）」　2012年

索引

監修者、執筆者紹介

●監修者

松本峰雄 (まつもと　みねお)

元千葉敬愛短期大学現代子ども学科教授
『保育者のための子ども家庭福祉』(萌文書林)
『教育・保育・施設実習の手引』(編著・建帛社)
『はじめて学ぶ社会福祉』(共著・建帛社)

●執筆者 (50音順)

小林　玄 (こばやし　しずか)

5、6、14コマ目を執筆
東京学芸大学学生支援センター・東京学芸大学教職大学院准教授
『改訂版　特別支援教育基本用語100 ──解説とここが知りたい・聞きたいQ&A』(共著・明治図書)
『発達障害の子の保育　さいしょの一冊』(共著・ユーキャン学び出版)

桜井ますみ (さくらい　ますみ)

1～4、7、8、22～25コマ目を執筆
つくば国際短期大学保育科教授
『ビドン島の90日──難民キャンプで暮らす』(谷島印刷)
『みつめるまなざし──保健室の相談活動』(共著・ぎょうせい)

長谷川美貴子 (はせがわ　みきこ)

16～19、29コマ目を執筆
淑徳大学短期大学部教授
『子どもの保健 演習ブック』(共著・ミネルヴァ書房)

堀田正央 (ほった　まさなか)

9～13、15、20、21、26～28、30コマ目を執筆
埼玉学園大学人間学部子ども発達学科教授
『生命・人間・教育──豊かな生命観を育む教育の創造』(共著・明石書店)

編集協力：株式会社桂樹社グループ
表紙イラスト：植木美江
イラスト：植木美江、寺平京子、山田タクヒロ
装丁・デザイン：中田聡美

よくわかる！保育士エクササイズ⑦

子どもの保健と安全 演習ブック

2020 年 4 月 30 日　初版第 1 刷発行　　　　　　　　　〈検印省略〉
2023 年 11 月 20 日　初版第 4 刷発行

定価はカバーに
表示しています

監 修 者　　松　　本　　峰　　雄
　　　　　　小　　林　　　　　玄
著　　者　　桜　　井　　ま す み
　　　　　　長 谷 川　美　貴　子
　　　　　　堀　　田　　正　　央
発 行 者　　杉　　田　　啓　　三
印 刷 者　　藤　　森　　英　　夫

発行所　　株式会社　ミネルヴァ書房
　　　　607-8494　京都市山科区日ノ岡堤谷町 1
　　　　　　　　　電話代表　(075) 581 - 5191
　　　　　　　　　振替口座　01020 - 0 - 8076

Ⓒ松本・小林・桜井・長谷川・堀田, 2020　　　　亜細亜印刷

ISBN978-4-623-08910-9

Printed in Japan

よくわかる！
保育士エクササイズ

B5判／美装カバー

☆別巻DVD☆

乳幼児を理解するための保育の観察と記録
学校法人西大和学園　白鳳短期大学 監修　　　　本体25000円＋税

ミネルヴァ書房
https://www.minervashobo.co.jp/